Augustin GAZIER
PROFESSEUR HONORAIRE A LA SORBONNE

HISTOIRE GÉNÉRALE
DU
MOUVEMENT JANSÉNISTE

DEPUIS SES ORIGINES JUSQU'A NOS JOURS

(Sixième Édition)

TOME PREMIER

PARIS

LIBRAIRIE ANCIENNE HONORÉ CHAMPION

ÉDOUARD CHAMPION

Libraire de la Société de l'Histoire de France et de la Société des Anciens Textes Français

5, QUAI MALAQUAIS (VIe)

—

1924

Tous droits réservés

HISTOIRE GÉNÉRALE
DU MOUVEMENT JANSÉNISTE
DEPUIS SES ORIGINES JUSQU'A NOS JOURS

Augustin GAZIER

PROFESSEUR HONORAIRE A LA SORBONNE

HISTOIRE GÉNÉRALE

DU

MOUVEMENT JANSÉNISTE

DEPUIS SES ORIGINES JUSQU'A NOS JOURS

TOME PREMIER

PARIS

LIBRAIRIE ANCIENNE HONORÉ CHAMPION

ÉDOUARD CHAMPION

Libraire de la Société de l'Histoire de France et de la Société des Anciens Textes Français

5, QUAI MALAQUAIS (VIe)

1923

AVANT-PROPOS

*L'ouvrage que je présente aujourd'hui au public n'est pas une histoire du Jansénisme; pour écrire une pareille histoire, il faudrait croire à l'existence de ce fantôme; il faudrait être persuadé qu'il y a eu de par le monde, au XVII*e* siècle et depuis, des Jansénistes en chair et en os. Or les Jésuites et leurs adhérents sont les seuls qui croient avoir rencontré ce phénomène, ou plutôt ce monstre, comparable aux hippogriphes ou aux licornes. Il n'y a jamais eu de véritables Jansénistes, puisque le premier soin de tous ceux que l'on appelle ainsi est de flétrir avec énergie, comme le faisait déjà en 1657 l'auteur de la XVII*e* Provinciale, la doctrine décourageante, désolante et impie des cinq propositions dites de Jansénius. Ils protestent en outre de leur passion pour l'orthodoxie et de leur ardent désir de demeurer dans la barque de Pierre, la seule qui puisse arriver au port. Ils disent bien haut, comme le Père Quesnel répondant à Fénelon en 1711 : « ... J'ai en horreur tout parti, soit dans l'État ou dans l'Église. Mon nom est Chrétien ; mon surnom est* Catholique ; *mon parti est* l'Église ; *mon chef est* Jésus-Christ ; *ma loi, c'est* l'Évangile ; *les évêques sont mes* Pères, et le Souverain Pontife est le premier de tous. » Assoiffés d'orthodoxie, ils ont en horreur, comme le disait encore* Quesnel, « l'esprit de schisme et tout ce qui en approche »; *Singlin disait même que le schisme est chose pire que l'hérésie, et que l'Église la tolère parfois pour empêcher l'autre. Les prétendus jansénistes ont toujours été des pa-*

roissiens modèles, et le clergé qui les anathématise se plaint parfois de n'en pas trouver davantage à la grand'messe, au prône et à vêpres. Enfants soumis de l'Église, s'ils ont fini par accepter l'épithète que leurs ennemis leur jetaient à la face comme une injure, c'est de guerre lasse, ou, si l'on veut pour ne pas abandonner lâchement un saint évêque qu'ils savent avoir été indignement calomnié. En réalité ils remontent beaucoup plus haut que Jansénius, que saint Thomas et que saint Bernard ; ils se réclament de saint Augustin dont la doctrine, disent-ils, a toujours été « canonisée » par l'Église. Si donc on voulait faire un récit des querelles issues de l'Augustinus de l'évêque d'Ypres, il faudrait intituler le livre : Histoire de l'augustinisme dans les temps modernes.

Mais s'il n'y a jamais eu de jansénistes véritables, on ne saurait nier qu'il s'est rencontré au sein du catholicisme, surtout depuis le XVIe siècle, des philosophes, des historiens, des moralistes et des théologiens qui se distinguaient par un tour d'esprit particulier. Il s'est trouvé des hommes, soit isolés, soit réunis en groupes plus ou moins nombreux, qui entendaient ne pas suivre en aveugles le grand courant des idées religieuses modernes ; il y a eu, il y a peut-être encore un état d'âme que l'on peut appeler janséniste, port-royaliste ou même pascalien. Il est des hommes qui, en raison de l'éducation qu'ils ont reçue dès l'enfance, ou par suite des études auxquelles ils se sont livrés spontanément, ont une façon particulière de concevoir la théologie dogmatique, la morale chrétienne et l'histoire religieuse ; ils mettent à la base de leur catholicisme l'obéissance raisonnable que recommandait l'apôtre saint Paul. Adversaires déclarés du protestantisme sous toutes ses formes, ennemis de ce qu'on appelle aujourd'hui le modernisme, ils ne sont pas moins ennemis du néocatholicisme exclusivement romain et des doctrines évolutionnistes en matière de dogmes. Ils n'admettent pas,

*comme disait un prêtre très distingué, que l'on soit toujours
pendu à la sonnette du Vatican, et jamais il ne leur viendrait à l'esprit de dire, comme autrefois Brunetière : « Je
crois en bloc, sans entrer dans le détail, tout ce que Rome
veut que je croie. » Persuadés que le christianisme est une
œuvre divine, parfaite dès l'origine, et que par conséquent
il ne peut pas être soumis à la loi du progrès comme les
institutions humaines, ils se tiennent en garde contre tout
ce qui peut avoir un air de nouveauté. Ils sont disciples de
saint Paul, de Tertullien, de saint Vincent de Lérins, et ils
souscrivent sans hésiter à cette déclaration de Bossuet :
« L'Église ne varie jamais ; et au contraire l'hérésie, qui a
commencé par innover, innove toujours. » Et comme les
Jésuites sont à leurs yeux les novateurs par excellence, ils
combattent le jésuitisme, le molinisme, le laxisme et tous
leurs dérivés partout où ils croient les rencontrer. C'est
en cela que consiste leur jansénisme, si bien que le cardinal
Bona a pu définir les jansénistes de la manière suivante :
« des catholiques fervents qui n'aiment pas les Jésuites ».
On pourrait dire que le jansénisme est la forme française
de l'opposition des catholiques aux Jésuites. A ce compte
il y a toujours eu depuis le XVIe siècle des jansénistes,
même dans le haut clergé, même sous la pourpre cardinalice,
voire sous la tiare d'Innocent XI et de Benoît XIV.*

*Ainsi s'explique le grand courant de sympathie qui
amène chaque année à Port-Royal des Champs des milliers
de visiteurs ; qui fait lire le bel ouvrage de M. André
Hallays, qui rend éternellement jeune le Port-Royal de
Sainte-Beuve, cet admirable historien que la curiosité seule
avait attiré de ce côté, et qui s'est trouvé entraîné, grâce à sa
merveilleuse intelligence, beaucoup plus loin que ne l'aurait
souhaité son incurable scepticisme. Le Port-Royal de
Sainte-Beuve est à revoir, à corriger et à compléter, il n'est
pas à refaire. Il sera toujours un excellent guide, d'autant*

*plus que son auteur ne saurait être accusé de partialité :
Sainte-Beuve était si peu janséniste qu'il a fini, ou peu s'en
faut, par traiter ses héros, Pascal comme les autres, de
simples naïfs qui croyaient en Dieu. Aujourd'hui encore la
lecture de ce chef-d'œuvre attire vers Port-Royal une foule
d'admirateurs enthousiastes, et on réclame dans le public
un complément de ce grand ouvrage. On voudrait que
l'histoire du monastère fût rattachée d'une manière plus
intime à l'histoire générale, et cela depuis le commencement
du XVIIe siècle jusqu'à nos jours. Port-Royal a été sans
doute un admirable foyer de chaleur et de lumière; mais
s'il est établi, comme le souhaitaient Pascal et Arnauld, que
son prétendu jansénisme est tout simplement un catholicisme dégagé de l'influence délétère du jésuitisme, c'est
une étude bien autrement vaste qu'il convient d'entreprendre.
Il s'agit dès lors d'écrire l'histoire des doctrines morales
et religieuses qui ont été celles de Port-Royal, mais qui ne
lui appartenaient pas en propre. C'est ainsi qu'un historien
du cartésianisme pourrait concevoir une histoire des idées
philosophiques en France avant Descartes, chez Descartes,
autour de Descartes et après lui. C'est ce que voudrait être
cette histoire du mouvement janséniste depuis ses origines
jusqu'à nos jours. Après un exposé sommaire de la doctrine,
elle se proposerait de montrer ce que fut l'esprit port-royaliste ou janséniste au début du XVIIe siècle, au temps de
Bérulle et de saint François de Sales; ensuite à Port-
Royal, autour de Port-Royal, et finalement autour des
ruines de Port-Royal à travers les deux derniers siècles.
C'est un travail considérable, qui exige la mise en œuvre
d'une infinité de documents dont la nomenclature seule
serait effrayante. Pour la mener à bien, il faut en outre savoir
beaucoup de choses dont très peu de personnes ont le secret,
car les prétendus jansénistes ont toujours été persécutés,
et comme tels ils ont cherché de tout temps l'ombre et le*

mystère. Des circonstances particulières m'ayant mis à même de pénétrer la plupart de ces mystères, j'ai consacré de longues années à l'étude de ces questions, et je crois pouvoir aborder cette histoire sans autre souci que celui de mettre la vérité dans le meilleur jour possible, avec discrétion, avec mesure, surtout avec une entière loyauté, en m'inspirant des sentiments qui ont animé Racine quand il a composé cet incomparable chef-d'œuvre qui s'appelle l'Histoire de Port-Royal.

J'ajouterai que c'est sur les instances réitérées de M. Edouard Champion que j'ai rédigé cet ouvrage. Il n'a pas cessé de me le demander et il allait jusqu'à me dire : « Je ne vous lâcherai pas que vous ne m'ayez donné un Sainte-Beuve amélioré. » Qu'il trouve ici l'expression de ma gratitude.

Je suppose toujours que les lecteurs de la première partie de ce livre ont entre les mains l'édition de l'Histoire de Port-Royal *de Racine que j'ai publiée en 1908 et dont la 3e édition a paru récemment à la librairie Boivin, rue Palatine, 5, Paris. Elle est exacte, elle est complète, grâce à un résumé contemporain, elle est soigneusement annotée, et elle est accompagnée d'un essai de bibliographie absolument indispensable.*

19 Mars 1922.

HISTOIRE GÉNÉRALE
DU MOUVEMENT JANSÉNISTE
DEPUIS SES ORIGINES JUSQU'A NOS JOURS

CHAPITRE PREMIER

Considérations préliminaires. — Le jansénisme et ses prétendus
chefs : Jansénius, Saint-Cyran, Arnauld. — La doctrine. — L'augustinisme orthodoxe.

Si l'on demandait à un enfant de nos catéchismes de
persévérance ce que c'est que le jansénisme, il ne
manquerait pas de répondre que c'est une hérésie moderne, la plus artificieuse peut-être de toutes les hérésies, — comme dit le R. P. Loriquet, — et qu'il fut
introduit, vers le milieu du XVIIe siècle, par un évêque
flamand appelé Janssen, en latin *Jansenius*. Peut-être
ajouterait-il, s'il était bien ferré sur l'histoire ecclésiastique, que ce Janssen, voulant attaquer la foi catholique et lui substituer le pur déisme, était d'accord
avec deux prêtres français. De ces deux complices, l'un
se nommait Du Vergier de Hauranne, abbé de Saint-
Cyran ; l'autre s'appelait Antoine Arnauld, docteur de
Sorbonne. Tels sont en effet, aux yeux de ceux qui
croient bien savoir l'histoire de l'Église, les coryphées

de la secte maudite, les auteurs de ces « désespérantes propositions qui font de Dieu un tyran qui ordonne l'impossible, et de l'homme une machine qui se porte nécessairement au bien quand il a la grâce, et au mal quand il ne l'a pas [1] ».

Les Jésuites auraient voulu déterrer et brûler le corps de Jansénius, mort avant la publication de l'*Augustinus* ; et ils firent du moins enlever son épitaphe. L'un d'entre eux, le P. Pinthereau, a regretté, dans un ouvrage imprimé, que Richelieu n'eût pas assuré le repos de la France en ordonnant le « supplice » de Saint-Cyran ; et si le docteur Arnauld n'avait pas pris soin de se cacher comme un malfaiteur durant près de cinquante ans, il eût été certainement embastillé par ordre de Louis XIV.

Il est donc à propos d'examiner tout d'abord le rôle politico-religieux de ces trois personnages, et de déterminer la part de responsabilité qui leur revient dans l'histoire du mouvement janséniste. Jansénius et Saint-Cyran se sont rencontrés cinq ou six fois à Paris entre les années 1607 et 1627 ; ils vécurent ensemble à Bayonne, dans l'intimité la plus absolue, de 1611 à 1617, et ils entretenaient une correspondance suivie. Jansénius n'a pas connu personnellement Arnauld, plus jeune que lui d'environ trente ans ; mais Saint-Cyran a servi d'intermédiaire entre l'évêque et le docteur, et c'est à la prière du prisonnier de Vincennes qu'Arnauld publia, en 1643, une apologie de Jansénius. Aussi, tout en rejetant la fable absurde et odieuse du Projet de Bourgfontaine, et la possibilité d'un complot tramé lorsque l'un des principaux conjurés avait neuf ans à peine, il faut re-

(1) Loriquet, *Hist. eccl.* 9e époque.

connaître qu'il y avait accord entre ces trois hommes,
et que la rage de leurs ennemis n'avait pas si tort de
s'attaquer à eux de préférence à tous les autres. Toute
la question se réduit à savoir s'ils ont été, s'ils ont pu
être des hérésiarques, et si Raconis, évêque de Lavaur,
avait raison de les dénoncer comme les chefs de ce
qu'il appelait le *jansénisme*, le *cyranisme* et l'*arnau-
disme* (il aurait dû dire *arnaldisme*), trois hérésies qui
n'en font qu'une. Voilà donc ce qu'il faut examiner
dans ce chapitre préliminaire, en commençant, comme
il est juste, par Cornelius Jansenius.

* *

La vie de Jansénius est assez connue pour qu'il ne
soit pas nécessaire de la raconter à nouveau; on sait
qu'il est né en 1585, et qu'après avoir été professeur
d'écriture sainte à l'Université de Louvain, il mourut
évêque d'Ypres en 1638. Professeur, il fit des cours
d'exégèse très remarqués, et ses commentaires posthumes sur les Évangiles et sur le Pentateuque, admi-
rés par des savants comme Mabillon et plusieurs fois
réimprimés, n'ont jamais été l'objet de censures ecclésiastiques. Il en est de même d'un *Discours sur la réformation de l'homme intérieur*, dont il s'est fait plus
de cent éditions, et de quelques autres ouvrages. L'orthodoxie de l'évêque d'Ypres n'a pas été mise en doute
de son vivant; sujet de la très catholique Espagne, ses
collègues de Louvain l'envoyèrent deux fois à Madrid,
au pays des inquisiteurs, pour y soutenir contre les
envahissements des Jésuites la cause de cette université célèbre. Il fut choisi de même en 1630 pour relever
un défi solennel des protestants de Bois-le-Duc, et il
réduisit ses contradicteurs au silence. S'il écrivit contre Richelieu et contre la France, en 1635, un assez

lourd pamphlet intitulé *Mars Gallicus*, c'est précisément parce que son zèle ultra-catholique l'anima ce
jour-là contre un gouvernement qui faisait alliance
avec Gustave-Adolphe et avec les protestants d'Alle-
magne. En un mot Jansénius ne serait ni un hérésiarque ni même un hérétique, malgré le nombre considérable des ouvrages qu'il a composés, s'il n'avait laissé
en mourant un volumineux manuscrit que ses exécuteurs testamentaires avaient ordre de faire imprimer,
et que lui-même avait intitulé *Cornelii Jansenii
Yprensis Augustinus....* — « L'Augustin de Jansénius,
évêque d'Ypres, ou la doctrine de saint Augustin touchant l'état de la nature humaine encore saine, touchant sa maladie et sa guérison, contre les pélagiens et
les demi-pélagiens de Marseille. » Il ne saurait être
question d'examiner ici cet ouvrage considérable, mais
il est à propos de voir tout de suite ce que l'*Augustinus* était dans la pensée de son auteur. Jansénius avait
si peu la prétention de s'ériger en chef de secte et de
faire le novateur qu'il affectait de ne rien avancer de
lui-même et de ne vouloir pas composer un traité dogmatique. Persuadé qu'il trouverait dans les innombrables écrits du docteur de la grâce une théorie complète
et des réponses à toutes les difficultés, il se contentait
de disposer dans un ordre déterminé les textes de saint
Augustin, il les rapprochait les uns des autres, il en
montrait les conséquences logiques ; en un mot il faisait pour les in-folio de l'évêque d'Hippone ce que
Montaigne avait fait pour Sénèque et pour Plutarque,
ou mieux encore ce que Pierre Charron fit pour Montaigne lui-même. L'*Augustinus* ne ressemblait donc
en aucune manière à l'*Institution chrétienne* de Calvin ;
il était le contraire d'une œuvre originale et personnelle. L'ouvrage auquel on pourrait le mieux le com-

parer, c'est la *Politique sacrée* de Bossuet, qui ne vise
pas le moins du monde à l'originalité. Jansénius répète à satiété qu'il ne cherche point à dogmatiser
pour son compte, et qu'il ne se porte même pas garant
de l'orthodoxie des propositions qu'il transcrit. Son
ambition se borne à exposer fidèlement et méthodi-
quement les théories du maître. « Je ne me mets pas
en peine, dit-il en propres termes, si les maximes que
je produis dans mon livre sont vraies ou fausses, mais
seulement si elles sont de saint Augustin, qui a eu
assez d'éloquence pour expliquer ses sentiments. Après
que j'aurai prouvé évidemment qu'il a eu ceux que je
lui attribue, ce sera à lui à répondre de leur vérité ou
de leur fausseté [1]. »

Il y a plus : dans ce même chapitre préliminaire où
se lit cette déclaration, dans sa préface, dans sa conclusion, dans une épître dédicatoire au pape dont le
manuscrit autographe fut présenté au grand Condé en
1648, et en dernier lieu dans son testament, Jansénius
ne cesse de protester qu'il est le fils soumis de l'Église
romaine ; il affirme « qu'il soutiendra, qu'il rejettera,
qu'il condamnera ou anathématisera tout ce que Rome
aura voulu soutenir, rejeter, condamner ou anathématiser, et cela parce qu'il veut vivre et mourir dans la
communion de cette Église ». Voilà ce qu'on peut lire
à la fin de son *Epilogus*. Dans la lettre à Urbain VIII,
que les premiers éditeurs ont supprimée parce qu'elle
faisait double emploi avec le testament, Jansénius n'é-
tait pas moins humble, car il prenait pour juge « le
pape, le vicaire de la voie, de la vérité et de la vie....
Je n'ai rien pensé, ajoutait-il, rien dit, rien écrit que je

____

(1) Lib. pro œm. c. 29. La traduction est empruntée à un opuscule de 1644.

ne mette aux pieds de Votre Sainteté, et je suis prêt d'approuver ou de condamner, d'assurer ou de révoquer tout ce que ses oracles célestes déclareront digne d'approbation ou de condamnation ». D'aucuns ont trouvé même que l'auteur de l'*Augustinus* se rabaissait trop, et ils l'ont accusé d'ultramontanisme ; on voit du moins qu'il avait, si l'on peut s'exprimer ainsi, la passion de l'orthodoxie [1]. En lui rien de ce qui fait les hérétiques, c'est-à-dire la prétention d'innover et de soutenir obstinément des erreurs. Tout au plus pouvait-on l'accuser de n'avoir pas compris saint Augustin, et d'avoir attribué au grand évêque d'Hippone des opinions que l'on prouverait n'avoir pas été les siennes. On pouvait le combattre, le réfuter, et alors on s'exposait à attaquer du même coup le docteur de la grâce, dont la théologie régnait en souveraine depuis douze siècles avec l'approbation constante des papes et des conciles : le condamner au nom de l'orthodoxie était chose absolument impossible.

Ce n'est pas tout encore, car l'*Augustinus* fut approuvé spontanément dès son apparition par cinquante docteurs, séculiers ou réguliers, auxquels se joignirent bientôt six docteurs de Sorbonne. Le saint évêque de Marseille, Jean-Baptiste Gault, se proposait d'y joindre la sienne quand il mourut prématurément en 1643. Tous ces approbateurs reconnaissaient dans le livre de Jansénius la vraie, la pure doctrine de saint Augustin, et il ne leur venait pas en la pensée que l'auteur de cette compilation savante, de cette table analytique des traités augustiniens sur la grâce pût avoir eu la

---

(1) Détail curieux, Jansénius est un des promoteurs de la dévotion à saint Joseph, confident du Très-Haut, et par conséquent patron désigné des théologiens. A Port-Royal aussi saint Joseph était l'objet d'un culte particulier.

sotte prétention d'y introduire des opinions nouvelles.

Les Jésuites seuls ne firent pas entendre leur voix dans ce concert d'approbations et de louanges. Bien plus, ils remuèrent ciel et terre à cette occasion, et ils firent intervenir l'internonce de Bruxelles et le propre neveu du pape, d'abord pour arrêter l'impression du livre, et ensuite pour en interdire le débit. Ce n'est pas leur faute si l'Université de Louvain, faisant droit aux requêtes de l'imprimeur Zegers, laissa enfin paraître un ouvrage que les Jésuites étaient seuls à ne pas approuver.

Somme toute, on voit que Jansénius, un hérésiarque posthume, ce qui implique une contradiction grossière, ne saurait être comparé à Wiclef, à Luther, à Calvin et aux autres chefs de sectes ; nous voilà donc, par une conséquence rigoureuse, en présence d'un corps sans tête, d'une hérésie dont l'auteur n'a jamais pu être déclaré hérétique. On ne saurait donc, sans injustice, rendre ce bon Flamand responsable des troubles qui ont agité l'Église après sa mort ; il en est innocent comme le diacre Pâris sera innocent, quatre-vingt-dix ans plus tard, des désordres du petit cimetière de Saint-Médard. Mais puisqu'une lutte déjà deux fois séculaire s'est engagée sur son nom, puisque les adversaires de la grâce efficace par elle-même lui ont fait l'honneur de s'attaquer à lui de préférence, puisqu'ils ont donné à l'augustinisme le nom de jansénisme et qu'ils l'ont fait condamner comme tel, force nous sera de les suivre sur ce terrain, et nous aurons à considérer Jansénius comme le véritable chef du mouvement janséniste à la date de 1640.

* *
*

A côté de l'évêque d'Ypres, et sur le même pilori,
les Jésuites du xvii° siècle et leurs successeurs ont
placé Jean Du Vergier de Hauranne, un Français du
Béarn, un compatriote d'Henri IV. Nous le retrouverons, lui aussi, dans la suite de ces études, et nous
le verrons jouer un très grand rôle ; mais il est bon
d'établir dès maintenant que lui non plus n'a pu être
taxé d'hérésie de son vivant, et que, comme Jansénius,
il ne méritait en aucune façon les honneurs du bûcher.
Né à Bayonne en 1581, il fut d'abord pourvu d'un ca-
nonicat dans sa ville natale, puis il devint chanoine de
la cathédrale de Poitiers, dont l'évêque lui résigna, en
1620, la petite abbaye de Saint-Cyran. Il était à cette
époque ami très particulier de Jansénius, du cardinal
de Bérulle et de saint Vincent de Paul. Richelieu l'estimait infiniment et cherchait à se l'attacher en le com-
blant de prévenances ; mais les refus obstinés de l'abbé
de Saint-Cyran et ses velléités d'indépendance irritè-
rent le tout-puissant ministre, qui résolut de se venger.
Ne pouvant l'amener à déclarer nul le mariage de
Gaston d'Orléans, et le trouvant opposé à ses sentiments relâchés sur l'attrition, Richelieu le fit enfermer
à Vincennes, ordonna la saisie de tous ses papiers, et
commença contre sa doctrine une information juridique qui dura deux ans. On aurait voulu le condamner
comme hérétique, mais on eut beau lire et relire des
manuscrits qui remplissaient deux grands coffres et re-
présentaient peut-être vingt volumes in-folio, il fut
impossible d'en tirer même une proposition suspecte ;
jamais Saint-Cyran n'a été condamné par le Saint-
Siège ou censuré par la Sorbonne. Quand on vint l'arrêter, il travaillait à un grand ouvrage contre les cal-

vinistes ; prisonnier, il fut autorisé à continuer un
travail si utile à l'Église ; et dès que la mort de Richelieu lui eut rendu la liberté, il redevint aux yeux de
tous ce qu'il était avant son incarcération, un prêtre
dont la doctrine était jugée irrépréhensible. Sainte
Chantal, qui reçut du prisonnier de Vincennes une
longue lettre de direction, l'appelait « un saint homme
tout apostolique, qui souffrait pour la vérité et pour la
justice ». Saint Vincent de Paul, qui avait essayé de le
défendre, mais timidement et en évitant de se compromettre, vint le féliciter à Vincennes à la nouvelle de
son élargissement ; et c'est grâce à lui que Barcos,
neveu de Du Vergier de Hauranne, eut son abbaye de
Saint-Cyran. Six évêques ou archevêques assistèrent
aux funérailles du célèbre abbé, et l'archevêque de
Bordeaux, l'un d'entre eux, proposa de lui ériger un
somptueux mausolée. Enfin le père du grand Condé,
un prince qui se mêlait de théologie et qui chérissait
les Jésuites, se vit contraint de confondre les calomniateurs et d'attester par écrit que le fougueux contradic-
teur du P. Garasse, l'auteur présumé de *Petrus Aurelius*, était mort- « en bon chrétien, dans la paix de
l'Église, et dans la communion des saints. »

Il en est donc de l'abbé de Saint-Cyran comme de
l'évêque d'Ypres, on ne peut le considérer comme un
hérésiarque, puisqu'il n'a jamais été convaincu d'hérésie ou simplement d'erreur. Ses ennemis les plus
acharnés l'accusaient uniquement de ne pas recevoir
le concile de Trente, et de croire que le sacrement de
pénitence ne suffit pas à effacer les péchés ; ils ne lui
ont jamais imputé aucune des doctrines qui consti-
tuaient à leurs yeux le fond même du jansénisme ; ils
n'ont jamais incriminé ses théories sur la grâce. C'est
même un fait curieux de voir l'ami et le confident de

Jansénius s'appesantir si peu sur les questions qui absorbèrent durant près de vingt années l'auteur de l'*Augustinus*. Et cependant nous verrons dans la suite de cette histoire que nul n'a contribué plus que Saint-Cyran à la propagation de ce qu'on peut appeler le mouvement janséniste ; Arnauld lui-même, le grand Arnauld, dont il nous reste à parler brièvement, n'a fait en définitive que suivre les traces de son maître.

* *

Jansénius et Saint-Cyran étaient parvenus à l'âge d'homme lorsque naquit à Paris, en 1612, le vingtième enfant de l'avocat Antoine Arnauld, de celui-là même qui jadis avait plaidé avec tant d'éclat pour l'Université contre les Jésuites. Béni dès le jeune âge par François de Sales, le saint ami de la mère Angélique, sa sœur, Arnauld renonça au barreau pour se donner tout entier à la théologie, et l'abbé de Saint-Cyran, son guide, songeait si peu à le conduire dans les sentiers écartés qu'il fit de lui un bachelier et ensuite un docteur de Sorbonne. La soutenance de 1635 fut très brillante, et elle ne souleva aucune contradiction. Cinq ans avant l'apparition de l'*Augustinus*, le jeune bachelier exposait conformément aux théories de saint Augustin le dogme de la grâce efficace par elle-même, et sa doctrine ne semblait nullement hétérodoxe. Dans *La Fréquente Communion*, le premier de ses grands onvrages, il proposait la communion fréquente et même quotidienne comme l'idéal de la vie chrétienne, et le grand ennemi de Port-Royal, l'archevêque Péréfixe, se vantait d'avoir lu cinq fois avec profit un livre si « excellent, un livre admirable ». Censuré par la Sorbonne en 1656, Arnauld vit condamner une phrase dont les deux propositions étaient empruntées mot pour mot à deux Pères de l'Église, et les quarante-trois gros volumes qu'il a écrits n'ont pas donné prise à la moindre censure. Innocent XI voulait à toute force le faire cardinal, et Benoît XIV applaudissait à la publication de ses œuvres complètes. Bossuet le proclamait un grand homme, et lui reprochait seulement de n'avoir pas abandonné la défense du livre de Jansénius ; il ne lui a jamais imputé la moindre hérésie.

Qu'est-ce donc en définitive que le jansénisme du XVIIe siècle ? Un monstre à trois têtes hideuses, qui n'avait pas de tête du tout. Ni hérésiarques, ni hérétiques, ni chefs, ni soldats, voilà en deux mots son histoire. En dehors des doctrines augustiniennes sur la grâce efficace par elle même et sur la prédestination gratuite, doctrines que l'Église enseignait et que le concile de Trente promulguait à nouveau, Jansénius, Saint-Cyran et Arnauld n'ont jamais fait ce choix (αἵρησις) qui caractérise l'hérétique ; sur tous les points sans exception, leur créance a été celle de l'Église catholique, apostolique et romaine, et leur hétérodoxie a consisté uniquement à n'aimer point les Jésuites et à combattre leurs erreurs. Jansénius les a combattus à Madrid comme à Louvain, Saint-Cyran s'est attaqué au Père Garasse et aux jésuites d'Angleterre, Arnauld enfin a bataillé contre les PP. Sirmond, de Sesmaisons Annat, Ferrier, et contre la Compagnie tout entière. Ennemis d'une société qui avait été créée pour combattre l'hérésie, ils ne pouvaient manquer d'être traités d'hérétiques, puisqu'ils la combattaient, et c'est là tout le secret du jansénisme, comme le disait si bien le cardinal Bona.

Mais, à ce compte, nos trois prétendus hérésiarques ne sont pas les premiers en date d'entre les jansénistes; ils ne sont même pas les promoteurs de ce que nous appelons le mouvement janséniste, pas plus que Descartes et Malherbe ne sont les promoteurs du grand mouvement philosophique et littéraire qui a rendu le XVIIe siècle si célèbre. Descartes et Malherbe ont été entraînés par un courant irrésistible, et même s'ils n'avaient jamais existé, le cartésianisme et le malherbisme auraient été substitués aux vieux systèmes philosophique et littéraire dont le bon sens français ne voulait plus. De même en ce qui concerne les choses de la religion ; la France, qui n'avait pas consenti à se faire calviniste, repoussait avec une égale énergie le bigotisme espagnol et l'ultramontanisme italien, et bien avant la Ligue, elle proscrivait les vendeurs de catholicon. Dès que les Jésuites mirent le pied sur notre territoire, et du vivant même de Loyola, on vit le Parlement de Paris, les évêques, les curés, la Sorbonne et l'Université faire acte de jansénisme, au sens particulier qu'on peut donner à ce mot. Les théologiens suivirent quand ils virent les Jésuites enseigner une théologie « mieux accommodée aux besoins des temps », ce sont les propres termes du général Lainez, que celle de saint Augustin et de saint Thomas. Les audaces de Monte-Major, de Lessius et Hamelius, de Molina enfin, soulevèrent un tolle général, et ces quatre jésuites ont été la véritable cause des événements qui ont bouleversé l'Église durant trois siècles. S'ils n'avaient pas écrit contre les dogmes de la grâce efficace par elle-même et de la prédestination gratuite, on n'aurait vu ni l'*Augustinus*, ni les *Provinciales*, ni la bulle *Unigenitus*. La prédiction du dominicain Melchior Canus se serait trouvée fausse, les Jésuites n'auraient pas « causé à l'Église des maux sans nombre » ; la Sorbonne se serait trompée en déclarant leur société « périlleuse en matière de foi et ennemie de la paix de l'Église ». C'est donc dès le milieu du xvie siècle, trente ans avant la naissance de Jansénius, que commence véritablement l'histoire du mouvement janséniste ; et peut-être n'avancerait-on pas un paradoxe insoutenable si l'on disait que son véritable père est saint Ignace de Loyola lui-même [1].

*
* *

L'hérésie janséniste, si elle avait jamais existé, serait un corps sans tête, car on vient de voir qu'elle n'a pas eu de chefs comme le luthéranisme, le calvinisme, le molinisme et le molinosisme. Ce qui a été dit de Jansénius, de Saint-Cyran et d'Arnauld pourrait être dit de Nicole, de Quesnel et de Duguet. On peut ajouter hardiment que cette hérésie n'a jamais eu de sectateurs, et il est aisé de s'en convaincre par les déclarations si catégoriques de Pascal dans ses deux dernières *Provinciales*. L'auteur de ces deux lettres-là est vraiment le contraire d'un janséniste, d'un homme qui soutient les cinq propositions condamnées par le pape. Les *Provinciales* dans leur ensemble, et notamment celles qui s'attaquent à la morale relâchée, n'auraient pas leur raison d'être si l'homme fait nécessairement le mal quand il n'a pas la grâce. Elles ne signifieraient rien s'il fallait croire sur parole un prélat académicien qui s'amusait il y a dix ou quinze ans à faire l'équation suivante : « jansénisme = calvinisme = fatalisme musulman ». Le rigorisme et le fatalisme sont choses incompatibles. De même l'apologie du christianisme à laquelle travaillait fiévreusement Pascal dénotait chez

____

(1) En 1767, un janséniste émérite écrivait à l'archevêque de Lyon, Montazet, que s'il n'y avait jamais eu de Jésuites, jamais il n'y eût eu de jansénistes.

son auteur un esprit de prosélytisme qui serait un non-sens, car un fataliste qui n'est pas fou ne cherche pas à convertir ses semblables ; il les abandonne au destin.

Ce qui est vrai de Pascal est vrai de tous les autres sans exception ; on ne connaît pas un ouvrage des jansénistes qui prenne la défense des cinq propositions au sens où les papes les ont condamnées avec raison. Lorsque les grands vicaires de Paris sont venus à Port-Royal en 1661 pour interroger les unes après les autres les quatre-vingt-douze religieuses des deux maisons, ils ont dû constater, à leur très grande surprise, qu'il ne s'en était pas trouvé une seule dont la foi pût être suspectée. Elles croyaient toutes, même les plus simples converses, qu'on résiste à la grâce et que Jésus-Christ est mort pour tous les hommes. Elles priaient la Sainte Vierge et elles communiaient plusieurs fois par semaine.

Mais par contre on a vu tous les antimolinistes, disciples de saint Augustin, de saint Bernard, de saint Thomas et du concile de Trente, prendre énergiquement la défense de ce qu'ils ont appelé les dogmes intangibles de la grâce efficace par elle-même et de la prédestination gratuite, et à leur tête doit être placé un prélat qui croyait pourtant à la réalité du jansénisme, Bossuet en personne, que l'on traite aujourd'hui de janséniste. C'est à lui qu'il faut recourir en dernière analyse pour faire connaître l'état de la question.

La grande querelle causée par l'apparition du livre de Molina en 1588, c'est une des phases de cette éternelle question des rapports du fini et de l'infini. L'Éternel est tout-puissant, et rien ne saurait lui résister ; *omnia quæcumque voluit, fecit ; dixit et facta sunt ;* tout ce qu'il a voulu faire, il l'a fait, — il a dit,

et les choses se sont faites. Voilà un premier principe
admis sans discussion par les théologiens et par les
philosophes. Mais en voici un second qui n'est pas
moins indiscutable : Les créatures intelligentes sont
capables de mériter ou de démériter ; donc elles ont été
créées libres [1] ; et l'on ne voit pas bien comment cette
liberté de la créature responsable peut se concilier
avec la toute-puissance du Créateur. Il y a là une an-
tinomie, disent les philosophes, et les théologiens
ajoutent que c'est un mystère. Ce n'est pas tout encore ;
la théologie intervient alors pour établir la doctrine
du péché originel, pour enseigner que l'homme, ayant
abusé de sa liberté native, n'a plus le pouvoir de
se porter de lui-même vers le bien ; la concupiscence
l'entraîne vers le mal, comme saint Paul le reconnaissait en gémissant. Pour que nous puissions faire le
bien dans cet état de nature déchue, pour que nous
observions les commandements, il faut de toute nécessité que Dieu dans sa miséricorde vienne à notre
secours, qu'il nous accorde en vue des mérites du
Rédempteur ce qu'on appelle sa grâce. Or la grâce est
par essence un don gratuit que Dieu ne doit à personne.
Il a choisi Jacob et rejeté son frère aîné, sans que l'on
puisse le taxer d'injustice. Des deux larrons qui insul-
taient ensemble le crucifié, un seul a été sanctifié à
l'exclusion de l'autre ; saint Pierre dans la cour du
grand prêtre et saint Paul à Damas nous montrent de
même combien il est difficile d'accorder l'action de la
grâce avec le libre arbitre. Bossuet a tenté de le faire

---

(1) L'homme tient à son libre arbitre, et il a raison, mais il ne
devrait pas oublier qu'il n'est pas admis, en venant au monde, à
choisir son siècle, sa patrie, sa famille, sa condition, son sexe, son
tempérament, son caractère, son plus ou moins de santé et d'intelligence, tout cela lui est imposé par le Créateur.

en disant que ce sont deux anneaux d'une même chaîne. Comment ces anneaux se rejoignent-ils ? C'est le secret de Dieu, et Bossuet s'écrie : *O altitudo*, ô profondeur, et il propose au chrétien d'adorer, de se taire, et surtout de croire qu'il y a là deux vérités également importantes.

Si l'on n'est pas assez humble pour prendre ce parti, il faut se déclarer nettement pour ou contre l'omnipotence de Dieu, et revendiquer ou abandonner la pleine indépendance de l'homme ; c'est ce qu'ont fait successivement, après les calvinistes du XVIe siècle, qui ont nié le libre arbitre, les molinistes et leurs adversaires. Les molinistes ont déclaré que, s'il fallait absolument faire un choix, ils se résigneraient à limiter la toute-puissance de Dieu [1], et les autres ont répondu : « Non pas, c'est la pauvre liberté de l'homme que nous sacrifierions sans hésiter ; mais il n'y a pas lieu de le faire, car la Sagesse et la Bonté infinies ont assuré la coexistence de l'omnipotence de Dieu et du libre arbitre de l'homme. » C'est l'orgueil qui faisait parler Pélage, Molina et leurs sectateurs ; c'est l'humilité qui a fait parler saint Paul, saint Augustin, saint Bernard, saint Thomas et avec eux l'Église romaine tout entière.

Il faut bien reconnaître en effet que toute la liturgie catholique proclame hautement le souverain empire de Dieu sur nos volontés, et qu'elle n'a pas un chant, pas une prière ancienne ou moderne, pas une antienne qui favorise le molinisme. Quand on chante dans la collecte du jour de Pâques : *vota nostra, quæ præveniendo aspiras, etiam adjuvando prosequere :* nos

____

(1) En 1723, six évêques français, réfutant le cardinal de Bissy, disaient à propos des théories de Molina : « La grâce n'est plus un don gratuit, c'est un tribut que Dieu paye régulièrement à la créature, et le démon en règle le tarif. » FOURQUEVAUX, *Catéch. hist...*II, 304.

prières, que vous nous inspirez par une grâce prévenante, accompagnez-les par une grâce adjuvante,
cela revient à dire : On ne peut rien sans la grâce,
pas même demander la grâce ; or nous prions et nous
avons déjà la grâce prévenante. Mais elle ne suffit pas,
et nous demandons une nouvelle grâce, celle qui aide
et qui fait persévérer. C'est le plus pur augustinisme.
La préface de tous les saints, la belle prose du jour de
la Pentecôte, le *Veni creator*, l'admirable *Dies iræ*, la
célèbre secrète du quatrième dimanche après la Pen-
côte, où l'Église demande à Dieu de dompter nos
volontés « même rebelles », la prière pour la paix
adressée au Dieu « de qui viennent les saints désirs, les
résolutions droites et les œuvres justes », l'office de
l'enterrement des enfants qui répète à satiété qu'ils
sont prédestinés gratuitement et sans aucun mérite de
leur part, tout enfin dans le Psautier, dans le Bréviaire
et dans le Missel romain crie aux fidèles que l'augustinisme est la doctrine de l'Église.

La conclusion de ce chapitre moitié historique et
moitié doctrinal est facile à tirer. Ce qu'on appelle
improprement jansénisme n'est pas autre chose qu'un
mouvement de réaction contre les théories impies de
ceux qui ont exalté le libre arbitre au détriment de la
puissance divine ; c'est une proclamation des droits de
Dieu opposée à une audacieuse déclaration des droits
de l'homme. Si l'on est d'accord sur ce point, on peut
entrer résolument dans le récit des faits, avec la certitude de ne rien trouver dans le prétendu jansénisme
qui ne soit entièrement conforme aux dogmes de
l'Église catholique, apostolique et romaine.

CHAPITRE II

Les Jésuites et leurs contradicteurs au XVIe siècle. — L'Université de
Louvain. — Les congrégations *de Auxiliis*; Clément VIII et Paul V
contre Molina. — *Petrus Aurelius*; l'Université de Paris. — Bérulle
et les premiers oratoriens. — Angélique Arnauld, réformatrice de
Port-Royal. — Sainte Chantal, saint François de Sales. — Zamet,
Saint-Cyran ; saint Vincent de Paul.

Ignace de Loyola, canonisé par Grégoire XV en 1622,
a droit au respect de tous les catholiques, et le docteur
Launoy, qui n'était nullement janséniste, exagérait son
rôle de « dénicheur de saints » quand il disait un jour
dans une sacristie : « Donnez-moi des ornements noirs ;
tout ce que je puis faire pour cet intrigant dont on célèbre aujourd'hui la fête, c'est de dire pour lui une
messe de *Requiem*. » Le saint fondateur de la Compagnie de Jésus avait les meilleures intentions du monde :
il croyait bien faire en exigeant de ses religieux un
quatrième vœu, celui d'obéissance absolue au Saint-
Siège, et c'était pour transmettre plus aisément les
ordres de la papauté que le Gésu était à Rome, à quelques pas du Vatican. Ignace n'avait pas le don de prophétie, il ne prévoyait pas que pour mieux obéir aux
papes les Jésuites commenceraient par les annihiler,
et que son premier successeur, un intrigant fieffé que
l'on n'a pas canonisé, deviendrait ce que la malice
clairvoyante des foules appelle encore aujourd'hui « le
pape noir ». Moins de dix ans après la mort d'Ignace,

Lainez, qui avait pour ainsi dire usurpé le généralat, causait du trouble dans l'Église. En plein concile de Trente, il combattait une décision solennelle relative au rôle de la grâce efficace, et les Pères indignés criaient : Sus au pélagien ! L'évêque de Paris, Eustache de Bellay, se plaignait qu'une compagnie née depuis deux jours fût venue au Concile pour introduire des dogmes nouveaux, pour troubler le repos de l'Église et pour en renverser la hiérarchie. Ces faits caractéristiques se sont passés en 1562, quatre-vingts ans avant la querelle du jansénisme ; et si nous faisions ici un chapitre de l'histoire générale des Jésuites, il serait aisé de montrer que, dès le XVIᵉ siècle, le nouvel institut a jeté le trouble partout. Le pape Paul IV, prenant les Jésuites en flagrant délit de désobéissance à ses ordres, les appelait « des enfants rebelles et des fauteurs d'hérésie ». Saint Charles Borromée constatait, en 1579, leur profond mépris pour l'épiscopat, et il exhalait ses plaintes sur l'odieuse conduite de leur Père Mazzarino. L'archevêque d'Urbins écrivait à ce même saint Charles, en 1584, que les choses n'allaient pas mieux dans son diocèse, et qu'un jésuite insolent s'était vanté de lui « apprendre à vivre », vu qu'il avait déjà « fait la barbe à bien d'autres ». Papes, rois, empereurs, prélats, ordres religieux, universités, corps constitués de toute espèce, tout le monde déplorait les excès d'une société si envahissante. La France et Paris se distinguaient surtout par leur peu d'enthousiasme à recevoir les nouveaux venus. La Sorbonne disait, en propres termes, que la société qui s'attribuait le nom de Jésus semblait périlleuse en matière de foi, ennemie de la paix de l'Église, et plutôt née pour la ruine que pour l'édification des fidèles. On prêchait contre les Jésuites dans les chaires, et plusieurs évêques, imitant l'évêque de Paris, leur interdisaient formellement l'exercice du ministère sacerdotal dans leurs diocèses [1].

Mais les disciples d'Ignace, méprisant les foules et ne tenant aucun compte de l'opinion publique, avaient l'habileté de se concilier les puissances. Si les parlements, les universités et le clergé les repoussaient, les papes, les rois et les grands de ce monde les ménageaient par politique ou par crainte, et les comblaient même de faveurs. Chaque jour la Société gagnait du terrain, et elle voyait ses membres se multiplier comme les sauterelles qui ravagèrent l'Europe méridionale vers 1565. Les Jésuites ne dissimulaient pas leur dessein de marcher à la conquête du monde, et pour y parvenir plus sûrement, ils voulaient étonner les intelligences, frapper les imaginations, dompter les volontés. Ils se mirent donc à dogmatiser en propageant partout les doctrines subversives qu'ils avaient osé soutenir en plein concile de Trente.

Satan voulant séduire nos premiers parents leur déclara que s'ils l'écoutaient ils seraient comme des dieux ; ainsi firent les Jésuites, qui ne cessèrent pas d'exalter la liberté de l'homme au détriment de la toute-puissance de Dieu. C'est ainsi que plusieurs de leurs Pères cherchèrent à ruiner, en différents pays, les doctrines augustiniennes, Montemajor, à Salamanque, en 1581, Valentia, à Ingolstadt, en 1584, Lessius et Hamelius, à Louvain, en 1586. Partout on leur résista

(1) Tous ces détails, et beaucoup de ceux qui suivront, sont empruntés à l'énorme compilation de l'abbé Gazaignes, dit Philibert, qui a pour titre *Annales de la Société des soi-disant Jésuites*, 1764, cinq gros volumes in-4°. C'est Choiseul disgracié qui a fait les frais de cette publication splendidement illustrée. Sainte-Beuve ne paraît pas l'avoir connue. On y trouve une grande quantité de textes précieux, commentés, cela va sans dire, avec beaucoup de passion ; c'est un trésor d'information.

au nom de l'orthodoxie; mais l'Université de Louvain
se distingua entre toutes par la vigueur de sa résistance, par la noblesse de ses procédés, et par la façon
magistrale dont elle prit la défense du docteur de la
grâce. Cette Université était alors célèbre, plus célèbre
même que la Sorbonne, déchue de son ancienne splendeur depuis la Ligue. Au dire du jésuite Pallavicini,
l'Université de Louvain était alors « la place d'armes,
l'arsenal de l'Église contre les hérétiques ». En 1587,
après avoir adjuré Lessius et Hamelius de rétracter
leurs erreurs, elle les condamna solennellement, et les
rédacteurs de cette très remarquable censure prirent,
cinquante ans avant Jansénius, la défense de saint
Augustin, « suscité par la Providence pour être le
général sous les ordres duquel l'armée catholique
marcherait à la victoire ». La censure de Louvain,
suivie d'une censure de Douai, couvrit les Jésuites de
confusion; ce fut, disaient-ils eux-mêmes dans l'*Image
de leur premier siècle*, « une tempête furieuse qui faillit anéantir leur société ».

Mais les fils d'Ignace ne reculent jamais, et ils ne se
découragent jamais; c'est au lendemain même de la
terrible censure de Louvain que fut imprimé à Lis-
bonne, en 1588, le fameux ouvrage de Molina. Ce furent
alors les dominicains espagnols qui protestèrent haut-
tement au nom de l'Église, et l'on sait combien vive a
été, durant vingt ans, lors des congrégations *de Auxiliis*, la lutte de l'augustinisme contre le molinisme.
Cette fois encore les Jésuites faillirent être finalement
anéantis; mais les circonstances vinrent à leur secours
d'une manière inespérée. En 1605, le pape Clément VIII,
leur adversaire déclaré, mourut, comme l'avait prédit
Bellarmin, avant d'avoir pu rédiger la bulle dont il
avait réuni tous les éléments. En 1607, des considéra-

tion d'ordre purement politique empêchèrent Paul V de publier la bulle préparée contre Molina, et le pape imposa silence aux deux parties. Les Jésuites d'Espagne illuminèrent, ils chantèrent victoire; leur hérésie, épargnée par le Saint-Siège, fit chaque jour de nouveaux progrès.

Obligés malgré tout de se modérer sur les questions de doctrine, les confrères de Molina imprimèrent à leur activité dévorante une autre direction. Ils ouvrirent des collèges, ils composèrent des ouvrages ascétiques, et surtout ils se firent une spécialité de la conduite des âmes des riches. On sait qu'après les attentats de Jean Châtel et de Barrière, et après la pendaison de leur Père Guignard, ils furent chassés de France en 1595 ; mais l'intercession du pape les fit rappeler en 1603, et Henri IV eut l'idée singulière d'exiger qu'il y eût toujours à la cour un jésuite considéré comme otage. Cet otage avait le pouvoir de remettre les péchés, il devint donc pour le roi un confesseur occasionnel et bientôt un confesseur en titre. Henri n'en fut pas moins assassiné, sans que les Jésuites aient été, le moins du monde, coupables de ce crime, par un pauvre fou qui avait médité sur les théories jésuitiques du régicide. Sous la régence d'une Italienne, superstitieuse à l'excès, les affaires de la Compagnie de Jésus prirent en France une tournure favorable. Louis XIII les protégeait ouvertement, et Richelieu, qui les connaissait bien, disait à ses confidents qu'«il serait dangereux de les choquer [1] ». Or il n'y a qu'un moyen de ne pas choquer des gens de cette espèce, c'est de leur donner tout ce qu'ils demandent, et même d'aller au-devant

____

(1) Propos tenu par Péréfixe à Ph. de Champaigne en 1664 (Racine. — *Divers actes... des religieuses de Port-Royal.* 1725. p. 74).

de leurs désirs; telle fut en ce qui concerne les Jésuites, la politique du redoutable cardinal.

Néanmoins ces religieux ne progressaient qu'au prix de luttes incessantes, parce que, si les pouvoirs publics étaient pour eux, ils avaient contre eux la reine du monde, c'est-à-dire l'opinion ; on le vit bien durant la première moitié du xviie siècle, lors de leurs grands démêlés avec le clergé et avec l'Université.

Les Jésuites attaquèrent le haut clergé en 1633, dans un certain nombre de libelles venus d'Angleterre et traduits aussitôt en latin, mais ils se heurtèrent à de vigoureuses réfutations. Les droits imprescriptibles de l'épiscopat furent défendus victorieusement par quelques ecclésiastiques français dont l'un se dissimulait sous le nom d'Aurélius, un des deux noms de saint Augustin. On a cru que l'abbé de Saint-Cyran était l'auteur de cet ouvrage très remarquable, mais il l'a toujours nié, et la haineuse perspicacité de ses ennemis, qui ont examiné à loisir tous ses papiers, n'est pas parvenue à pénétrer ce mystère. C'est tout au plus si l'on pouvait insinuer que Duvergier de Hauranne en fut l'inspirateur, et que son neveu de Barcos en est le véritable auteur. Toujours est-il que l'ouvrage obtint un grand succès, que les Jésuites furent confondus et que le clergé de France remercia avec effusion son défenseur anonyme. Il donna des sommes considérables pour indemniser l'imprimeur, et Richelieu promit une magnifique récompense. L'histoire de cette très curieuse affaire suffirait à montrer quel était alors l'antagonisme de l'épiscopat français et de la Compagnie de Jésus, laquelle a toujours affiché le plus profond mépris pour les évêques.

L'histoire du procès de l'Université contre les Jésuites n'est pas moins instructive, et elle embrasse une pé-

riode beaucoup plus longue, car elle va de 1564 à 1643.
La Compagnie de Jésus et l'Université de Paris ne
pouvaient jamais parvenir à s'entendre, car leur
coexistence sous l'ancien régime était une question de
vie ou de mort pour l'une ou pour l'autre. L'Université
instruisait la jeunesse française depuis plus de sept
cents ans, et, avant l'arrivée des Jésuites, elle comptait
jusqu'à quinze mille étudiants, Il en venait à Paris,
dans notre vieux quartier latin, de tous les points de
la France, de l'Europe et même du monde civilisé.
Dès que les Jésuites se mirent à enseigner, ce fut un
bouleversement complet, une véritable catastrophe. Ils
ouvrirent des collèges partout, à Paris, à Rouen, à
Rennes, à la Flèche, à Dijon et dans beaucoup d'autres villes. Leurs pensionnaires les enrichissaient tellement qu'ils pouvaient organiser des externats gra-
tuits, et c'est ainsi que Molière a pu faire ses études.
Le seul collège de Clermont, situé à Paris, rue Saint-
Jacques, comptait plus de deux mille écoliers, le
double de ce que pouvaient présenter les quinze collèges incorporés à l'Université. Ils avaient inauguré,
dans beaucoup d'universités étrangères ce qu'on
appelle aujourd'hui l'enseignement supérieur, et c'é-
taient d'innombrables étudiants qui ne venaient plus à
Paris. Si donc ils parvenaient à se faire agréger à l'U-
niversité de Paris, cette dernière était irrémédiable-
ment perdue. Or ils étaient en instance pour obtenir
leur incorporation ; l'Université s'y opposait; leurs
puissants protecteurs les appuyaient, et de là des procès sans nombre, à la suite desquels les parlements
tiraillés laissaient provisoirement les choses dans le
statu quo. Les avocats de l'Université n'étaient pas
tendres pour ceux qu'ils considéraient comme ses ennemis, et on a conservé le souvenir des plaidoyers

enflammés, des réquisitoires hyperboliques d'Étienne
Pasquier, en 1564, d'Antoine Arnauld, en 1594, de la
Martelière, en 1611. Finalement l'Université ne reçut
point le coup mortel; les Jésuites furent déboutés de
leurs prétentions après la mort de Richelieu et la disgrâce de Sublet de Noyers, leur plus grand protecteur
(1643). Ils étaient profondément irrités contre ceux qui
leur barraient la route et ils cherchèrent à se venger.
L'avocat de 1594, l'homme qui, en 1602, avait composé
contre eux le *Franc et véritable discours au roi Henri IV*,
était mort en 1619; mais il laissait vingt enfants et dix
neveux et nièces, toute une tribu à laquelle les Jésuites
déclarèrent une guerre sans trêve ni merci. Ç'a été,
comme on l'a souvent répété, le péché originel de
Port-Royal. De là sont issues toutes les persécutions
contre la Mère Angélique et contre le monastère dont
elle était l'abbesse, contre le docteur Arnauld, contre
Arnauld d'Andilly, contre toute la famille Arnauld et
contre ses amis, contre l'abbé de Saint-Cyran et contre
Jansénius.

Mais ce n'étaient pas seulement les corps constitués
comme le Clergé et l'Université qui témoignaient leur
antipathie pour les Jésuites; beaucoup de particuliers
éprouvaient le même sentiment, et il est aisé d'en citer
quelques exemples, même parmi des hommes illustres,
même parmi des saints.

Parmi les catholiques fervents qui n'aimaient pas les
Jésuites, il faut mettre en belle place l'illustre cardinal
de Bérulle, si célèbre par l'étendue de ses lumières,
par sa merveilleuse intelligence des affaires, et par
son amour immense de l'Église, comme disait Bossuet. Très bien disposé pour les Jésuites, dont il
avait été quelque temps l'élève, il fut d'abord leur ami,
leur protecteur lors de ce qu'ils appelaient « l'accident

de Jean Châtel », et leur bienfaiteur enfin ; mais il se vit payer d'ingratitude parce qu'il commit, en 1611, le crime irrémissible d'instituer l'Oratoire et de faire ainsi aux Jésuites une concurrence redoutable. Pour organiser l'Oratoire, Bérulle semble avoir pris le contre-pied des idées et des sentiments de saint Ignace. Écoutons plutôt Bossuet : « Son amour immense pour l'Église lui inspira le dessein de former une compagnie à laquelle il n'a point voulu donner d'autre esprit que l'esprit même de l'Église, ni d'autres règles que ses canons, ni d'autres supérieurs que ses évêques, ni d'autres biens que sa charité, ni d'autres vœux solennels que ceux du baptême et du sacerdoce. Là une sainte liberté fait un saint engagement ; on obéit sans dépendre ; on gouverne sans commander ; toute l'autorité est dans la douceur, et le respect s'entretient sans le secours de la crainte.... Là, pour former de vrais prêtres, on les mène à la source de la vérité ; ils ont toujours en main les saints livres pour en chercher sans relâche la lettre par l'étude, l'esprit par l'oraison, la profondeur par la retraite, l'efficace par la pratique, la fin par la charité [1].... »

A peine institué, l'Oratoire fut en butte à la haine furieuse des Jésuites, et il n'en pouvait pas être autrement, puisque cette « sainte congrégation », comme dit encore Bossuet, était accueillie en France avec enthousiasme, puisqu'elle ouvrait des collèges, des séminaires, que ses prédicateurs brillaient dans les chaires, et qu'elle dirigeait une infinité de religieuses et notamment les filles de Sainte-Thérèse. Bérulle fut donc insulté, honni, calomnié de la manière la plus odieuse. Finalement il fut dénoncé à Richelieu, qui

______

(1) Oraison funèbre du Père Bourgoing, 1er point.

l'invita à se justifier. C'est alors que Bérulle, excédé, écrivit au ministre, le 23 décembre 1623, une longue lettre qui est un terrible réquisitoire contre les Jésuites, et qui ne permettra jamais aux Oratoriens d'obtenir ce qu'ils souhaitent avec ardeur depuis bientôt trois siècles, la canonisation de ce grand saint qu'a été le cardinal de Bérulle [1].

Il n'y a donc pas lieu de s'étonner si le général de l'Oratoire s'est rapproché de ceux qui n'aimaint pas les Jésuites. Il ne figure pas dans les nécrologes de Port-Royal, parce qu'il est mort prématurément en 1629, et qu'il ne paraît pas avoir connu la Mère Angélique ; mais il est question de lui dans les deux pamphlets du jésuite Pinthereau, publiés en 1654-1655 et intitulés : *La naissance ... et le progrès du jansénisme*. Bérulle a été le grand ami de l'abbé de Saint-Cyran, dont il disait dans une lettre publiée par Pinthereau : « J'honore bien fort et sa vertu et sa doctrine, que je reconnais très grande et très profonde, et sa sincérité parfaite en l'amitié. » Quand il est mort, il a été pleuré en ces termes par Jansénius dans une lettre adressée par ce docteur au même Saint-Cyran et publiée, en 1655, par Pinthereau : « La mort de Mgr le cardinal de Bérulle m'a fort attristé pour des raisons tant publiques que particulières, Car je sais combien il est difficile, en un siècle entier, de trouver une telle vertu conjointe avec telle autorité pour faire le bien [2]. » Bérulle voulait faire de Saint-Cyran un évêque, et le docte abbé fut évêque vingt-quatre heures parce qu'il avait enfin cédé aux objurgations de son ami, qu'il considérait, dit

______

(1) Voir dans les *Annales des soi-disant Jésuites*, tome II, p. 727, le texte de cette lettre, que Richelieu voulait voir imprimée, et dont l'autographe était en 1764 dans les archives de l'Oratoire.

(2) Pinthereau, p. 66, lett. 83.

Hermant, « comme un oracle du Saint-Esprit [1] ». C'est par lui que furent envoyés en Flandre un certain nombre d'oratoriens qui s'abouchèreut, grâce à l'entremise de Saint-Cyran, avec l'archevêque de Malines, Jacques Boonen, avec l'Université de Louvain, et avec Jansénius, que le P. Bourgoing appelait alors « son intime ami [2] ». Ils furent très bien accueillis, et l'Oratoire ouvrit dans ces régions, une douzaine de maisons qui eurent avec les Jésuites de longs démêlés. Si donc Bérulle n'était pas mort en 1629, à l'âge de cinquante-quatre ans, il aurait été englobé avec ses amis Saint-Cyran et Jansénius dans les affaires du jansénisme, et les Carmélites, ces femmelettes, *mulierculas*, qu'on l'accusait de pervertir et de conduire aux abîmes, auraient connu, tout comme les religieuses de Port-Royal, les effets de leur animosité. On verra, dans la suite de ces études, qu'elles les ont connus au xviii⁰ siè-cle parce qu'elles avaient conservé l'esprit de leur saint directeur.

Le P. de Condren, successeur immédiat de Bérulle, était dans les mêmes sentiments que son prédécesseur ; il disait comme lui que les Jésuites finiraient par occasionner un schisme dans l'Église, et, comme lui, il fut grand ami de Saint-Cyran et de Jansénius. Mais en 1638, quand il vit l'un des siens, le P. Séguenot, poursuivi avec acharnement par Richelieu, il prit peur, et il eut la faiblesse de dénoncer Saint-Cyran comme étant, ce qui était faux, l'inspirateur probable du P. Séguenot. Les conséquences de cette délation furent désastreuses, car Séguenot fut incarcéré à la Bastille et Duvergier de Hauranne à Vincennes. Le célèbre abbé

____

(1) I, 66.
(2) Lettre du 17 mars 1628 (Pinthereau, p. 139).

avait sur le cœur le procédé du P. de Condren, qui eut
du moins la délicatesse de ne pas vouloir témoigner
contre lui, et qui mourut en 1641, avant Richelieu.

L'un des plus grands admirateurs de Bérulle fut
saint François de Sales, un janséniste avant la lettre,
que nous allons retrouver ainsi que sainte Chantal en
parlant de Port-Royal et de la Mère Angélique. Lui
non plus n'aimait pas les Jésuites, et il n'était pas aimé
d'eux. Ils brûlèrent publiquement sa *Vie dévote*, ouvrage « d'une conduite trop relâchée [1] », que leur Père
Le Moine a refait, en 1661, d'une manière beaucoup
plus austère, si l'on en croit l'auteur des *Provinciales*.
Bérulle aurait voulu donner au coadjuteur de Genève
la supériorité générale de l'Oratoire, dont ce prélat
lui avait suggéré l'idée, et François de Sales aurait
voulu, si la chose n'avait pas été absolument impossible, se faire oratorien sous la conduite du Père de
Bérulle. Tous deux étaient également vénérés comme
des saints par le prisonnier de Vincennes. Il sera
encore question de saint François de Sales dans la
suite, et aussi de plusieurs personnages qui ont été
quelque temps les amis de Saint-Cyran, tels sont
l'illustre Monsieur Vincent et Sébastien Zamet, évêque
de Langres. et d'autres encore, notamment Claude
Bernard, le pauvre prêtre, et Hubert Charpentier, le
supérieur du Mont-Valérien [2].

Au milieu des agitations qui commençaient à troubler l'Église, la grâce efficace par elle-même opérait de
véritables miracles dans une vieille abbaye cistercienne des environs de Paris, et elle se préparait ainsi
des légions de défenseurs. Port-Royal avait pour

(1) HERMANT, I, 117.
(2) HERMANT, I, 60.

abbesse titulaire, en 1602, une petite fille qui n'avait
pas encore fait sa première communion. Son père, le
célèbre avocat Antoine Arnauld, l'avait mise en religion malgré ses cris, contre toutes les règles de la discipline ecclésiastique et même de la morale chrétienne.
Mais six ans plus tard, en 1608, Angélique Arnauld
entendit, par hasard, un bon sermon fait par un capucin débauché qui apostasia quelques jours après; elle
prit soudainement, à l'âge de dix-sept ans, la résolution de réformer son abbaye, et l'on sait qu'elle y réussit parfaitement malgré la résistance des siens. Après
la fameuse journée du guichet, dont Sainte-Beuve a fait
un récit dramatique justement admiré, elle convertit
si bien sa famille que cinq de ses sœurs et six de ses
nièces, et enfin sa propre mère, devenue libre en 1619
par la très sainte mort d'un mari dont elle avait eu
vingt enfants, se firent successivement religieuses à
Port-Royal. Plusieurs de ses frères et de ses neveux
furent dans la suite entraînés de même, et Port-Royal
ne tarda pas à devenir aussi célèbre que les Carmélites et que la Visitation, On n'y dogmatisait pas, on
n'y cherchait querelle à personne, on tâchait simplement d'y opérer son salut comme le voulait saint
Paul.

C'est alors que saint François de Sales entra en relations avec la Mère Angélique et, par elle, avec tous
les Arnauld. Il conçut pour Angélique, en 1618, une
de ces affections célestes dont les profanes ne com-
prennent pas la nature, et que Racine a parfaitement
caractérisées en quelques mots. L'évêque de Genève
vint plusieurs fois à Maubuisson, que réformait alors
la Mère Angélique, envoyée là par ses supérieurs; il
vint à Port-Royal; il vit et revit Angélique; il lui écrivit des lettres enflammées qui font aujourd'hui le dé-

sespoir des pieux éditeurs de sa correspondance ; enfin
il exigea que Mme de Chantal et la Visitation fussent
étroitement unies à la Mère Angélique et au Port vraiment royal. Il mourut dans ces sentiments, en 1622, et
la Mère de Chantal fut la meilleure amie de la Mère
Angélique durant les vingt années qui suivirent [1]. La
dernière lettre qu'elle écrivit, en 1641, avant d'aller
mourir à Moulins, était pour recommander à nouveau
l'union intime de Port-Royal et de la Visitation, et l'on
sait que, vingt-trois ans plus tard, des Visitandines
fanatisées par les Jésuites, acceptèrent de se faire les
geôlières impitoyables des religieuses de Port-Royal.

On a publié la correspondance des deux Mères, et
bien qu'il y soit question de l'abbé de Saint-Cyran prisonnier, que Jeanne de Chantal vénérait comme un
saint, il ne s'y trouve pas un mot qui rappelle de près
ou de loin les querelles sur la grâce ; le nom de saint
Augustin n'y est pas prononcé une seule fois, pas
même dans la grande lettre de Saint-Cyran à Mme de
Chantal.

En 1625, la Mère Angélique, qui fut mal inspirée ce
jour-là, comme elle-même l'a reconnu depuis, aban-
donna sa maison des champs, qu'elle jugeait trop mal-
saine, et elle transféra Port-Royal à Paris, à l'extrémité du faubourg Saint-Jacques, près du Val-de-Grâce
et des Carmélites. Grâce aux libéralités de Mme de
Pontcarré et ensuite de plusieurs autres bienfaitrices,
elle fit élever de 1628 à 1655 de vastes bâtiments qui
sont aujourd'hui une des curiosités de notre vieux
Paris. En 1633, à la prière de la première duchesse de
Longueville, et pour honorer tout particulièrement le

____

(1) V. A. Gazier, Jeanne de Chantal et Angélique Arnauld,
d'après leur correspondance. — Paris, Champion 1915.

Saint Sacrement de l'autel, elle établit rue Coquillière, en plein quartier des Halles, une sorte de succursale dont l'existence fut éphémère (1633, 1636, 1638). C'est à l'occasion de cette affaire, engagée dès 1626, et à laquelle prit part saint Vincent de Paul lui même [1], que la Mère Angélique fit la connaissance de l'évêque de Langres, Sébastien Zamet, dont l'intervention dans les affaires de Port-Royal, a fait tout à la fois le bonheur et le malheur de ce monastère. « C'était, dit Racine, un homme plein de bonnes intentions et fort zélé, mais d'un esprit fort variable et fort borné. » Son zèle et sa piété charmèrent tout d'abord la Mère Angélique, et elle se mit sous sa direction avec une docilité d'enfant. C'est par lui qu'elle connut l'abbé de Saint-Cyran, pour lequel Zamet éprouva tout d'abord des sentiments d'estime, d'admiration, de vénération profondes. C'est l'affaire du Chapelet secret du Saint-Sacrement, dont ils prenaient tous deux la défense, qui les rapprocha l'un de l'autre en 1633. Zamet fut alors, dit Racine, « épris de sa rare piété et de ses grandes lumières, et comme il n'avait rien plus à cœur que de porter les filles du Saint-Sacrement à la plus haute perfection, il jugea que personne au monde ne pouvait mieux l'aider dans ce dessein que ce grand serviteur de Dieu. Il le conjura donc de venir faire des exhortations à ces filles, et même de les vouloir confesser. L'abbé lui résista assez longtemps... Enfin, néanmoins, les instances réitérées de l'évêque lui paraissant comme un ordre de Dieu de servir ces filles, il s'y résolut. » C'est donc Zamet qui a donné Saint-Cyran à Port-

____

(1) D'après une lettre autographe et inédite de la Mère Angélique (25 mars 1627) M. Vincent avait « beaucoup d'affection pour l'affaire du Saint Sacrement ; il dit que déjà il jouit des fruits qu'elle apportera ».

Royal, et l'histoire doit lui en tenir compte. Les exhortations du nouveau prédicateur produisirent l'effet
qu'en attendait l'évêque de Langres ; il ne cessait d'en
remercier Dieu, dit encore Racine, il était dans le ravissement. La Mère Angélique aussi était dans le
ravissement, et elle jugeait qu'elle avait enfin trouvé
ce qu'elle cherchait depuis 1622, un nouveau François
de Sales ; elle et ses sœurs témoignèrent donc à Saint-
Cyran une confiance dont l'évêque de Langres fut
enchanté, car il était toujours sous le charme. Mais
peu à peu, sous l'influence d'une bigote qui résistait à
la grâce et qui n'aimait pas le nouveau venu, Zamet se
refroidit, il fut piqué au vif en voyant qu'on lui préférait manifestement le simple prêtre qu'il avait introduit et dont il semblait être le chapelain. « Comme il
avait l'esprit fort faible, dit encore Racine, il entra
dans une furieuse jalousie ; il se dégoûta de son institut ; il rompit avec les religieuses ; il se ligua avec
les ennemis de l'abbé de Saint-Cyran, et, ce qu'on
aura peine à comprendre, il donna même au cardinal
de Richelieu des mémoires contre lui [1]. »

Ces ennemis de Saint-Cyran, avec lesquels se liguait
le vindicatif évêque de Langres, c'étaient les Jésuites,
qui le haïssaient mortellement depuis les affaires de
Bauny, de Garasse et des Jésuites d'Angleterre, et c'est
la première fois qu'on les voit apparaître dans l'histoire
de Port-Royal. Jusqu'en 1635, époque du revirement
de Zamet, ils semblaient ignorer absolument l'existence de ce monastère ; ils ne s'étaient pas aperçus que
son abbesse était la fille du célèbre avocat qui jadis

---

(1) Lorsque l'innocence de Saint-Cyran fut reconnue, Zamet
comprit qu'il s'était déshonoré, et il alla se cacher dans son diocèse,
observant ainsi malgré lui la résidence dont Saint-Cyran lui avait
fait un devoir. Il y mourut en 1655.

les avait si fort malmenés. Le jour où Zamet fit alliance avec eux pour accabler Saint-Cyran, leurs yeux s'ouvrirent à la lumière et ils déclarèrent à Port-Royal tout entier une guerre à mort. Eux aussi dénoncèrent Du Vergier de Hauranne à Richelieu, et ce dernier, qui lui en voulait en raison de sa fière indépendance, de son opposition à la théorie de l'attrition qui sauve les plus grands pécheurs sans qu'ils aient besoin d'aimer Dieu, enfin et surtout parce qu'il ne voulait pas faire annuler le mariage de Gaston d'Orléans, le fit incarcérer à Vincennes, où il fut traité d'abord avec une extrême rigueur. On persécuta en même temps tous ceux qui recevaient ses inspirations ; on dispersa les solitaires de Port-Royal, dont les Jésuites et les Capucins se raillaient agréablement en les appelant des sabotiers et des faiseurs de souliers ; on chassa des petites écoles les enfants que Saint-Cyran formait à la piété ; il fut en un mot la cause première de tous les maux qui fondirent sur Port-Royal.

Mais Saint-Cyran, trahi par le plus enthousiaste de ses admirateurs, ne fut pas abandonné par ses amis. L'aîné des Arnauld, le célèbre Robert d'Andilly, fit preuve d'un dévouement admirable et singulièrement ingénieux ; grâce à lui une captivité d'abord très dure ne tarda pas à s'adoucir. On rendit à l'abbé quelques-uns de ses livres, il put continuer à écrire contre les protestants, il put surtout donner un aliment à son ardent désir de travailler au salut des âmes. Comme le dit encore Racine, qu'on ne se lasserait pas de citer. « ce fut dans cette prison que l'abbé de Saint-Cyran écrivit ces belles *Lettres chrétiennes et spirituelles* dont il s'est fait tant d'éditions avec l'approbation d'un fort grand nombre de cardinaux, d'archevêques et d'évêques, qui les ont considérées comme l'ouvrage de

nos jours qui donne la plus haute et la plus parfaite
idée de la vie chrétienne ». Sainte Chantal fit preuve
d'héroïsme en le proclamant dès lors un saint. Saint Vincent de Paul, qui l'estimait beaucoup et qui lui avait, de
même que le Père de Bérulle, de très grandes obligations,
n'osa pas le défendre parce qu'il tremblait pour les
institutions charitables auxquelles il avait voué sa vie
entière, mais du moins il refusa de se joindre à ses
persécuteurs. Dans un interrogatoire dont on a vainement contesté l'authenticité [1], il reconnut son orthodoxie et sa parfaite innocence. Richelieu mort, le supérieur de la Mission reprit courage ; il fut l'un des
premiers à venir embrasser Saint-Cyran à Vincennes et
à le féliciter de sa prochaine délivrance. Quelques
mois plus tard, il jeta de l'eau bénite sur son cercueil
et, malgré l'opposition des Jésuites, il s'entremit généreusement pour faire donner à Martin de Barcos l'abbaye que laissait vacante la mort de son oncle. Plus
tard, il est vrai, ce même saint Vincent de Paul a écrit
contre Saint-Cyran, et il a invoqué un témoignage qui
a trompé quelques lecteurs, celui d'une supérieure de
la Visitation que l'on a crue être sainte Chantal. Il n'en
est rien, il s'agit de la sœur L'Huillier, supérieure du
couvent de la rue Saint-Antoine. Cette accusation se
trouve dans une lettre écrite par saint Vincent de Paul,
en 1648, à l'un de ses prêtres, nommé d'Horgny, qui
se trouvait alors à Rome, et cette lettre fait peine à lire.
Le lazariste d'Horgny, partisan des doctrines augustiniennes, invitait son supérieur à se ranger du côté de
Port-Royal contre les Jésuites, et le saint lui répondit
par une déclaration qui revient à ceci : Comment

(1) Il a bien fallu reconnaître depuis cette authenticité, car c'est
le seul document qui fasse connaître exactement l'âge de saint Vincent de Paul.

voulez-vous que je sois avec vos amis ? Ils ont contre eux la reine régente, le premier ministre et le chancelier [1] ? Cette lettre fâcheuse, dont il ne faudrait pas abuser, prouve simplement que l'admirable instituteur des Filles de la Charité n'était ni un saint Athanase ni un saint Ambroise. Il fut toute sa vie « un peu timide et trop humble avec les puissants, un peu sujet à la crainte d'offenser les personnes de condition », comme dit Sainte-Beuve à la fin de son premier volume [2] dans une des plus belles pages qui soient sorties de sa plume.

Soutenu par le zèle de ses amis, Saint-Cyran supporta sa captivité, cinq années durant, avec une sérénité parfaite. Il écrivit une infinité de lettres « dans le beau château où le roi l'avait fait mettre [3] », il dirigea du haut de son donjon, une foule de personnes, parmi lesquelles on remarque Le Pelletier des Touches, la princesse de Guéméné et Mme de Chantal; il composa enfin ses *Considérations sur les fêtes* où éclate son immense amour pour la Vierge Marie, saint Bernard seul pouvant lui être comparé sous ce rapport. Dans ces différents ouvrages et dans ses lettres, il n'est jamais question des disputes sur la grâce, et on le voit recommander la communion fréquente et même quotidienne. Il continuait à diriger les religieuses de Port-Royal, et, quand il sortit de Vincennes, sa première

(1) Voici les propres termes de cette lettre du 25 juin 1648 : « Quant au second point [de votre lettre] qui concerne la faute que nous avons faite de nous déclarer contre les opinions du temps, voici les raisons qui m'y ont porté. La première est celle de mon emploi au Conseil des choses ecclésiastiques, dans lequel chacun s'est déclaré contre, la reine, M. le cardinal, M. le chancelier et M. le pénitencier. Jugez de là si j'ai pu demeurer neutre. Le succès a fait voir qu'il était expédient d'en user de la sorte. »

(2) Port-Royal, I, 508.

(3) Lettres à sa nièce.

visite fut pour elles. Puis il mourut, peut-être dans cette belle maison de style Louis XIII, que l'on peut voir encore dans le jardin du Luxembourg, et il fut enterré à Saint-Jacques du Haut-Pas, sa paroisse. Les Jésuites le calomnièrent une fois encore de la manière la plus odieuse, ce qui n'empêcha pas le clergé de lui faire des funérailles splendides, présidées par l'archevêque de Bordeaux. Sa fin prématurée fut un bonheur pour lui, car il ne vit point les luttes acharnées qui furent engagées au lendemain de sa mort à propos de l'*Augustinus* de son meilleur ami et de la *Fréquente Communion* de son plus cher disciple. C'est maintenant de ces deux ouvrages qu'il faut parler.

CHAPITRE III

L'*Augustinus* de l'évêque d'Ypres doit sa naissance
au livre de Molina, et si ce livre avait été condamné
comme il aurait dû l'être par Clément VIII et Paul V,
si ce dernier pape n'avait pas relégué dans les archives
du Vatican la bulle *Gregis dominici* qui n'attendait
plus que sa signature, jamais Jansénius n'aurait songé
à composer son ouvrage. En effet Paul V opposait saint
Augustin à Molina, et il faisait du docteur de la grâce
un magnifique éloge : « Le Siège Apostolique, disait-il
dans son préambule, a toujours fait un grand cas de
ce saint docteur, et a tellement estimé et approuvé sa
doctrine que quand il vivait il lui demandait des
réponses contre les livres des Pélagiens, et qu'après sa
mort il approuva sa doctrine et déclara qu'il l'adoptait
comme étant la sienne... » Pour réfuter l'erreur de
Molina, il citait ces propres paroles de saint Augustin : « S'il n'y a point de grâce de Dieu, comment Notre Seigneur Jésus-Christ sauve-t-il le monde ? Et s'il
n'y a point de libre arbitre, comment juge-t-il le
monde ?... » La bulle de Paul V, c'était une sorte d'*Augustinus* en quarante pages, parce que la doctrine de
saint Augustin sur l'accord de la grâce toute puissante
et de la volonté libre « a toujours été reçue et approuvée dans l'Église ». En conséquence de ces principes,
le souverain pontife condamnait quarante-deux propo-

sitions tirées textuellement de Molina qui subordonnait au libre arbitre de la créature l'efficacité de la grâce et la toute-puissance du Créateur. Telle était par exemple la vingt-neuvième proposition, par laquelle on peut juger de toutes les autres : « Celui qui est intérieurement appelé ou excité, n'agit pas parce qu'il est aidé de Dieu, mais au contraire il est aidé parce qu'il veut bien agir. » Le Dieu de Molina serait donc, si l'on pouvait s'exprimer ainsi sans blasphème, comme la mouche du coche, et l'on comprend que l'évêque d'Amiens François Faure ait dit en 1664 à la mère de La Fayette, supérieure de Chaillot : « Le Dieu des jansénistes me paraît trop sévère, celui des molinistes est idiot [1]. »

Paul V n'a point revêtu cette bulle augustinienne des formalités nécessaires à sa publication, et il ne l'a pas signée, ce qui a permis aux Jésuites d'en nier audacieusement l'existence. Son authenticité n'est pourtant point contestable ; elle a été affirmée par l'archevêque de Malines, Boonen qui en possédait une copie. Elle a été publiée cent ans plus tard par l'historien des célèbres congrégations de Auxiliis, et avec elle a paru le grand écrit du pape Clément VIII, déjà publié à Rome en 1662, qui lui aussi aurait rendu absolument inutile l'intervention de Jansénius. Avant Paul V, et plus énergiquement que lui, Clément VIII établissait à grand renfort de citations de saint Augustin l'existence d'une grâce efficace et même efficacissime qui néanmoins ne blesse en aucune façon la liberté de l'homme. Il y a là, sous quinze titres différents, une accumulation de textes plus décisifs les uns que les autres, et le cinquième groupe de citations de saint

____

(1) Actes et relations de Port-Royal. — Voir à l'*Appendice* le dispositif de la Bulle *Gregis dominici* transcrivant les 42 propositions de Molina qui sont condamnées.

Augustin, celui dont la lecture a été particulièrement désagréable aux consulteurs molinistes, établissait « l'empire de la Majesté suprême sur les volontés des hommes comme sur toutes les choses qui sont sous le ciel [1] ». Si donc les congrégations de Auxiliis avaient pu aboutir en 1607, saint Augustin serait pour ainsi dire sorti de sa tombe pour accabler le nouveau Pélage, et la vérité aurait définitivement triomphé de l'erreur. Ce que Paul V n'a pas fait, Jansénius a cru devoir le faire, et dès lors le professeur de Louvain s'est vu dans la nécessité de recourir à saint Augustin.

Sainte-Beuve n'a donc pas eu raison de dire dans une de ces notes qu'il rédigeait parfois pour se déjanséniser et pour complaire à certains de ses lecteurs [2], que le jansénisme est né avec un boulet au pied, et que ce boulet n'est autre chose que saint Augustin. C'est le molinisme qui dès sa naissance a traîné ce boulet, mais à la façon des forçats dans les bagnes. Il se vantait d'introduire dans l'Église une doctrine absolument nouvelle, en contradiction complète avec les théories de saint Augustin, adoptées sans conteste depuis douze cents ans et confirmées en dernier lieu par le concile de Trente. Il était donc nécessaire, quand on prétendait réfuter Molina, d'invoquer sans cesse, comme l'avait fait Clément VIII, l'autorité de saint Augustin, et n'en déplaise à Sainte-Beuve, ce n'est pas

______

(1) Le pape prenait saint Augustin pour guide et pour chef, et cela, disait-il pour trois raisons dont voici la dernière : « Plusieurs des papes qui m'ont précédé ayant soutenu avec tant de vigueur et protégé avec tant de zèle la doctrine de saint Augustin pour la grâce qu'ils ont voulu qu'elle demeurât dans l'Eglise comme par droit de succession, il n'est pas juste qu'elle soit privée de ce bien héréditaire qu'elle a reçu de la main des papes mes prédécesseurs. » Procès Verbal de l'édition de 1662.

(2) *Port-Royal*, I, 294.

du tout par pédantisme et par « indigestion de science »
que l'évêque d'Ypres s'est attaché durant de si longues années à lire, à méditer, à coordonner les écrits
du docteur de la grâce ; il ne pouvait pas faire autrement. Sa conception de la théologie l'y contraignait
d'ailleurs. « La théologie, disait-il, est une discipline de
la mémoire, et non pas de l'entendement. Elle consiste
à bien retenir les choses qui se trouvent dans l'écriture
et dans la tradition. Il faut la définir la connaissance de
l'Écriture, des conciles et des Pères de l'Église. »

Il a déjà été question de l'*Augustinus* et de son auteur dans le chapitre préliminaire où je crois avoir
prouvé que Jansénius, même s'il s'est trompé, ne peut
être considéré comme un hérétique et comme un hérésiarque ; il n'y a pas à revenir là-dessus. Il suffira
d'établir, en étudiant l'histoire de ce livre, qu'il n'est
pas du tout l'œuvre d'un conspirateur. L'*Augustinus*
est l'œuvre d'un docteur de Louvain qui s'est constitué
le porte-parole de cette université célèbre, et qui était
en parfait accord avec elle. Deux fois il fut envoyé
officiellement en Espagne (1626-7) et il obtint du roi une
protection efficace contre les empiètements des Jésuites
qui prétendaient asservir cette autre Sorbonne. Enfin il
fut délégué pour disputer contre les protestants, et il
sortit victorieux de la conférence de Boisleduc en 1630. Il
était l'ami particulier de son archevêque Jacques
Boonen ; il était en très bons termes avec l'internonce
de Bruxelles, et plusieurs fois avant 1634 il fut question d'élever à l'épiscopat un professeur qui honorait
si fort l'Université de Louvain.

Les Jésuites ont fait grand bruit après sa mort de
ses lettres à Saint Cyran, lettres qui furent remises au
Père Pinthereau et publiées par lui à Louvain même
en 1654. Pinthereau-Préville fit imprimer avec des

commentaires de sa façon cent trente et une lettres de Jansénius, écrites entre les années 1617 et 1635[1]. A ces lettres, ou pour mieux dire à ces extraits de lettres, dont les Jésuites n'ont jamais voulu montrer les originaux, il convient d'en ajouter vingt-trois autres que Sainte-Beuve n'a pas connues et dont j'ai entre les mains les autographes ; elles sont inédites, et elles sont d'un intérêt médiocre. Il fallait avoir de bonnes lunettes de jésuite pour y trouver la moindre trace de cabale ou de complot. Elles sont d'un bon Flamand, compatriote de Rubens, de Jordaens et de Téniers, qui s'amuse parfois à se servir d'un chiffre, mais qui confie ses lettres à la poste, et qui les ferme avec son cachet. Il aime tendrement son ami, et il lui écrit le plus souvent possible, avec beaucoup de gaité et en faisant de l'esprit à la manière flamande. Il ne déteste pas les bonnes choses, car il se fait envoyer un grand panier de jambons de Bayonne, dissimulés sous quelques gros livres pour dépister les gourmands. S'il parle d'une chanoinie dont il est question pour lui, il dit qu'elle a autant d'amoureux que la femme d'Ulysse, et il fait allusion à des courtoisies plus chaleureuses qu'on ne saurait attendre en un pays de froidure. Mais sa manière de plaisanter consiste surtout à dérouter les mouchards en donnant des noms baroques aux personnages dont il parle. Il se désigne lui-même sous les noms de Sulpice, de Boèce, de Quinquarbre, de Cudero ; Saint-Cyran est appelé indifféremment Célias, Solion, Durillon ou Rongeart ; les Jésuites, c'est Gorphoroste, Pacurius, Porris, Chimu, Ciprin, Satan romaniste, les Fins ; leur Père Garasse est appelé Pla-

____

(1) Ces lettres ont été rééditées par Gerberon en 1702, et accompagnées d'un commentaire historique très instructif.

giaire ou Bouffon, et enfin l'*Augustinus* est désigné sous les noms de Pilmot, Cumar ou Comir. Jansénius s'amuse ainsi à faire des logogriphes ; voir dans sa correspondance la preuve d'un « dessein formé de longue main contre l'Église et contre la religion » c'est pure insanité, cela ne fait pas honneur à l'intelligence du Père Pinthereau.

Ce qui fait le principal intérêt de ces lettres, surtout si on les lit dans l'édition de Gerberon, c'est l'histoire de Pilmot, c'est à dire de l'*Augustinus*. Jansénius n'y songeait même pas avant 1620 ; jusque là il avait lu saint Augustin sans yeux, il l'avait ouï sans l'entendre ; il ne faisait pas de différence entre lui et les autres Pères. Mais à dater du mois d'octobre 1620, tout change, et Jansénius, dans une lettre signée de son nom, fait part à son ami, sans déguisement aucun, d'un revirement que ce dernier ne soupçonnait pas. Après avoir parlé à son correspondant de ses deux neveux d'Arguibel et Barcos, qui « hantent » les jésuites de Louvain et qui paraissent songer à se faire jésuites, il ajoute : « Quant à moi, j'emploie le temps qui me reste de la leçon que je fais sur l'Écriture, à saint Augustin, que j'aime uniquement, me semblant qu'il n'y a rien entre les anciens ou modernes qui en approche de cent lieues, et tant plus le lis-je, tant plus beau je le trouve.... » Pinthereau a tronqué ici la citation, et c'est dommage, car Jansénius était en verve. Du moins il n'a pas supprimé cet autre passage de la lettre XVI (5 mars 1621) : « Je fais état de le lire et relire toute ma vie. Je ne saurais dire comme je suis changé d'opinion et de jugement que je faisais auparavant de lui et des autres ; et m'étonne tous les jours davantage de la hauteur et profondeur de cet esprit, et que sa doctrine est si peu connue parmi les savants, non de ce siècle seulement, mais de plusieurs siècles.... — Je suis dégoûté un peu de saint Thomas après avoir sucé saint Augustin ; toutefois, pour l'amour de vous, je ferai bien ce que vous demandez quand je serai venu à ses livres et aurai entendu votre intention. » Pinthereau dit en notes : « Remarquez ceci » et en effet c'est très remarquable, car on y voit clairement qu'en 1621 l'abbé de Saint-Cyran préférait saint Thomas à saint Augustin. Voici enfin, pour clore la série des citations, un fragment inédit de la lettre du 24 décembre 1623 : « Sulpice loue Dieu grandement et particulièrement de ce qu'après tant d'anxiétés, doutes, perplexités et débats qu'il a eus avec lui-même durant l'espace de cinq années ou six, il lui semble être parvenu à un repos d'esprit, voyant à ce qui lui semble que ces montagnes de nuées qui faisaient horreur parmi les ténèbres se sont à la parfin pour la plupart évanouies, ne craignant plus toute la foule de Porris. Car il a grande espérance que le même maître qui a la patrie d'en haut dissipera le reste. »

C'est donc spontanément, et non sous la pression de Saint Cyran, c'est d'accord avec ses confrères de l'Université de Louvain , et non pas secrètement, que Jansénius s'est plongé dans l'étude de saint Augustin, ou comme il disait de Séraphin, de Léoninus, d'Aelius ou de Garmos. Il y travaillait seulement à ses heures perdues, quand il avait fini ses cours et pendant ses vacances. Le reste de son temps, il le consacrait à ses occupations professionnelles, à la préparation de ses leçons, à ses obligations de docteur chargé d'examiner des livres ou de prendre part à des soutenances de thèses. Six mois durant, en 1635, il fut absorbé par ses fonctions de « recteur magnifique » de l'Université de Louvain ; et cette même année le roi d'Espagne, le

nomma évêque d'Ypres malgré l'opposition des Jésuites, qui lui avaient fait dire à lui-même par un exprès,
qu'il sentirait leurs aiguillons [1]. Il est vrai que son
entrée dans sa ville épiscopale fut célébrée d'une
manière tapageuse par ces mêmes jésuites qui le fla-
gornèrent à l'envi, et qui composèrent en son honneur
un poème en vers léonins tels que ceux-ci :

> Ipra, tibi plaude, ac tali præsule gaude ;
> Desine flere, sat est, respice, Phæbus adest....
> O fortunatos nos tali præsule natos.... [2] (etc.)

Ses deux années d'épiscopat semblent avoir été paisi-
bles ; il acheva son livre après avoir lu dix fois saint
Augustin tout entier, et trente fois ses ouvrages sur la
Grâce, et il mourut saintement en 1638, empoisonné,
dit on, par des miasmes pesteux qu'il aurait remués en
feuilletant de vieux livres. Avant de mourir il écrivit
au pape Urbain VIII pour lui soumettre humblement
son *Augustinus* qu'il aurait voulu lui dédier, car Jansénius était un ultramontain militant [3] ; enfin il chargea deux de ses amis, Fromond et Calenus, de publier
ce livre, élaboré avec amour durant dix-huit ans.

Jansénius laissait aussi quelques autres ouvrages
qui furent également publiés au lendemain de sa mort,
et dont il faut dire un mot avant de continuer l'histoire
de l'*Augustinus*. Le premier de ces ouvrages est un

(1) Lettre 108, 27 juin 1631.
(2) *Panegyris jansenia*, Coll. Le Paige, 368.
(3) Voici, pour satisfaire les curieux, la seconde des positions
de thèses de Jansénius (9 octobre 1617) : « Supremus est omnium de
religione controversarium judex, dit-il en parlant du pape ; cujus
judicium rectum, verum et infallibile est, cum universæ Ecclesiæ
aliquid sub anathemate tenendum esse definit. » Les Pères de 1870
auraient pu lui emprunter cette définition, mais on conviendra que
le Saint-Siège n'a pas payé de retour le docteur de Louvain qui
prenait ainsi sa défense 250 ans avant le Concile du Vatican.

opuscule de 67 pages, publié d'abord en latin et traduit plus tard par Arnauld d'Andilly. Il est intitulé *Discours sur la réformation de l'homme intérieur*. Ce discours a été prononcé en 1627, dans un couvent de Bénédictins, en présence de l'archevêque de Malines ; il fut universellement admiré, et quelques années plus tard il a beaucoup contribué à la sanctification de la famille Pascal. On y trouve, dit M. Émile Boutroux, une doctrine diamétralement contraire au prétendu jansénisme.

Il en est de même du *Tetrateuchus*, ou Commentaire sur les quatre Évangiles, publié à Louvain en 1639, bientôt suivi du *Pentateuchus* ou Commentaire sur les cinq livres de Moïse, publié de même à Louvain en 1641. Ce sont les notes de cours de Jansénius professeur ; et il faut convenir qu'un hérésiarque fieffé aurait eu beau jeu pour y semer à pleines mains des propositions malsonnantes. Or ces deux ouvrages de Jansénius ont été reçus avec une approbation unanime ; et ni alors, ni depuis, on ne s'est attaqué à ces commentaires jugés très savants, très solides, très propres à faire goûter, admirer et aimer le Pentateuque et les Évangiles. Ces deux volumes du grand hérétique ne figurent pas dans la bibliothèque janséniste du Père Colonia et dans le dictionnaire des livres jansénistes du Père Patouillet. Ce silence des deux jésuites est inexplicable, c'est un préjugé bien fort en faveur de l'évêque d'Ypres.

L'histoire de l'*Augustinus* après la mort de son auteur est bien connue, et il suffit de résumer brièvement, sauf à rectifier quelques erreurs de détail et à combler quelques lacunes, ce qu'en ont dit les historiens. L'essentiel est de bien établir que ce livre a été mis au jour sous les auspices de l'Université de Louvain, qui à l'exception de trois vieux docteurs, dont un impotent, approuvaient fort cette publication. Les exécuteurs testamentaires de Jansénius, Fromond et Calenus, le firent imprimer secrètement, car ils craignaient les Jésuites, ennemis déclarés de son auteur, mais ces derniers subornèrent un ouvrier qui leur communiqua les bonnes feuilles, et ils firent l'impossible pour empêcher le livre de paraître. Peine perdue, car il fut publié en 1640 sous les auspices du Cardinal-Infant, gouverneur des Pays-Bas, avec privilège du roi d'Espagne et de l'Empereur, et avec approbation de deux censeurs royaux. Le monde religieux l'accueillit avec enthousiasme, le mot n'est pas trop fort, et le neveu de Jansénius a pu faire paraître dès 1642 une longue liste d'approbateurs. L'*Augustinus* fut réimprimé trois fois, à Rouen et à Paris même, et un si beau succès aurait pu décourager les Jésuites. Mais la haine invétérée se décourage rarement ; ils s'engagèrent à fond, et instruits par l'expérience, ils mirent à profit les très dures leçons que leur avait données l'affaire de Molina. Ils frappèrent à toutes les portes, ils eurent recours à toutes les ruses, ils dépensèrent sans compter, et finalement ils eurent la joie de voir leurs intrigues couronnées de succès.

En France, Richelieu les écouta parce qu'il ne pardonnait pas à l'ami intime de Saint-Cyran son *Mars Gallicus* de 1635 [1], ce pamphlet politique contre l'alliance avec Gustave Adolphe ; il chargea le théologal de Paris, Isaac Habert, futur évêque de Vabres, de prêcher à Notre-Dame contre l'*Augustinus* ; un docteur à sa dévotion, M. Lemoine fut nommé professeur pour l'attaquer

____

(1) A Ypres, en 1636, dans des vers léonins à la louange de Jansénius, composés par les Jésuites. Le *Mars Gallicus* était un de ses titres de gloire.

en Sorbonne, ce qu'il fit tardivement, après la mort du cardinal.

A Rome, où les émissaires des Jésuites étaient nombreux et remuants, ils parvinrent à circonvenir Urbain VIII, et la bulle *In eminenti*, donnée le 6 mars 1642, condamna simultanément sans examen d'aucune sorte l'*Augustinus* et les thèses des Jésuites de Louvain ses contradicteurs. Le pape avait défendu que l'on nommât personne ; Jansénius est nommé cinq fois dans cette Bulle dressée par Albizzy, un ami des Jésuites, et on y voit que l'Augustin de Jansénius renferme et soutient, au grand scandale des catholiques et au mépris du Saint-Siège plusieurs propositions déjà condamnées par les papes. Urbain VIII avait signé sans lire, et il s'en excusa dans la suite. D'ailleurs la Bulle *In eminenti* ne fut reçue à Louvain et à Paris que longtemps après, et avec beaucoup de difficulté [1]; ce qui obligea les Jésuites à laisser de côté pour un temps Jansénius et Saint-Cyran. Le poids de leur colère retomba sur Arnauld et sur le livre de la *Fréquente Communion ;* ce fut comme un intermède au milieu de ce grand drame.

La *Fréquente Communion*, si célèbre et si peu connue, doit sa naissance à la princesse de Guéméné, alors dans toute sa ferveur, et dirigée comme l'on sait, par le prisonnier de Vincennes. Amie particulière de la marquise de Sablé, qui était fort mondaine, elle reçut d'elle une sorte de consultation manuscrite rédigée par le Père de Sesmaisons, son directeur, et qui était tout simplement scandaleuse. Ce jésuite autorisait sa pénitente à aller au bal au sortir de la Sainte Table, et il

(1) J'en ai sous les yeux trois exemplaires, dont un contresigné par le nonce du pape ; dans tous, il y a une virgule après les mots *in rigore*, comme le soutiennent les défenseurs de Jansénius.

faisait communier sans difficulté les pécheurs qui, de leur propre aveu, étaient « remplis de l'amour d'eux-mêmes, et si attachés au monde que de merveille ». Le fait de mettre quelques jours de pénitence entre la confession et la communion lui paraissait un stratagème du diable. Le Père de Sesmaisons était ainsi en contradiction absolue avec deux jésuites espagnols dont l'un vivait encore, et qui avaient écrit d'une manière très édifiante sur la communion, plus ou moins fréquente. Arnauld reçut du prisonnier de Vincennes l'ordre de réfuter cet écrit pernicieux, et son livre parut le 25 août 1643, chez Vitré, imprimeur du roi, avec un très beau frontispice de Philippe de Champaigne. Il était signé et muni des approbations de quinze évêques ou archevêques et de vingt docteurs. Arnauld réfutait son adversaire avec beaucoup de modération, sans le nommer, sans parler de la Compagnie de Jésus, sans provoquer personne. La *Fréquente Communion*, qui est une très belle œuvre littéraire digne de Balzac, était en même temps un ouvrage d'édification que l'on a pu comparer à la *Vie dévote* de saint François de Sales. L'auteur n'avançait rien sans preuves ; il s'appuyait sur les Pères de l'Église grecs ou latins, et non sur le seul saint Augustin, qu'il citait simplement à son rang. Il ne dédaignait pas les modernes ; il parlait avec un profond respect du concile de Trente, de saint Charles Borromée, du saint évêque de Genève et enfin du jésuite saint François-Xavier, que Saint-Cyran vénérait extraordinairement. Il était en un mot d'une réserve, d'une discrétion, d'une modestie qui auraient dû désarmer ses adversaires, et pour la doctrine, il était si peu l'adversaire de la communion très fréquente qu'on lit dans sa Préface, non sans une certaine surprise, le passage suivant : « Tous ceux qui condui-

sent les âmes doivent avoir pour but et pour fin de les
mettre dans une telle disposition qu'elles puissent commencer à communier si elles ne communient pas encore,
ou communier souvent, si elles ne communient encore que rarement, ou même communier tous les jours
si elles peuvent déjà communier souvent.... La perfection d'un chrétien consiste à pouvoir s'approcher chaque jour du Fils de Dieu, comme ont fait les chrétiens
au commencement de l'Eglise [1] ».

On ne comprend donc pas qu'un ouvrage si raisonnable et si édifiant ait pu être attaqué avec une si
grande violence par des prêtres et par des religieux
qui, se disant compagnons de Jésus, auraient dû penser
avec le cardinal de Bérulle qu'il faut « induire les fidèles plus à la révérence qu'à la fréquence du sacrement
d'eucharistie [2] ». Les évêques, les docteurs s'étaient
prononcés en sa faveur, et voici une anecdote curieuse
que Sainte-Beuve n'a pas connue. En 1664, Philippe de
de Champaigne alla chez Péréfixe de Beaumont pour
intercéder en faveur des religieuses de Port-Royal ; et
cet archevêque lui ayant reproché de prendre leur
défense, il lui répondit en ces termes : « C'est vous
qui êtes cause que ma fille est religieuse à Port-
Royal. Car un jour, étant dans ma maison, vous
dites tant de bien du livre de la *Fréquente Communion*, qu'ayant appris qu'il avait été fait par une
des personnes qui conduisaient cette maison, je me
résolus d'y mettre mes filles en pension. — Il est vrai
dit l'archevêque, que le livre de la *Fréquente Communion* est un livre admirable. Je ne l'ai jamais lu

_____

(1) Ici Arnauld citait l'exemple de sainte Chantal, morte depuis
deux ans à peine.
(2) Cité par Arnauld en 1644.

sans en devenir meilleur, et je l'ai lu cinq ou six
fois [1]. »

Malgré ces témoignages d'estime et d'admiration,
les Jésuites, aveuglés par la haine, attaquèrent le livre
et l'auteur avec une fureur inouïe, et leur Père Nouet
s'emporta contre Arnauld dans une suite de sermons
prononcés vingt jours après l'apparition du livre. Il
traita son auteur de scorpion, de monstre, de loup
déguisé en agneau, qui voulait ruiner l'Église comme
Luther et Calvin sous prétexte de la réformer [2]. Mais
il était allé trop loin ; les évêques approbateurs se plai-
gnirent hautement, et ils exigèrent une satisfaction que
Mazarin n'osa pas leur refuser. Le Père Nouet fut
mandé chez le premier ministre, et publiquement, à
genoux, assisté de quatre de ses confrères, il se rétracta.
Il osa déclarer qu'il n'avait rien dit de ce que les évêques lui reprochaient, et que si, dans la chaleur du
discours, il lui était échappé d'en dire quelque chose,
il le désavouait et en demandait pardon aux prélats. Il
pleurait en proférant ce mensonge, mais c'étaient des
pleurs de rage, et ses confrères n'en continuèrent pas
moins à attaquer la *Fréquente Communion* avec une
fureur croissante. On peut voir dans les Mémoires
d'Hermant les suites de cette grande affaire ; les Jésuites
firent jouer les plus grosses machines ; leur Père Pétau
écrivit un livre contre Arnauld et il le dédia à la reine
régente ; on fit blâmer la *Fréquente Communion* par
le Père Bourgoing, général de l'Oratoire, par des Capucins, par le docteur Launoy et par saint Vincent de
Paul, qui se plaignait de voir les communions diminuer

(1) *Relation de ce qui s'est passé à Port-Royal depuis 1664.....*
p. 74.
(2) Hermant, I, 216.

dans les paroisses [1] et qui ne se demandait pas si les sacrilèges n'auraient pas diminué dans la même proportion. Les bons Pères allaient jusqu'à demander une Saint-Barthélemy de jansénistes. Anne d'Autriche ne voulait pas aller jusque là ; elle donna du moins au docteur Arnauld l'ordre de quitter immédiatement Paris pour aller se justifier à Rome, près des cachots du Saint-Office. Mais les évêques de France, le Parlement et la Sorbonne eurent un sursaut d'énergie, ils intervinrent officiellement et la reine dut céder. Arnauld en fut quitte pour se cacher comme il le fit dans la suite durant près de quarante ans. Il composa dans sa retraite une suite à sa *Fréquente Communion*, un volume intitulé : *Tradition de l'Église* sur le sujet de la pénitence et de la communion. C'est une simple traduction des Pères Grecs et latins et des auteurs modernes les plus célèbres y compris sainte Thérèse, saint François de Sales et le cardinal de Bérulle. Arnauld s'est souvenu alors qu'il était fils d'avocat et qu'il aurait volontiers suivi le barreau ; il a placé en tête de son ouvrage un discours à la reine régente qui est un beau morceau d'éloquence et un plaidoyer très vif contre le Père Pétau son principal accusateur ; on y voit aussi (p. 31 et 32) une peinture intéressante des Jésuites considérés comme cabaleurs. Ce livre ne fut ni attaqué ni réfuté.

Entre temps, les approbateurs de la *Fréquente Communion* écrivirent au pape Urbain VIII pour se justifier et pour se plaindre des Jésuites ; et un docteur de Sorbonne fut envoyé à Rome pour suivre cette affaire. Il partit en avril 1645 ; les négociations durèrent un an.

---

(1) 3.000 communiants de moins à Saint-Sulpice et 1.500 à Saint-Nicolas du Chardonnet. *Lettre de saint Vincent de Paul à M. d'Orgny*, 25 juin 1648.

et le livre d'Arnauld sortit de cet examen blanc comme
neige, C'est à peine si l'on y nota une petite phrase,
introduite subrepticement par l'abbé de Barcos et relative aux apôtres saint Pierre et saint Paul, deux
chefs de l'Église qui n'en font qu'un. Ce fut un triomphe pour le docteur Arnauld et une grande humiliation pour ses ennemis. Mais le Saint-Siège, fidèle aux
traditions de sa politique, ne chercha pas à châtier les
calomniateurs ou même à les réprimander, et l'on sait
que les Jésuites n'ont jamais cessé de représenter la
Fréquente Communion comme un livre abominable.
En 1745, leur Père Pichon est revenu à la charge en
faisant imprimer une sorte de *Fréquente Communion*
à rebours qui fut condamnée par quarante évêques
français. Aujourd'hui le pichonisme est admis presque
sans résistance, et l'on voit des dévotes qui communient tous les jours après avoir quelquefois passé la
nuit au théâtre et au bal au milieu de danses lascives,
pour ne rien dire de plus. L'ouvrage d'Arnauld, que
personne ne connaît, est considéré comme un mauvais
livre écrit en haine de l'Eucharistie.

CHAPITRE IV

Les années qui suivirent le triomphe d'Arnauld dans l'affaire de la Fréquente Communion furent relativement calmes; et on peut, en attendant le retour des grands orages, suivre au lendemain de 1643 la marche ascendante de Port-Royal et de tout ce qui gravitait autour de lui.

Le Port-Royal de la Mère Angélique, occupé aujourd'hui par la Maternité, est une des curiosités du Paris actuel, et puisque les historiens ne l'ont pas décrit, il faut en donner brièvement une idée aussi exacte que possible. C'est en 1625 que l'abbesse, ne pouvant plus loger aux Champs une communauté trop nombreuse que les fièvres décimaient, résolut de transporter à Paris ses quatre-vingts filles. On acheta au sud de la ville, à l'extrémité du faubourg Saint-Jacques, dans un quartier si paisible que Colbert pourra bientôt y installer l'Observatoire et ses instruments de haute précision, une vaste maison avec grand jardin qui était séparée du grand couvent des Carmélites par la petite rue de la Bourbe. L'hôtel de Clagny, tel était le nom de la maison achetée par Mme Arnauld la mère, fut occupé par les religieuses, qui s'y trouvaient fort à l'étroit, dès 1626. Une première bienfaitrice, Mme de Pontcarré, donna 80.000 écus qui permirent de commencer le grand bâtiment du cloître et des dortoirs. C'est celui qui est le plus au sud et c'est le plus ancien de tous (1628-1629). Dix ans plus tard, lorsque cette dame fantasque, dirigée par le non moins fantasque Zamet, évêque de Langres, rompit définitivement avec Port-Royal, on entreprit des travaux considérables pour faire en sorte que le monastère de Paris fût autant que possible sur le modèle de celui des Champs, avec un cloître ou préau servant de cimetière des religieuses, et tout autour des bâtiments claustraux : une grande église accessible aux gens du voisinage, un chœur des religieuses, un chapitre, et tout ce qui constitue un couvent cistercien.

Il y avait des enclaves ; c'est ainsi que la princesse de Guéméné se fit construire, vers 1643, entre l'église projetée et le bâtiment de Mme de Pontcarré, dans la partie orientale de la propriété, un assez vaste logis qui subsiste encore. L'église fut bâtie en 1646-1647, par le célèbre Le Pautre, dont Sainte-Beuve n'a pas même prononcé le nom. Ce grand artiste aurait voulu élever un beau monument, analogue à l'église des Jésuites de la rue Saint-Antoine. Mais la Mère Angélique n'y voulut jamais consentir, et l'on peut voir, en comparant les plans de Le Pautre avec les constructions qui restent debout, ce qu'est devenu le fastueux projet de l'architecte, avec ses portiques, ses colonnes et ses statues ; il n'en est rien resté dans l'exécution. Voici ce qu'Angélique en écrivait à la reine de Pologne le 21 septembre 1646. « Notre église est presque achevée, et si jolie que j'en ai de la confusion. Elle a été faite sur le modèle des petits Jésuites, mais elle n'a que cinquante et un pieds de long, une croisée et trois petites chapelles. Elle est si bien bâtie, et tellement dans l'ordre de l'architecture que tous ceux qui la voient disent que c'est un petit chef-d'œuvre. Nous avons fait aussi le côté du cloître, qui est bien clos, et dans lequel nous nous mettrons et y serons fort bien, jusqu'à ce que nous fassions notre chœur, y ayant une grande grille dans la croisée [1]. » Cette église fut dédiée en juin 1648, et la reine de Pologne en fut avisée en ces termes : « Nous avons célébré le jour du très saint Sacrement dans notre nouvelle église, laquelle, à ce que disent tous ceux qui la voient, est la plus jolie et la plus dévote de Paris, quoiqu'elle soit des plus simples. Notre chœur est aussi très beau et commode. Il y a quatre-vingts chaises [2]. » Le chœur dont parle ici la Mère Angélique avait été installé provisoirement dans la croisée méridionale; le chœur définitif, qui subsiste encore dans ses grandes lignes, qui sert maintenant de lingerie et sous lequel repose toujours la Mère Angélique, fut construit par le même Le Pautre en 1653, aux frais de la marquise d'Aumont.

C'est alors que la marquise de Sablé fit bâtir dans l'axe de ce nouveau chœur le chapitre des religieuses, qui servait de soubassement à son logis, auquel on accédait par un bel escalier spécial. Cet escalier à rampe de bois sculpté était séparé du cloître par un gros mur qu'on a percé depuis ; il n'est pas impossible, comme le dit Sainte-Beuve, que Nicole y ait croisé le jésuite Rapin. L'appartement de la marquise est aujourd'hui une salle de malades ; sa tribune, qui donnait sur le chœur des religieuses, est une chambre d'infirmière. En 1665, on dégustait dans cet appartement des potages exquis, des salades et des confitures ; on y préparait les Maximes de la Rochefoucauld,

(1) *Lettres*, I, 309.
(2) *Ibid.*

alors même que les religieuses, séparées de ce salon
par un simple plancher, versaient dans leur chapitre
des torrents de larmes.

Tout cela existe encore, et ni Cousin ni Sainte-
Beuve ne l'ont su; et il en est de même de la tribune
pratiquée entre deux petits escaliers qui permettaient
à la marquise d'assister aux offices sans quitter son
appartement. Ses prières traversaient tout le chœur
des religieuses pour arriver à l'autel; mais les miasmes
des enterrements montaient jusque chez elle.

Au-dessus de l'autel on voit encore, à droite et à
gauche, deux ouvertures grillées; elles répondaient à
deux petites chambres donnant sur deux petits escaliers : celui du public qui montait aux parloirs et celui
des religieuses qui y venaient de l'intérieur. Avant et
après les visites, on pouvait ainsi adorer le Saint
Sacrement suspendu au-dessus de l'autel.

Dans le préau reposaient un grand nombre de
religieuses, de novices, de petites pensionnaires, et la
marquise d'Aumont, et Antoine Singlin, dont les
ossements se retrouveraient peut-être sous les gazons des
pelouses. Une dalle épaisse recouvrait le corps de ce dernier en 1664; après 1668, on l'a utilisée à la cuisine
pour faire un évier. Il y avait autour de ces constructions
de très vastes jardins dont les produits étaient une
source de revenus pour le monastère. De là sortaient
en 1653 les citrouilles données à titre d'aumône aux
très riches Carmélites du faubourg Saint-Jacques qui
les avaient demandées[1],

Les dehors du monastère, en bordure du faubourg et de
la rue de la Bourbe, étaient occupés par des construc-

____

(1) *Mémoires pour servir à l'Histoire de Port-Royal et à la vie de
la Mère Angélique....* tome II, p. 351.

tions particulières plus ou moins importantes; par les
hôtels et par les logis du chevalier de Sévigné, de la marquise d'Aumont, de la duchesse d'Atrie, de Mlle Gadeau,
etc. L'hôtel de Mme d'Aumont est aujourd'hui occupé
par l'administration; c'est un joli spécimen de l'architecture civile au début du règne de Louis XIV.

En fin de compte, le monastère de Port-Royal de
Paris, si différent du Val-de-Grâce et des Carmélites,
ses plus proches voisins, était un des beaux couvents
de Paris, et l'on peut accepter, sauf la calomnie de la
fin, l'opinion qu'en avait le P. Rapin, son plus mortel
ennemi : « Le dedans de la maison était plus magnifique que le dehors, par l'étendue immense des bâtiments et par la commodité des offices et des apparte-
ments nécessaires à une communauté dont la destinée
était si grande dans le vaste projet que s'en formaient
les chefs. Car ce devait être le siège de l'empire de la
nouvelle doctrine [1]. » La Mère Angélique ne nour-
rissait pas les projets insensés que lui prête la haine
de Rapin et même elle préférait de beaucoup Port-
Royal des Champs à Port-Royal de Paris. C'est aux
Champs qu'elle aurait voulu vivre et mourir, et elle a
regretté maintes fois d'être venue à Paris. Mais puisque
les circonstances avaient exigé une installation en
ville, elle fit de son mieux pour tout organiser avec
intelligence. Elle ne soupçonnait pas qu'elle ferait du
petit hôtel de Clagny la maison de la Sainte-Épine, si
chère à Pascal, un lieu de pèlerinage que l'on viendrait
visiter de tous les points de l'univers.

Si Port-Royal de Paris a pu naître en 1625 et se
développer par la suite comme on vient de le voir,
c'est parce qu'il s'est trouvé au XVIIe siècle des femmes

____

(1) Rapin. Mém. I, 173.

généreuses qui lui sont venues en aide comme Anne
d'Autriche venait en aide au Val-de-Grâce et l'on a vu
le rôle qu'ont joué lors de la construction de Port-
Royal Mme de Pontcarré, la princesse de Guéméné, la
marquise d'Aumont et la marquise de Sablé. Il n'est
donc que juste de consacrer quelques pages aux bienfaitrices de Port-Royal. Elles constituent, on peut le
dire, une sorte de galerie de femmes célèbres, et si
quelques-unes d'entre elles, comme la seconde duchesse
de Longueville, Mlle de Vertus, la marquise d'Aumont,
la reine de Pologne, les duchesses de Luynes et de
Liancourt, et quelques autres encore (V. Besoigne,
I, 203), ont été jusqu'à leur mort des anges tutélaires,
il n'en a pas été de même de plusieurs d'entre elles,
telles que Mme de Pontcarré, la première duchesse de
Longueville, la princesse de Rohan Guéméné, la
duchesse d'Atrie et la marquise de Crèvecœur. Ces
bienfaitrices ont assuré la prospérité matérielle du
monastère ; ce ne sont pas elles qui ont le plus contribué
à la sanctification des religieuses, si ce n'est peut-être
en exerçant leur patience et en la mettant parfois à de
très rudes épreuves. Quelques-unes d'entre elles ont
attiré d'une manière toute particulière l'attention des
historiens, et il n'y a pas lieu de redire ce qu'ils ont si
bien dit. D'autres ont été moins favorisées, et parmi
elles doivent trouver place la princesse de Guéméné
et la marquise de Sablé. La princesse n'a pas été
étudiée par Sainte-Beuve avec tout le soin que méri-
taient son dévouement, son courage et ses malheurs,
et quant à la marquise, l'historien de Port-Royal ne l'a
pas assez regardée par ses beaux côtés. Ce sont deux
lacunes que je voudrais tâcher de combler.

La religieuse de Port-Royal qui rédigeait le Nécrologe édité par dom Rivet en 1723, a été plus équitable

que les historiens ; elle a consacré à cette « particulière amie et bienfaitrice », un article naïf qui se termine par ces mots : « L'affection qu'elle a toujours conservée pour ce monastère et qu'elle nous a témoignée dans les temps même les plus fâcheux, sans jamais avoir craint de se commettre, nous est un engagement particulier de nous acquitter des prières qu'elle doit attendre de notre reconnaissance. » La conversion de cette jeune et belle veuve de trente ans a été en 1639 l'œuvre simultanée de la Mère Angélique, de Robert Arnauld d'Andilly et de l'abbé de Saint-Cyran. Ce dernier lui a écrit de Vincennes quatorze longues épitres ; Angélique a correspondu affectueusement avec elle, et d'Andilly n'a pas ménagé les visites à la belle pénitente. On voit par les lettres de la Mère Angélique que la princesse marchait à grands pas dans les sentiers de la perfection. C'était, dit-elle, « une vocation si rare que depuis un siècle il ne s'en est peut-être pas trouvé une semblable. » Mais l'année qui suivit la mort de Saint-Cyran, c'est-à-dire en 1644, Mme de Guéméné se relâcha, parce qu'elle était tiraillée entre deux directions différentes, sinon contraires, celle de Singlin et celle de Robert d'Andilly, qui n'était pas alors un ascète, car il était fort enfoncé dans la cour. La cause de cette défaillance, que Saint-Cyran eût certainement empêchée, ce fut l'éducation du petit chevalier de Rohan, de ce misérable qui devait expier sur l'échafaud, en 1674, le crime de haute trahison. La princesse, soutenue par d'Andilly, voulait que son fils fût élevé très chrétiennement sans doute, et par les savants maîtres de Port-Royal, mais en prince qui saurait parfaitement danser, faire de l'escrime et monter à cheval. Il était né en 1635, et il ne fut jamais élève des Petites Ecoles ; il reçut simplement quelques leçons

d'un précepteur particulier nommé Grimald, dans
l'appartement que sa mère s'était aménagé à Port-
Royal même et qui subsiste encore aujourd'hui. Cette
éducation du jeune grand seigneur fut la source de
dissentiments profonds ; cela ressort très nettement de
plusieurs lettres de Singlin que l'on n'a pas cru devoir
publier jusqu'à ce jour, et que Sainte-Beuve n'a pas
connues. On y voit notamment que les volontés de la
princesse étaient aux yeux de Robert d'Andilly celles
de Dieu même. Singlin scandalisé traita sévèrement
M. d'Andilly ; il se fâcha tout de bon et finit par se
désintéresser de cette affaire ¹. La crise était ouverte

(1) Voici dans toute sa brutalité la lettre de Singlin à la Mère
Angélique ; on comprend que les anciens historiens de Port-Royal
ne l'aient pas publiée :

Ce 27 décembre 1644,

Ma Mère. — Je doute que L. ait bien reconnu sa faute, car s'il
voulait qu'on la lui pardonnât il devrait se déporter [ou se départir,
Singlin est illisible] de la passion qu'il a de plaire ou de ne pas déplaire à une créature, sans considérer si j'approuve cette passion,
ignorant ou voulant ignorer que souvent nous ne pouvons plaire aux
créatures ou vouloir que les autres ne fassent rien qui leur puisse
déplaire sans déplaire à Dieu. Pour moi, je ne me tiens nullement
offensé de tout ce qu'il m'a dit ; je n'en plains que lui, car Dieu ne
lui pardonnera jamais qu'il n'ait reconnu et confessé qu'il a une passion et affection déréglée pour la P[rincesse], procédant plus de vanité
que d'amitié. Son aveuglement me fait grand'pitié, et il me semble
qu'il n'y a rien que je ne voulusse faire pour l'en délivrer ; car
j'entrevois de bon cœur non seulement sa disgrâce et celle de la P.
pour cela, mais encore celle de tout le monde. Le pardon qu'il a
demandé n'est pas, comme vous le jugez fort bien, pour s'humilier
de sa faute, mais pour obliger à faire pour le P. P. (petit prince) ce
que voudra la P. sans se mettre en peine si Dieu approuvera et
sera auteur de l'établissement de cet enfant ; car il a plus de soin
de sonder ce qui lui plaît que de consulter Dieu et d'avoir en vue
parmi les choses entreprises la volonté pure de Dieu. Je ne sais
point si son aveuglement ne va point jusqu'à croire que c'est assez
que la P. désire une chose pour croire que Dieu le veut. C'est ce
qui m'en déplaît le plus dans cet embarras, et ce qui m'oblige davan-

dès le mois d'août 1644, le 21 décembre, la Mère Angélique, chargée d'une mission très désagréable était
obligée d'écrire à la princesse le petit billet que voici :
« Ayant dit à M. Singlin ce qu'il vous avait plu me
commander, il m'a dit de vous écrire qu'il vous supplie
très humblement de trouver bon qu'il ne se mêle plus
de cette affaire, ne pouvant plus vous y servir qu'en
priant Dieu qu'il vous conseille et qu'il bénisse la
résolution que vous prendrez. C'est ce que nous ferons
avec lui, et pour tout ce qui vous regarde, avec tout le
soin et l'affection que nous sommes obligés d'avoir.
Dans cette intention, je m'en vais à la sainte messe, où
j'offrirai la sainte communion à Dieu pour lui demander ses miséricordes pour vous [1]. » Et le lendemain
la Mère Angélique écrivait à son frère : « Je viens
d'écrire à notre princesse ce que M. Singlin m'a dit,
de la supplier de le dispenser de se mêler plus de la
conduite de M. son fils, à quoi je le vois absolument
résolu, de sorte qu'il serait absolument inutile de lui
en parler davantage. C'est pourquoi je vous supplie
de le faire trouver bon. Vous voyez bien vous-même
que la conduite qu'il croirait être obligé en conscience
de tenir pour faire réussir ce petit prince en vrai

tage à ne point m'en mêler, étant impossible de faire réussir une
telle affaire, la passion de L. et de la P. s'en mêlant, et voulant être
suivie, sinon en tout, au moins en partie..... » (*Lettre ms.* 30.)

Voici comment Singlin jugeait A. d'Andilly : « Il y a en lui quelque
innocence [naïveté] qui diminue comme je crois devant Dieu de
beaucoup la plupart de ses fautes et passions, qui seraient de grandes
fautes dans un autre moins et plus innocent que lui... »
(*Lettre ms. n°* 29.)

Dans une autre lettre, Singlin s'exprime ainsi : « Jusqu'à ce que
Dieu ait fait la rupture de ces deux personnes, elles ne serviront
l'une l'autre qu'à s'entrenuire, et surtout la P. à L. »

(1) *Lettres* I, p. 272.

chrétien est trop forte pour la tendresse de madame....
Enfin, mon cher frère, la conduite de l'évangile n'est
que pour les petits et les pauvres et non pour les
grands, que Dieu conduit par des miracles quand il
veut les sauver et non par les voies ordinaires [1].... »

Telle a été la cause du relâchement de la princesse,
qui n'est pas retombée dans les désordres de sa jeunesse, et qui en toute occasion a manifesté son estime,
son admiration, son affection profonde et même sa
vénération pour Port-Royal persécuté. Le chevalier
de Rohan fut élevé à la cour, avec le jeune roi, et sa
mère reparut elle-même au Louvre avec éclat. Néanmoins elle conservait son appartement à Port-Royal ;
elle y venait de temps à autre, et, en 1652, bien qu'il
fût alors démeublé depuis longtemps, elle refusa de le
céder à sa grande amie Mme de Sablé, qui dut construire
à côté. Il y a plus, car voici ce qu'on peut lire à son
sujet dans une lettre de la Mère Angélique à la reine
de Pologne (2 avril 1648) : « Nous sommes bien affligées de notre pauvre Mme de Guéméné, qui est à
l'extrémité depuis deux jours qu'elle a reçu l'extrême-
onction. Hier on la crut hors de danger, mais
aujourd'hui on n'espère presque plus rien.... M. Singlin n'en bouge ; dans ses rêveries [dans son délire]
elle ne connaît que lui. Votre Majesté sait bien pourquoi nous en sommes plus affligées ; néanmoins, par
la bonté de Dieu, elle est bien disposée, et dans les
heures qu'elle a plus de connaissance, et auparavant
qu'elle entrât en rêverie, qui n'a été que le lendemain
de sa sainte communion, elle disait sans cesse ; Tout
le monde n'est que niaiserie, bagatelle et un pur
néant. Cela nous fait croire que s'il plaisait à Dieu de

____

(1) *Ibid.* I, p. 273.

lui donner encore de la vie elle ferait mieux que
jamais[1] ! »

Angélique ne tarda pas à perdre cette illusion, car, à
la fin de cette même année 1648, elle écrivait à la
princesse revenue à la vie et plus mondaine que
jamais, une lettre très cérémonieuse et visiblement
gênée pour lui demander au nom d'une personne
tierce « de la tant obliger que de lui prêter une
chambre ou deux dans son logis de Port-Royal. » De
1648 à 1661, il n'est plus question de la princesse dans
la correspondance de la Mère Angélique ; il n'y a pas
une seule lettre à elle dans les deux gros volumes de
lettres de la Mère Agnès, morte en 1671 ; ni dans les
huit cent lettres manuscrites préparées pour l'impression par M\ue Rachel Gillet, éditeur des lettres de la
Mère Agnès. Dans les papiers de Port-Royal, il se
trouve seulement trois lettres de Mme de Guéméné,
deux en 1671 et une en 1679. Les deux premières sont
relatives à la mort de la Mère Agnès : ce sont de
simples billets de condoléance, d'une grande banalité,
adressés à Robert d'Andilly, qui n'était plus alors un
chevalier servant, et à la Mère Angélique de Saint-
Jean, sa fille. En 1679 enfin, répondant à une lettre
de condoléance que lui avait écrite cette dernière, alors
abbesse de Port-Royal, la mère du supplicié de 1674
reconnaissait que les châtiments que l'on reçoit de la
justice de Dieu sont utiles pour le salut. « Je suis
persuadée, ajoutait-elle, que mes péchés en méritent
encore davantage que ceux que j'ai reçus, bien que
j'aie eu des sujets d'affliction fort extraordinaires des
personnes qui m'étaient les plus proches, et de grandes
pertes de biens depuis cinq ou six ans.... J'ai tant de

____

(1) *Lettres*, I, 365.

dégoût pour le grand monde que je m'en retire le plus que je puis. Mais je n'y fais pas tout ce que je devrais ; les affaires m'occupent trop.... » Et la lettre se termine par des protestations d'amitié qui pourraient être plus vives, car Mme de Longueville venait de mourir, et Port-Royal était cruellement persécuté.

Il y eut donc, cela n'est pas douteux, un grand refroidissement à dater de 1644, après quatre ou cinq années de ferveur. Et cependant la princesse ne manquait pas une occasion pour témoigner son zèle en faveur de Port-Royal. Durant la guerre de Paris, en 1652, elle prêta son corps de logis tout entier pour loger les religieuses des Champs. En 1661, dit le mémorialiste Godefroi Hermant, la crainte de la cour ne l'empêcha pas d'assister aux funérailles de la Mère Angélique avec la princesse de Marsillac et la duchesse de Nemours [1]. En 1663, elle intervint énergiquement en faveur dè Port-Royal auprès de l'archevêque Péréfixe et du ministre Michel Le Tellier, auquel elle demanda si l'on n'aurait pas enfin pitié de ces pauvres religieuses qu'on réduisait à gagner leur vie. On connaît sa boutade si audacieuse et si fine : « Le roi fait tout ce qu'il veut ; il fait des princes du sang, il fait des archevêques et des évêques, il fera des martyrs. » C'est à elle, un jour qu'elle était campée fièrement dans la cour du dehors de Port-Royal de Paris pour protester contre les violences de 1664, que Péréfixe, tout rouge de colère, déclara que les religieuses de Port-Royal étaient pures comme des anges et orgueilleuses comme des démons. Les sympathies de la princesse pour le monastère persécuté n'avaient donc pas diminué après vingt ans de refroidissement ;

____

(1) Hermant, v, 228.

mais un obstacle insurmontable s'était dressé devant
elle : ce malheureux enfant qui devait être le désespoir
et la honte de sa vie. Sans le chevalier de Rohan,
Mme de Guémené serait demeurée jusqu'à la fin, comme
il est dit dans le Nécrologe, la particulière amie et la
bienfaitrice de Port-Royal. Il est donc juste de chercher à la réhabiliter et de lui décerner à tout le moins
le titre de bienfaitrice honoraire.

Mme de Sablé fut introduite à Port-Royal par la
princesse de Guéméné aux environs de 1640, et en
même temps que la future reine de Pologne, Marie de
Gonzague. Ces trois amies y faisaient parfois des
retraites, mais leur austérité n'était pas excessive, car
la Mère Angélique était souvent obligée de bannir ce
qu'elle appelait leurs diableries, quand une coiffe, un
collet, une mode venaient sur le tapis et exposaient
ces dames à se gâter les unes les autres. La princesse
Marie ne tarda pas à quitter la France pour monter
sur le trône, et nous la verrons demeurer une fidèle
amie de Port-Royal. La marquise de Sablé persévéra
dans la mesure de ses forces; elle mourut même à
Paris, dans l'appartement qu'elle s'était aménagé en
1654 au-dessus du chapitre des religieuses, et qui est
occupé aujourd'hui par une salle de malades, mais elle
y vécut quatorze ans avec une abbesse intruse qui
avait abjuré les sentiments de la Mère Angélique. Elle
y reçut au plus fort de la persécution des visites
princières et même royales, puisque le duc d'Orléans
venait à l'improviste faire collation chez elle et qu'on
lui amena en 1665 le jeune fils de Louis XIV, un enfant
de quatre ans, qui fit force gambades dans la tribune
donnant sur le chœur. Mme de Sablé était, on peut le
dire, la plus insupportable des bienfaitrices, pleine de
cœur, très généreuse et très dévouée, mais très exi-

geante, d'une susceptibilité désolante et toujours en
crainte de respirer du mauvais air. Sainte-Beuve lui a
consacré une étude très fouillée, sans doute pour faire
pièce à Victor Cousin dont le livre, absolument insuffisant, est plutôt un appendice à ses beaux volumes
sur Mme de Longueville. Mais Sainte-Beuve et Cousin
n'ont pas jugé avec équité cette maniaque dont les
frasques les ont visiblement agacés. Il fallait pourtant
que la célèbre marquise eut des mérites sérieux et un
grand fonds de piété, puisque la Mère Angélique et la
Mère Agnès ne cessèrent jamais de correspondre avec
elle de la manière la plus affectueuse. En 1655, après
quinze années de relations ininterrompues, Angélique
lui disait : « Je suis entièrement à vous du plus intime
de mon cœur », et en 1662, lors de la mort de Pascal,
la Mère Agnès lui écrivit une lettre qui paraît en dire
bien long dans sa brièveté. En voici quelques passages : « Pourriez-vous croire, ma très chère sœur,
que je fusse insensible à la perte que vous avez faite, et
qu'en pleurant la nôtre propre et celle que l'Eglise a
faite d'un de ses plus fidèles défenseurs, je ne me fusse
pas représenté le regret que vous auriez de vous
trouver privée d'une consolation si douce comme celle
que vous receviez d'une personne qui vous honorait,
non pas comme tant d'autres qui ne considèrent que ce
que vous méritez par des qualités singulières, mais qui
vous regardait par les yeux de la foi, ce qui lui donnait
un zèle et un amour pour votre âme qu'il aurait voulu
servir aux dépens de sa vie ? Et c'est ce qui vous fait
ressentir cette solitude terrible de vous voir délaissée
d'un ami si fidèle qui ne laisse point son semblable
après lui, excepté les autres qui ont le caractère aussi
bien que la charité et l'affection pour votre salut. Je
prie Dieu, ma chère sœur, qu'il remplisse ce vide, et

qu'il fasse par lui-même ce qu'il faisait par cet instrument de sa grâce et de sa miséricorde sur vous. » La phrase est d'une lourdeur affreuse ; mais ce passage est bien curieux, et il permet de justifier et même de glorifier M^{mo} de Sablé. Ainsi Pascal mourant aurait eu pour cette névrosée une tendresse comparable à celle que lui avait inspirée Mlle de Roannez elle-même ; il serait allé, si l'on en croit la très peu hyperbolique Mère Agnès, jusqu'à vouloir servir son âme aux dépens de sa vie. Il aurait été un ami fidèle, et mieux encore, un directeur de conscience, un instrument de la grâce et de la miséricorde divines ; quelle gloire pour la célèbre marquise ! Il faut donc que Port-Royal lui ait reconnu des mérites et des vertus que nous ne soupçonnons pas, car le tableau de ses manies, de ses bizarreries, de ses appréhensions ridicules serait plutôt de nature à indisposer le lecteur et à la faire juger très sévèrement. Au dire de Tallemant des Réaux, elle était d'un négligé extraordinaire, « toujours faite comme quatre œufs, et le lit aussi propre que la dame ». Elle paraissait songer à ses potages, à ses salades et à ses confitures beaucoup plus qu'à la grâce efficace ; elle recevait chez elle, à Port-Royal même, des Jésuites comme les PP. Ferrier, Rapin et Bouhours, et des grands seigneurs libertins comme le duc de La Rochefoucauld ; elle semblait servir à la fois Dieu et Bélial. Que dire enfin de ses folles terreurs ? Il fallait faire des tours de force de prophylaxie et d'antisepsie quand il y avait des malades parmi les sœurs, les novices ou les petites pensionnaires, ses voisines immédiates, car elle avait une peur affreuse de la contagion. En 1662, d'après une lettre inédite de la Mère Angélique de Saint-Jean, quand une des miraculées de la Sainte-Épine, la jeune Claude Bau-

drand, morte hors de Port-Royal, fut exposée dans le
chœur des religieuses avant d'être enterrée dans le
préau, on brûla du bois de genièvre et on prit des
précautions infinies pour rassurer la soupçonneuse
marquise, et pour lui permettre de « dormir en repos ».
C'est la peur des microbes qui l'a toujours empêchée
d'aller à Port-Royal des Champs qu'elle ne paraît pas
avoir visité une seule fois ; et plutôt que de s'exposer
à respirer le mauvais air du saint vallon marécageux
en compagnie de Mme de Longueville et de Mlle de
Vertus, elle s'est résignée à demeurer à Paris, sauf à
faire des fugues plus ou moins longues dans sa maison
d'Auteuil ou chez son frère le commandeur de Souvré.
Elle dut beaucoup souffrir durant les dix dernières
années de sa vie, car elle était en relations constantes
avec des personnes qu'elle n'estimait pas, la mère
Dorothée Perdreau, la sœur Flavie Passart et le docteur Chamillard. Mais du moins la sainte Épine était
demeurée sur l'autel des reliques au pied de sa tribune
et tout auprès était la tombe de la Mère Angélique.
Elle mourut saintement en 1678, et n'osant peut-être
pas se faire enterrer à Port-Royal par des *dyscoles*,
elle voulut être inhumée dans le cimetière de Saint-
Jacques du Haut-Pas, au milieu des paroissiens et des
pauvres. C'était à tout prendre, comme dit le jésuite
Rapin, « une des femmes les plus accomplies et les
plus extraordinaires de ce siècle » ; et l'on peut ajouter
avec les historiens de Port-Royal, que sa conversion
fut sincère, et que sa piété se soutint jusqu'à la fin sans
aucun affaiblissement.

Les « Messieurs », les Petites Écoles.

Le meilleur historien de Port-Royal, Jérôme Besoigne, a consacré la deuxième partie de son ouvrage

à l'histoire détaillée des Messieurs ; il désignait sous ce nom qui a fait fortune les solitaires, les supérieurs et confesseurs, les maîtres des Petites Écoles et enfin d'autres personnages qui ont tenu au monastère par quelque endroit. Il a très bien montré ce qui caractérise essentiellement les premiers d'entre eux ; ils sont tous à différents degrés les disciples, les fils spirituels de Saint-Cyran, le plus grand dompteur d'âmes qu'ait produit le xviie siècle, si fertile pourtant en chefs d'ordres et en grands directeurs de conscience. Sainte-Beuve, qui n'aimait pas beaucoup Saint-Cyran, lui a rendu pleine justice à cet égard, et son chapitre sur la direction de la sœur Marie-Claire est un chef-d'œuvre d'analyse fine et pénétrante [1]. La lecture de ce beau chapitre, qui contredit et réfute parfois le précédent, est la préface indispensable d'une étude sérieuse sur les Messieurs de Port-Royal. C'est d'ailleurs en associant Sainte-Beuve et Besoigne, auquel Sainte-Beuve doit infiniment plus qu'il n'en est convenu, que l'on peut arriver à connaître et à comprendre ces hommes véritablement extraordinaires. Saint-Cyran, qui suffit à les expliquer tous, est étudié sérieusement par Besoigne, qui lui rend hommage, qui le proclame un très grand homme, qui le justifie pleinement contre tous ses calomniateurs, et qui pourtant n'hésite pas à lui reconnaître quelques défauts : une tendance fâcheuse à l'exagération, — c'était un Gascon, — un goût trop décidé pour les idées mystiques, et une tendance à parler trop et trop longuement de soi. Sainte-Beuve aurait voulu qu'on donnât au public un *Esprit de Saint-Cyran* comme on a donné dès le xviie siècle un *Esprit de saint François*

_____

(1) *Port-Royal*, tome I, p. 341 et suivantes,

de Sales; il oublie que Besoigne l'a fait après Lancelot
(tome III, p. 460-504); et Besoigne n'a pas tout dit, car
il a laissé à Sainte-Beuve lui-même le soin de nous
faire voir en Saint-Cyran le plus fervent, le plus passionné, après saint Bernard, de tous les dévots serviteurs de la Vierge Marie. A ses yeux, elle venait dans
la hiérarchie céleste immédiatement après le Saint-
Esprit, et c'est à regret, parce qu'il rejetait *à priori*
tous les dogmes nouveaux, que Saint-Cyran lui a refusé,
avec saint Bernard, saint Thomas, beaucoup de Pères
de l'Église et de papes, le privilège d'une conception
immaculée. On pourrait tirer des œuvres de Saint-Cyran un manuel du parfait serviteur de Marie. Besoigne
est à étudier de près si l'on veut comprendre le rôle de
Saint-Cyran considéré comme le chef des Messieurs de
Port-Royal.

Il ne saurait être question de faire ici un tableau de
cette nouvelle Thébaïde que fut Port-Royal des Champs
délaissé par les religieuses en 1635. Racine a simplement consacré aux solitaires deux petites pages, et
Sainte-Beuve a dû faire un choix et sacrifier bon nombre d'entre eux. Besoigne, plus à l'aise, leur a consacré
une soixantaine de monographies intéressantes, plus
ou moins développées, suivant le plus ou moins d'importance des personnages, et rangées dans l'ordre
rigoureusement chronologique. C'est ainsi qu'il a placé
en tête le grand converti de 1637, le célèbre avocat
Antoine Le Maître, le chef du chœur des Solitaires.
Cette première étude est complète, et Sainte-Beuve
s'en est inspiré, comme c'était son devoir et son droit.
Je ne vois guère chez ce dernier qu'une inexactitude;
c'est au sujet des *Plaidoyers* de Le Maître, imprimés
en 1656. Ils ont plus de valeur littéraire que Sainte-
Beuve ne l'a dit, et l'on y trouve déjà la phrase courte

et incisive des *Provinciales*. Il n'est pas vrai qu'ils soient « tombés à plat », car ils ont eu les honneurs de la réimpression, et le nombre de leurs éditions dépasse celui de Sainte-Beuve lui-même.

Voici, pour simplifier et pour faciliter les recherches, la liste des solitaires et des Messieurs telle que l'a dressée Besoigne pour la période qui s'étend de 1637 à 1660.

Antoine Le Maître, mort en 1658.

Le Maître de Séricourt, son frère, mort en 1650.

Étienne de Bâcle, mort en 1661.

Charles de la Croix, cordonnier illettré, le premier des prétendus *Sabotiers*, mort en 1643.

Arnauld de Luzanci, fils de Robert d'Andilly, mort en 1684.

Victor Pallu, gentilhomme médecin, mort en 1650.

Pierre Manguelein, docteur de Sorbonne et chanoine de Beauvais, mort en 1646.

Roussel, autre chanoine de Beauvais (?).

Wallon de Beaupuis, maître aux Petites-Écoles de 1647 à 1660 ; mort en 1709.

Litolfi Maroni de Suzarre, évêque de Bazas, mort en 1645.

Hillerin, curé de Saint-Merri, mort en 1669, enterré à Saint-Jacques du Haut-Pas aux pieds de Saint-Cyran.

Fontaine (article réservé).

François Jankins, gentilhomme anglais, jardinier de Port-Royal de Paris, mort à P.-R. des Champs, après quarante-huit ans de jardinage en 1690.

Deplez (?).

Raphaël Moreau, chirurgien de P.-R., mort en 1668.

Pertuis de la Rivière, garde des bois de P.-R., mort en 1668.

Jacques Lindo, sacristain de P.-R., mort à 23 ans, en 1646.

François Visaquet, mort en 1647.

Doamlup, sacristain de P.-R. de Paris et ensuite des Champs, mort en 1671.

MM. Drihole, mort en 1687, et Borel, prêtre de Beauvais, mort en 1687.

Le P. Vachot, de l'Oratoire, mort en 1687.

MM. Le Secq et le marquis de Portes (?).

Robert Arnauld d'Andilly, mort en 1674.

François Bouilly, chanoine d'Abbeville, mort en 1668.

De Saint-Gilles du Bois, mort à la Bastille en 1684.

Grimald, précepteur du prince de Rohan, mort en 1647.

Choinel, un des maîtres des Petites-Écoles (?).

Magloire et Viellard, curés picards (?).

Baudry d'Asson de Saint-Gilles, mort en 1668.

André de la Petitière, un spadassin devenu cordonnier de P.-R., mort en 1671.

Charles Duchemin, prêtre, fermier de P.-R., mort en 1687.

M. L'Évêque (?).

Bourgeois, docteur de Sorbonne, défenseur d'Arnauld à Rome, mort en 1687.

Jean-Bernard de Bel-Air, officier devenu architecte de P.-R., mort en 1668.

Le P. Maignart, de l'Oratoire, mort en 1650.

Les deux frères Giroust, morts en 1659 et 1672.

Charles des Landres, son frère et son fils, liés avec la famille Pascal.

Quelques autres, dont le duc de Luynes.

Dugué de Bagnols, mort à 40 ans, en 1657.

Maignart de Bernières, mort exilé en 1662.

A la suite de ces soixante-neuf petits chapitres, consacrés aux plus anciens des Solitaires et des Messieurs, Besoigne, très heureusement inspiré, s'arrête un moment pour jeter un coup d'œil d'ensemble sur le caractère et sur le genre de vie de ces nombreux ascètes. Il fait très bien voir que ce n'était pas un ordre monastique nouveau, quelque chose comme l'Oratoire avec beaucoup de frères lais, ou comme la fameuse Compagnie du Saint-Sacrement, si florissante à cette époque. C'était une association de personnes de piété, groupées en petit nombre pour travailler simultanément, chacun

dans sa sphère, à la grande affaire de leur salut. Point
de chef auquel on dût obéir, point de vœux, pas même
de résidence obligatoire, si bien que Besoigne a pu
dire, ce qui justifierait Pascal déclarant qu'il n'était
pas de Port-Royal : « On était de Port-Royal sans y
être ; on en était étant ailleurs, étant en religion, étant
en ménage, étant en charge dans le siècle. Et c'est cela
même qui donnait lieu aux esprits jaloux de publier et
aux ministres soupçonneux de le croire, qu'il y avait
un attroupement à Port-Royal ; pendant que ce n'était
qu'une conformité de piété entre un grand nombre de
personnes dispersées de tous côtés, lesquelles souvent
ne se connaissaient même pas... [1]. »

Les dix ou douze solitaires groupés à Port-Royal
avaient, dès 1644, un règlement adopté par tous : lever
à quatre heures et exercices religieux dans la grande
église de Port-Royal, desservie en l'absence des religieuses par un simple chapelain. Ensuite chacun se
retirait dans sa chambre, petit réduit pratiqué dans les
cellules en ruines ou dans l'ancienne infirmerie ; on
méditait, on lisait l'Écriture, les Pères, l'histoire ecclésiastique ; on traduisait le Nouveau Testament et les
Pères grecs ; on écrivait la Vie des saints. Fréquemment on revenait dire l'office dans l'église, ce qui oc-
cupait la plus grande partie de la journée ; et entre
temps on s'adonnait au travail des mains, deux heures
le matin et deux heures l'après-midi ; on prenait ses
repas en commun deux fois par jour et on se couchait
régulièrement à huit heures. Pour les communions,
qui semblent devoir être la pierre de touche quand il
s'agit de gens qui avaient été convertis pour la plupart par le livre de la *Fréquente Communion*, voici

____

(1) *Hist. de Port-Royal*, tome IV, p, 158.

comment les choses se passaient. « Les messieurs, au dire de Besoigne, communiaient les uns tous les quinze jours, les autres tous les huit jours ; d'autres tous les dimanches et toutes les fêtes, et quelquefois la semaine. Ils se confessaient assez souvent, et leurs directeurs furent successivement Singlin, Manguelein et Le Maître de Saci. » Ainsi ces prétendus ennemis de l'Eucharistie, ces incommuniants, comme disaient les Jésuites, communiaient à la manière des religieuses elles-mêmes, c'est-à-dire en moyenne cent fois par an.

Les solitaires de cette première période cherchaient à imiter, dans la mesure du possible, les chrétiens de la primitive Église ; mais ils ne prêchaient pas sur les toits ; ils ne faisaient pas de propagande ; ils n'intriguaient pas comme les Compagnons du Saint-Sacrement, et ils ne déclaraient la guerre à personne. C'est même une chose très surprenante de voir ces jansénistes laisser absolument de côté l'*Augustinus* et les questions si âprement discutées autour d'eux, de la Grâce efficace par elle-même et de la prédestination gratuite. Je ne crois pas qu'il en soit parlé une seule fois dans les sept ou huit cents pages que Besoigne a consacrées à cette partie de l'histoire de Port-Royal. J'inclinerais à penser que Jansénius ne figurait pas dans la bibliothèque des Messieurs et que saint Augustin n'était pas leur livre de chevet. Ils tenaient pour le catholicisme tout court. C'est une observation que Sainte-Beuve n'a pas faite, et qui paraît avoir une très grande importance, car enfin il y avait parmi eux des hommes de la plus haute valeur, et s'ils avaient voulu batailler contre les Jésuites, ils auraient pu se distribuer les rôles et asséner à leurs ennemis des coups terribles. Il n'en fut rien ; quand on les attaqua par des pamphlets d'une violence inouïe, ils gardèrent le si-

lence ; quand on les dispersa par la force, ils se retirè-
rent, sauf à revenir dès que la chose fut possible. Leur
attitude pendant la Fronde fut admirable ; ils refusèrent les sacrements aux frondeurs ; ils contribuèrent à
maintenir l'ordre dans le vallon de Port-Royal, et les
tours, les fortins qu'ils construisirent alors se dressent
encore aujourd'hui au milieu des ruines de l'antique
abbaye. Ils firent enfin, notamment M. de Bernières,
des miracles de charité pour soulager l'affreuse misère
de ces temps de calamité. En un mot l'histoire des
Messieurs est un des beaux chapitres de l'histoire de
Port-Royal.

A l'histoire des Messieurs se rattache naturellement
celle des Petites Écoles, une autre création de l'abbé de
Saint-Cyran Les religieuses avaient des pensionnaires ;
elles élevaient des petites filles dont les unes étaient
destinées par leurs parents à la vie religieuse et les
autres à la vie du monde ; il était naturel de voir les
Messieurs procéder de même pour l'éducation des
jeunes gens. Saint-Cyran et ses continuateurs n'ont
jamais eu la prétention de rivaliser avec l'Université,
avec les Jésuites et avec les Oratoriens ; ils ne voulaient pas fonder des collèges, si ce n'est peut-être
comme ceux du Moyen Age et de la Renaissance, comme
le collège de Coqueret illustré par Ronsard et qui ne
comptait pas douze écoliers. Ils n'ont pas songé non
plus à donner gratuitement l'instruction élémentaire
aux enfants du peuple ; c'était l'affaire des curés de
paroisse et de leurs vicaires ; il ne devait y avoir dans
les Petites Écoles de Port-Royal qu'un très petit nombre d'élèves. Saint-Cyran les aurait volontiers réduits
à six ; ses premiers disciples allèrent jusqu'à vingt-
quatre dans le cul-de-sac de Saint-Dominique. Ils élevaient des enfants riches auxquels furent adjoints par-

fois des pauvres, appartenant comme Racine à des familles amies, et l'éducation qui leur était donnée tendait à faire de ces enfants des prêtres si la chose était possible, — tel fut Lenain de Tillemont, — ou des magistrats comme les deux Bignon, Harlay et Dugué de Bagnols, mentionnés par Racine, ou des officiers ou des avocats comme aurait dû l'être Racine lui-même dans la pensée d'Antoine Le Maître. Mais avant tout on cherchait à faire de ces écoliers d'élite de bons et de parfaits chrétiens. Il n'y avait donc pas lieu de redouter la concurrence de ces Petites Écoles, ou, si l'on veut, de ces collèges minuscules, et les Jésuites, qui comptaient leurs écoliers par milliers, n'auraient pas dû en prendre ombrage ; mais ces écoles tenaient à Port-Royal, ils ne cessèrent donc de leur susciter des embarras, et finalement ils obtinrent leur destruction en 1660. Ce jour-là ils prétendirent qu'ils avaient sauvé à la fois l'Église et l'État [1].

Les Petites Écoles n'ont pas duré plus de quinze ans, et cependant, dit Sainte-Beuve, qui les a longuement étudiées, « c'est dans le cours de ces quinze années d'une existence interrompue, toujours secouée et menacée, qu'elles produisirent de si grands fruits, formèrent des hommes dont la race se reconnaît entre les générations du siècle, et développèrent de si excellents et si durables modèles d'enseignement ». Mais aussi quels maîtres que ceux qui dirigeaient ces admirables écoles, un Lancelot, un Nicole, un Wallon de Beaupuis, un Antoine Le Maître, un Antoine Arnauld à

(1) Voir au sujet de cette destruction un article que j'ai inséré dans la *Revue internationale de l'Enseignement de 1907*. On y trouve, d'après une relation inédite, des détails très nouveaux sur ces Écoles qui ne sont encore connues que fort imparfaitement.

l'occasion ! Il faut voir dans Besoigne [1] et dans Sainte-Beuve [2] le détail de leur organisation et l'histoire de leurs tribulations, et l'on pourra constater une fois de plus que l'esprit de secte, ce qu'on appelle improprement le jansénisme, ne joue aucun rôle dans cette histoire. On n'y parlait point aux enfants des contestations du temps, et il semble bien que Nicole a résisté à la tentation de faire collaborer le petit Racine à sa traduction latine des *Provinciales*. Quand on vint détruire les écoles en 1660, on constata que les maîtres enseignaient « le catéchisme de M. de Paris et les prières qu'il avait approuvées et qui se faisaient sous son autorité et dans son diocèse ». Cette destruction brutale des Petites Écoles ne se justifie pas, et c'est une des choses qui ont le plus contribué à déshonorer les ennemis de Port-Royal.

(1) *Histoire de Port-Royal*, tome IV, p. 396 **et suivantes.**
(2) *Port-Royal*, tome III, p. 465 à 489.

CHAPITRE V

L'affaire des cinq propositions ; la bulle d'Innocent **X** en 1653.
Soumission de Port-Royal

L'échec retentissant des Jésuites dans l'affaire de la
Fréquente Communion a été la cause première des
événements qui ont troublé l'Église de France. Il leur
fallait une revanche ; ils voulaient se venger d'Arnauld et de tous ceux qui touchaient de près à sa famille maudite, et c'est parce qu'Arnauld avait pris
hautement, et d'ailleurs avec succès, la défense de
Jansénius qu'ils s'attaquèrent désormais à l'*Augustinus* avec une fureur toujours croissante, Racine le
dit en propres termes, et dom Clémencet ne fait que
répéter avec pièces à l'appui ce que Racine avait dit.
Voici ses propres paroles, elles sont d'une importance
capitale. « Il paraît bien, dans le soin qu'ils prirent
de perpétuer la querelle et de troubler toute l'Église
pour une question aussi frivole que celle-là, que
c'était en effet aux personnes qu'ils en voulaient, et
que leur vengeance ne serait jamais satisfaite qu'ils
n'eussent perdu M. Arnauld et détruit une sainte
maison contre laquelle ils avaient prononcé cet arrêt
dans leur colère : *Exinanite, exinanite usque ad
fundamentum in eâ.* » Voilà donc une des plus grandes
luttes de l'histoire religieuse de tous les temps qui a
pour cause principale la haine d'une puissante compagnie contre une simple famille ; l'auteur de *Phèdre*

a dû se dire que c'était comme au temps des Atrides et de la guerre de Troie.

Arnauld avait fait paraître en 1644 une apologie de Jansénius contre les sermons du docteur Habert; en 1645 parut une seconde apologie qui contraignit le fougueux théologal à s'avouer vaincu ; et le vainqueur, poursuivant ses avantages, fit paraître aussitôt un troisième opuscule, intitulé *Apologie pour les saints Pères de l'Église défenseurs de la grâce de Jésus-Christ*. Ces trois ouvrages eurent, dit Racine, « un prodigieux succès », et l'orthodoxie de leur auteur ne fut pas mise en cause, pas plus qu'elle ne l'avait été lorsque la même doctrine avait été soutenue par lui en Sorbonne en 1636, quatre ans avant l'impression de l'*Augustinus*. C'est alors que les Jésuites, après mûre délibération, s'avisèrent d'un moyen tout nouveau pour arriver à leurs fins, ils imaginèrent le très habile expédient de ce qu'on appelle les *cinq proposi-tions* [1]. Ils avaient pour ami et pour allié le doc-teur Nicolas Cornet, syndic de la Faculté de théologie, un ancien jésuite devenu grand maître du collège de Navarre, Le syndic de la Sorbonne était un person-nage d'importance, car il avait durant une année en-tière la police de la Faculté, et il devait surtout con-trôler avec soin les doctrines soutenues dans les thèses ; il était le gardien-né de l'orthodoxie de la Sor-bonne. C'est précisément en qualité de syndic que Nicolas Cornet, suivant le plan concerté secrètement avec ses affidés, engagea la grande bataille le 1er juil-let 1649, après la paix de Rueil. Il avait convoqué, dit

____

(1) On lit dans Rabelais (*Pantagruel*, 4, prologue), à propos de certains moines de son temps : « L'une des moindres contumélies dont ils usaient, était que tels livres étaient farcis d'hérésies ; n'en pouvaient toutefois une seule exhiber en endroit aucun. »

Godefroi Hermant, tout le ban et l'arrière-ban des armées moliniennes dont il était le général, et il se croyait sûr de la victoire; néanmoins il était profondément troublé, comme César sur les bords du Rubicon. Il dit enfin, après avoir balbutié longtemps, que les affaires de la sacrée Faculté allaient très mal, parce que l'on introduisait dans les thèses des opinions nouvelles qui donnaient occasion à de grands désordres; la Sorbonne était désorganisée; il n'y avait plus ni soumission ni respect de l'antique discipline. Et tout cela, disait-il en gémissant, pour six ou sept propositions subversives qu'il avait su découvrir en lisant les thèses, et dont il avait dressé la liste, Il y en avait effectivement sept, dont les cinq fameuses propositions imputées plus tard à Jansénius; une sixième disait que toutes les actions des infidèles sont des péchés, et la septième était relative à la pénitence, mais elle ne fut pas maintenue. « Ces propositions, dit Racine, étaient embarrassées de mots si captieux et si équivoques que, bien qu'elles fussent en effet très hérétiques, elles semblaient ne dire sur la grâce que presque les même choses que disaient les défenseurs de saint Augustin. »

Le rusé syndic se garda bien de donner des indications précises, comme la loyauté lui en faisait un devoir : il n'attribuait ces propositions à personne, et le nom de Jansénius ayant été prononcé par un interrupteur, il osa dire qu'il n'était nullement question de lui, *Non agitur de Jansenio*, alors que dans sa pensée c'était de Jansénius et de lui seul qu'il était question, pour le moment du moins. Ces nouveautés dangereuses, qui au dire de Nicolas Cornet exerçaient de si grands ravages, la Sorbonne avait le devoir de les censurer solennellement, et la conclusion du syndic était qu'il fallait sans retard nommer des examinateurs. Mais cette motion se heurta à des résistances que Cornet n'avait pas prévues : soixante-dix docteurs percèrent à jour l'intrigue des molinistes, et ils appelèrent comme d'abus de tout ce que le syndic avait fait au mépris des réglements et des traditions, Le Parlement reçut leur appel, et le président Molé imposa silence aux deux partis.

Ces débuts de l'affaire des cinq propositions peuvent suggérer quelques réflexions que n'ont point faites les historiens de Port-Royal. Puisqu'il s'agissait en 1649 d'une simple censure de Sorbonne, pourquoi Cornet et ses associés ne se sont-ils pas attaqués directement aux apologies de Jansénius composées par le docteur Antoine Arnauld, l'homme qu'ils voulaient abattre ? Était-il donc impossible d'y trouver une proposition censurable, sauf à condamner, comme on l'a fait en 1655, deux Pères de l'Église à la fois ? Pourquoi n'avoir pas tiré de l'*Augustinus* même une demi-douzaine de citations textuelles facilement vérifiables ? Nicolas Cornet a fait croire à Bossuet, qui le redisait encore en 1700, qu'il ne faut pas demander où sont les cinq propositions, mais qu'il faut plutôt demander où elles ne sont pas ; car elles sont l'âme du livre, et le livre n'est pas autre chose que les propositions elles-mêmes. S'il en est ainsi, rien n'était plus facile que d'extraire d'un si mauvais livre des citations condamnables. Mais ici la réponse est facile ; le docteur Habert avait en 1644 extrait de l'*Augustinus* huit propositions textuelles qu'il voulait faire condamner à Rome ; mais Arnauld les avait reprises une par une, et à la grande confusion du dénonciateur, il avait démontré que ces huit propositions étaient parfaitement catholiques selon les termes et le sens de Jansénius. On jugea

plus prudent de ne pas renouveler l'expérience, et
c'est pour cela sans doute que Cornet et ses associés
prirent le parti d'en fabriquer eux-mêmes, sauf à les
imputer ensuite à Jansénius sans vérification possible.
Cette façon de procéder est néanmoins étrange, car
elle implique un défi au sens commun et un mépris
du public dont rien ne donne l'idée. Comment enfin
Cornet et ses associés sont-ils parvenus à résumer, à
condenser en cinq petites phrases la doctrine de trois
gros in-folio ? Cela supposerait chez ces théologiens
un esprit d'analyse et de synthèse d'une singulière
puissance. Mais il n'y a pas lieu d'attribuer à Cornet,
qui n'était nullement un grand homme, une semblable
ingéniosité. Il n'a pas dit le 1er juillet 1649 que les
propositions fussent la quintessence de l'*Augustinus*;
il les a présentées comme recueillies dans les thèses
de licence et de doctorat au hasard d'une simple lecture. C'est plus tard, après les avoir fait condamner,
qu'il se réservait d'en attribuer la paternité à un auteur déterminé. Peut-être ne se tromperait-on pas si
l'on disait que les cinq propositions ont été fabriquées
avec une extrême facilité, sans que les fabricateurs
eussent besoin d'avoir le livre de Jansénius. Cornet et ses associés avaient sous les yeux les trente
et une propositions de Lessius et d'Hamelius censurées à Louvain en 1587, et les quarante deux propositions de Molina, condamnées en 1608 par la bulle
inédite de Paul V. Ils prirent tout simplement le contre-pied de ces soixante-treize propositions, et ils
obtinrent sans peine les sept petites phrases qu'ils
réduisirent eux-mêmes à cinq ; voilà sans doute le
secret de cette grande opération.

Mais la Sorbonne ne se prêta pas alors aux machinations de son syndic ; elle n'était pas encore assez

avilie. On se rabattit donc sur la cour de Rome ; Cornet, qui n'était plus syndic, cessa de jouer le premier rôle, et il passa la main au docteur Habert, à celui-là même que les Apologies de Jansénius avaient réduit au silence et qui était altéré de vengeance. Habert venait d'être nommé évêque de Vabres, la protection des Jésuites lui avait valu cette fiche de consolation ; il se fit le chef de l'entreprise, et il écrivit à Innocent X, en 1650, uniquement pour lui demander une condamnation solennelle des cinq propositions de Nicolas Cornet, une lettre très courte qu'a publiée dom Clémencet (III, 247). Il n'est plus question cette fois de nouveautés anonymes ; Jansénius est nommé, et c'est sa doctrine qui est incriminée. Les cinq propositions sont énumérées comme étant de lui, sans qu'on le dise clairement. Et la lettre finit en souhaitant au Saint Père de longues et heureuses années, et même « un siècle de vie » en attendant l'heureuse éternité. C'était une chose inouïe dans les fastes de l'Église de France qu'un évêque fît ainsi la leçon au pape et transformât le Saint Siège en simple bureau d'enregistrement, chargé de confirmer et de contresigner des condamnations faites par des particuliers. Habert ne demandait pas que le livre de Jansénius fût déféré à Rome comme l'avait été celui de Molina ; il simplifiait le travail de la Curie en présentant au pape une censure toute dressée que ses amis avaient fait imprimer et répandre dans Paris[1]. L'évêque de Vabres n'osa pas soumettre sa lettre à l'assemblée du clergé qui se tenait alors ; il parvint pourtant à la faire contresigner par quatre-vingt-cinq évêques auxquels on demanda séparément leur adhésion. « La plupart d'entre eux, dit Racine, ont avoué qu'ils l'avaient

____

(1) GERBERON, *Histoire générale du Jansénisme*, I, 312.

signée sans savoir de quoi il s'agissait, et par pure déférence pour la signature de leurs confrères. »

Il n'en fut pas de même de quelques autres prélats, et non des moindres, qui se montrèrent, dit encore Racine, « plus jaloux de l'honneur de leur caractère ». Non seulement ils refusèrent de signer la lettre d'Habert, mais ils en rédigèrent une autre qui contredisait et réfutait vigoureusement la précédente. Ils y parlaient des cinq propositions comme « faites à plaisir et composées en des termes ambigus, qui ne pouvaient produire d'elles-mêmes que des disputes pleines de chaleur. » Ils priaient le Saint Père de n'en tenir aucun compte ; ils le mettaient en garde contre une condamnation précipitée, et disaient que ceux qui seraient condamnés se plaindraient avec justice de l'avoir été par les calomnies et les artifices de leurs adversaires, sans avoir été entendus dans leurs raisons. Enfin ils osaient dire au pape qu'il pouvait être surpris, et ils ajoutaient qu'il n'y avait pas lieu à décision nouvelle, l'augustinisme étant depuis longtemps reconnu par les conciles et par les papes comme la doctrine de l'Église elle-même sur la question de la grâce [1].

Cette lettre digne de saint Bernard ne fut pas bien accueillie à Rome, et les docteurs que les évêques avaient envoyés pour soutenir dans les congrégations la doctrine de saint Augustin furent reçus très froidement. Le pape circonvenu par les Jésuites était ré-

---

(1) Racine a transmis à la postérité les noms de quelques-uns de ces courageux évêques : Gondrin, Vialart, Alphonse d'Elbène, Gilbert de Choiseul, Choart de Buzenval et Henri Arnauld. Il y faut joindre les autres, B. d'Elbène, évêque d'Agen ; Bernard, évêque de Saint-Papoul ; H. de Salette, évêque de Lescar ; François Faure, évêque d'Amiens ; les évêques de Valence et de Die. L'archevêque de Toulouse, Monchal, et l'évêque de Vence, Godeau, écrivirent dans le même sens des lettres individuelles.

solu à leur complaire, sans néanmoins porter atteinte à la doctrine de l'évêque d'Hippone ; il ne se prêtait pas à la manœuvre qui consistait à frapper Jansénius pour atteindre plus sûrement le docteur de la grâce. Mais il mettait entre les mains des Jésuites une puissante machine de guerre.

Ils avaient dû attendre deux ans, car la bulle d'Innocent X est du 31 mai 1653, et dans leur impatience ils avaient attaqué leurs ennemis, et particulièrement le monastère de Port Royal, par des pamphlets odieux, Racine indigné a flagellé quarante ans plus tard leur Père Brisacier qui, dit-il, « en vint jusqu'à cet excès d'impudence et de folie que d'accuser ces religieuses, dans un livre public, de ne point croire au Saint Sacrement, de ne jamais communier, non pas même à l'article de la mort, de n'avoir ni eau bénite ni images dans leur église ; de ne prier ni la Vierge ni les saints ; de ne point dire leur chapelet ; les appelant des asacramentaires, des vierges folles, et passant même à cet excès de vouloir insinuer des choses très injurieuses à la pureté de ces filles ». L'archevêque de Paris, Jean-François de Gondi, qui estimait infiniment les religieuses de Port-Royal, crut devoir intervenir, et le 7 janvier 1652 il fit publier une « censure foudroyante » qui déclarait le libelle de Brisacier « injurieux, calomnieux, et contenant plusieurs mensonges et impostures. » Il défendait en conséquence de « lire, vendre ou débiter ledit livre sous peine d'excommunication. » Le célèbre M. Olier, curé de Saint-Sulpice, refusa de publier cette censure, car il approuvait Brisacier, et il fallut l'y contraindre par une sommation spéciale. « Tous les gens de bien, dit encore Racine, s'attendaient que le Père Brisacier serait désavoué par sa Compagnie, et que, pour ne pas adopter par son silence de si horribles calomnies, elle lui en ferait faire une rétractation publique, puis l'enverrait dans quelque maison éloignée pour y faire pénitence. » Loin de là, « il fut fait alors recteur du collège de Blois, ensuite recteur du collège de Rouen, et à quelque temps de là, supérieur de la maison professe de Paris. Ainsi, sans avoir fait aucune réparation de tant d'impostures si atroces, il continua le reste de sa vie à dire ponctuellement la messe tous les jours, confessant et donnant des absolutions, et ayant sous sa direction les directeurs mêmes de la plus grande partie des consciences de Paris et de la cour. On n'ose pousser plus avant ces réflexions, et on laisse aux Révérends Pères jésuites à les faire sérieusement devant Dieu. »

La bulle qui censurait les cinq propositions condamnait vaguement Jansénius, mais elle soutenait plus vaguement encore saint Augustin en se contentant de dire qu'il ne pouvait évidemment pas être question de l'anathématiser ; le règne de l'équivoque va commencer pour ne plus finir. Publiée à Rome à la fin de mai 1653, la bulle mit un mois à faire le voyage de France, et aussitôt le monde politique et religieux s'en empara. Les jansénistes l'acceptèrent sans difficulté, car ils reconnaissaient que les propositions étaient condamnables en un certain sens, et il leur suffisait que la doctrine orthodoxe fût à l'abri des censures, comme Innocent X le déclarait solennellement à tous propos. Il faut voir, sur les dispositions de Port Royal en cette circonstance la très curieuse conversation qui eut lieu à cette époque chez Valentin Conrart entre le docteur Taignier, ami particulier de G. Hermant, et deux protestants, deux pasteurs amis de Conrart[1]. Conrart et

____

(1) HERMANT, *Mémoires*, II, p. 96.

ses amis annonçaient aux disciples de saint Augustin
une persécution qui serait terrible, éternelle, parce que
les Jésuites sont des gens qui ne pardonnent jamais,
qui ne désarment jamais, et qui finissent toujours par
exterminer ceux qu'ils haïssent en leur imputant des
hérésies. A cela le docteur Taignier répondit que
jamais les disciples de saint Augustin ne sortiraient
de l'Église catholique sous aucun prétexte, quelque
violente que pût être la persécution, et l'engagement
qu'ils prirent alors dans un salon protestant, leurs
successeurs le prendraient encore.

Ils diraient comme Taignier en 1653 : « Qu'on nous
excommunie, qu'on nous déclare hérétiques, qu'on
nous prenne tous nos biens, nous souffrirons tous ces
maux avec patience ; nous obéirons et nous ne nous sou-
lèverons point contre ceux qui nous affligeront. Nous ne
ferons rien de contraire à l'obéissance et qui puisse en
cette occasion donner le moindre scandale à l'Église
de Dieu par quelque rébellion. » Conrart et ses amis
ne comprirent pas, — et j'ajoute que Sainte-Beuve,
pour les mêmes raisons, ne comprend pas davantage,
car c'est en constatant cet état d'esprit qu'il a osé dire,
non plus il est vrai en 1840, lors de sa première ferveur, mais au temps de sa reprise désenchantée, en
1846 : « Une fois dans cette double voie, le jansénisme
est perdu, et j'ajouterai : Il le mérite ! Saint Cyran,
où es-tu ? [1] » Il le mérite ? il y eut donc aux yeux de
Sainte-Beuve, crime ou faute, erreur ou sottise :
Port-Royal n'avait pas de chef, il n'a pas su se faire
craindre.

Après avoir passé en revue ceux qui attiraient le
plus l'attention publique, M. de Saci admirable pour

____

(1) *P rt-Royal*, tome I, II p. 20.

gouverner les âmes une à une, Singlin jugé insuffisant, Barcos, Le Maître, d'Andilly, Antoine Arnauld
et finalement la mère Angélique, l'incomparable historien conclut que « Port-Royal. au moment où la bulle
arrivait, était une place de beaucoup plus de formidable apparence que de résistance solide ; » à quoi Port-
Royal, même inspiré par Saint Cyran, aurait pu répondre qu'il n'était nullement une citadelle, car il ne
doit point y en avoir dans l'Église de Jésus-Christ,
mais un simple bercail dont le berger seul doit assurer la défense ; ce sont des choses que Sainte-Beuve
ne pouvait pas comprendre, et son jugement sur l'attitude de Port-Royal à dater de 1653, ne saurait faire
autorité.

Un autre chapitre d'Hermant qu'il faut étudier
de près, c'est celui qui est relatif à l'acceptation
de la bulle [1]. Hermant y représente au naturel la
conduite des principaux disciples de saint Augustin,
de ceux que les Jésuites dénonçaient à tout l'univers
comme les coryphées du jansénisme, Duhamel, curé
de Saint-Merry, Feydeau son vicaire, le docteur Sainte-
Beuve, etc. On s'attendait à des récriminations, à une
véritable levée de boucliers contre le Saint Siège ;
« mais on vit tout le contraire ; on n'entendit ni cris,
ni murmures, ni plaintes, ni reproches de leur part.
Jamais leurs prédicateurs ne furent plus modérés ; on
ne les ouït parler que de douceur, que de paix, que
d'obéissance, que de soumission, que d'unité, que de
souffrance. » Tous acceptèrent sans arrière-pensée la
condamnation par Innocent X des cinq propositions
qu'ils avaient condamnées dès le 1er juillet 1649. Arnauld caché n'écrivait plus, et le silence obstiné d'un

____

(1) HERMANT, II, 149.

si grand lutteur équivalait à une acceptation sans réserve. A Port-Royal même, Singlin prêchait hautement la soumission, si bien que saint Vincent de Paul ravi « le vint embrasser dans ce monastère et en sortit tout consolé ».

Mais les Jésuites ne tardèrent pas à ressaisir cet ange de charité qui ne fut jamais un ange de lumière, et Vincent de Paul ne chercha pas à détromper la reine mère. « On loua pourtant cette modération de Port-Royal jusque dans la chambre de la reine, ajoute Hermant, et quelques-uns de la cour ne purent s'empêcher d'y dire en une rencontre qui se présenta, qu'il fallait avouer que les jansénistes étaient de très gens de bien, puisqu'après avoir été aussi maltraités qu'ils l'avaient été à Rome et qu'ils l'étaient en France, et étant les plus savants hommes qui fussent dans l'Europe, non seulement ils ne s'emportaient pas à décrier ceux qui les maltraitaient, mais ils les bénissaient et se soumettaient à ce qu'ils faisaient contre eux avec une douceur et une modération très édifiantes; ce qui ne pouvant être attribué ni à stupidité ni à ignorance, comme personne n'en doutait, ne pouvait être l'effet que d'une vertu extraordinaire, étant d'ailleurs certain qu'il ne pouvait y avoir en cela d'hypocrisie, puisque, quelque profession qu'ils fissent d'être retenus, leur patience ne faisait qu'aigrir leurs ennemis, et que ne voulant point les repousser, ils ne laissaient pas d'en être même plus battus [1]. »

Aux yeux des jansénistes comme aux yeux de la mère Angélique, dont la sérénité fut alors admirable, il y avait une question qui primait toutes les autres, savoir si saint Augustin était condamné. Or le pape dé-

____

(1) HERMANT, II, 150.

clarait à tout venant qu'il ne l'était pas et qu'il ne
pouvait pas l'être, puisque sa doctrine était celle de
l'Église même. Angélique s'en tenait à cette déclaration, et sa soumission était parfaite. Voici ce qu'elle
disait à ce sujet dans une lettre du 22 août 1653 [1] :
« Tant s'en faut que pas un des disciples de saint Augustin ait été ébranlé; plusieurs au contraire [qui
n'étaient pas augustiniens] et d'autres qui étaient
indifférents, voyant que tant d'efforts et de si puis-
santes cabales n'avaient produit qu'un décret si peu
favorable aux prétentions des disciples de Molina, ont
admiré la providence de Dieu et ont reconnu sa protection visible pour la vérité. » Il est question des
Jésuites dans cette lettre, parce qu'ils venaient de
manifester leur antipathie pour Henri Arnauld, évêque
d'Angers, frère d'Antoine Arnauld et de la mère Angélique, en refusant, pour eux et pour leurs innombrables élèves de la Flèche, de participer au Jubilé
qui avait amené à Angers plus de trois cent mille
fidèles. « Cela est pitoyable, dit Angélique, et je vous
assure que, plus je pense à cette pauvre compagnie,
plus j'ai de douleur de leur état, lequel surprend la
plupart du monde, qui les craint plus qu'il ne les
aime. Il y en a apparemment quelques-uns de bons,
car Dieu a ses serviteurs partout. Enfin ce sont nos
frères, et nous sommes obligés de prier beaucoup
pour eux, quoiqu'ils disent que c'est une grande pré-
somption à nous de le faire, Que Dieu nous fasse miséricorde à tous, nous faisant vraiment humbles et
charitables. »

Voici enfin, dans cette même lettre digne de l'histoire, une déclaration catégorique : « Le témoignage

[1] Tome II, p. 365.

qu'il vous a plu rendre de nous, que nous demeurions toujours très soumises dans la foi à l'Église et à son chef, sera toujours véritable ; moyennant sa sainte grâce, quoi qui puisse nous arriver. Tout le monde y est obligé, mais encore plus nous autres filles, qui sommes incapables de disputes et de raisonnements, et qui n'ayant qu'à servir Dieu dans le silence par la pratique de notre règle, serions doublement criminelles de ne nous pas soumettre. Je vous puis assurer que hors moi, qui par l'obligation de ma charge, suis contrainte de parler quelquefois à ceux du dehors, et par conséquent d'entendre ce que l'on dit, pas une de nos sœurs n'en ont connaissance. Je vous supplie très humblement de prier Dieu qu'il nous éloigne de plus en plus du monde. »

Voilà au vrai l'état de Port-Royal au lendemain de la bulle contre les cinq propositions ; il était parfaitement soumis, et s'il n'avait pas eu en face de lui des ennemis implacables résolus à l'exterminer, la paix religieuse était assurée. Mais les Jésuites ne l'entendaient pas ainsi ; ils voulaient la guerre. A dater de 1653, l'histoire de Port-Royal est l'histoire de ses persécutions, plus ou moins violentes suivant les circonstances, mais toujours odieuses, et donnant comme dit Sainte-Beuve « un curieux et chétif exemple de la méchanceté des hommes ».

CHAPITRE VI

L'affaire de Sorbonne en 1655; les *Provinciales*; le miracle de la
Sainte Épine

Heureux de voir son orthodoxie reconnue par le
pape, Port-Royal croyait pouvoir vivre en paix après
l'affaire des cinq propositions. Ses bâtiments de Paris
s'achevaient, grâce au chevalier de Sévigné, à la marquise d'Aumont et à Mme de Sablé ; et on remettait le
monastère des champs en état de recevoir un personnel
chaque jour plus nombreux ; il venait de toutes parts
des petites pensionnaires et des novices ; les solitaires
se multipliaient ; les Petites Écoles étaient florissantes
sous la direction de maîtres admirables ; il y avait
enfin de très nombreux amis du dehors, appartenant
au monde de la magistrature, à la haute bourgeoisie, à
la noblesse même ; il suffit de citer Ph. de Champaigne, les Bignon, MM. de Bernières et Dugué de
Bagnols, la famille Pascal, les ducs de Luynes et de
Liancourt, etc. Ce pouvait être le début d'une ère de
prospérité, si la Société de Jésus ne s'y était pas opposée
de tout son pouvoir. Mais les Jésuites avaient déclaré
à Port-Royal une guerre à mort, et les circonstances
leur étaient alors on ne peut plus favorables. Le pape
Innocent X, qui n'aimait pas les moines, avait pour les
Jésuites, dit G. Hermant, une aversion toute particulière ; mais il était leur prisonnier. Mazarin ne les
estimait guère, mais il les faisait servir à ses desseins,

et les scrupules de religion n'ont jamais gêné ce rusé
politicien. La reine-mère et son entourage étaient à
leur dévotion avec une crédulité sans égale ; ils pouvaient donc tout oser, et ce que l'académicien Conrart
avait prédit s'exécuta à la lettre aussitôt après la
publication de la bulle de 1653. Ils commencèrent par
dire que la soumission de Port-Royal était un mensonge
et une hypocrisie ; puis ils se répandirent en invectives
et ils multiplièrent les calomnies les plus odieuses et
les plus invraisemblables. Ces calomnies, Racine les
énumère en historien qui comprend l'importance de
ces machinations, et il pouvait en parler en connaissance de cause, car on lit dans les Mémoires d'Hermant une lettre de lui à M. d'Andilly, qui est un pur
chef-d'œuvre. Dans cette lettre, écrite en 1659, lorsqu'il
était élève de philosophie au collège d'Harcourt, le
jeune Racine flétrissait, après les avoir vues de ses
propres yeux, les mômeries indécentes des Jésuites
dans une paroisse de Paris au sujet des cinq propositions[1]. C'étaient chaque année des attaques nouvelles :
à la fin de 1653 parut une gravure satirique, « un
almanach », représentant Jansénius en rochet et en
camail, tenant un livre intitulé : *Jansen et Augustin*, ce qui incriminait directement saint Augustin ;
il avait au dos des ailes de diable ; foudroyé par le
pape, il se réfugiait chez les calvinistes de Genève, qui
l'accueillaient comme un frère[2]. Les Jésuites menèrent
grand bruit autour de cette caricature de mauvais
goût ; il paraît même qu'ils la présentèrent au pape et
ils prétendirent que le Saint-Père la reçut « avec un

(1) V. HERMANT, tome IV, p. 182.
(2) Cette planche est reproduite avec une autre de même nature
dans *Port-Royal* au XVIIe siècle. Images et portraits, pl. 116 et
117,

applaudissement merveilleux ». En France, le succès
fut moins vif, car les magistrats intervinrent, et la
planche fut saisie ; elle dut être corrigée deux fois
avant de pouvoir continuer à se vendre[1]. Port-Royal
eut le tort de s'en émouvoir outre mesure, et on
regrette de voir M. de Saci, redevenu poète comme au
temps où il rimait les racines grecques de Lancelot,
publier un petit poème satirique intitulé : *Enluminures du fameux almanach des PP. Jésuites....* dont
voici les premiers vers :

> Enfin Molina plein de gloire
> Triomphe avec sa bande noire.
> Le libre arbitre audacieux
> Domine la grâce des cieux ;
> Et l'humble Augustin en déroute,
> Crie en vain qu'au moins on l'écoute.
> Les Jansénistes, éperdus,
> Pêle-mêle sont confondus ;
> Tout fuit, et jamais la nature
> Ne vit telle déconfiture.

Les *Enluminures*, contemporaines du *Virgile tra-
vesti* de Scarron, obtinrent d'ailleurs un très réel succès,
tandis que le Père Le Moine échoua piteusement quand
il répondit par *L'étrille du Pégase janséniste*, une
« platitude rimée dont le jargon n'avait rien que d'un
palefrenier », si l'on en croit un jésuite de nos jours,
historien très judicieux du Père Le Moine[2].

Port-Royal mieux inspiré ne répondit pas à un gros
libelle publié à la même époque, avec l'approbation
enthousiaste de Nicolas Cornet, par le sieur de Marandé, greffier de la Cour des aides et intitulé :
*Inconvénients d'État procédans du jansénisme, avec
la réfutation du Mars français de M. Jansénius.* Ce

(1) Hermant. tome II, p, 335.
(2) H. Chérot.

gros pamphlet est si parfaitement inconnu, bien qu'il
en soit question dans la XVe Provinciale, qu'on a par
deux fois, en 1753 et de nos jours, publié comme inédits les prétendus *Monita secreta* des jansénistes qui
se lisent à la page 381 du livre de Marandé.

Au commencement de janvier 1654, le docteur
Hallier, un ancien janséniste qui se disait rentré dans
le giron de l'Eglise, fit un suprême effort pour ruiner
ses anciens amis dans l'esprit des puissances. Il dit
publiquement à la reine, en présence de Mazarin, que
les jansénistes avaient des communications toutes
particulières avec le cardinal de Retz fugitif, avec le
prince de Condé rebelle, avec les Espagnols et avec
Cromwell ; c'était les accuser de haute trahison. La
reine et le cardinal prêtaient l'oreille à ces accusations
atroces ; il n'y avait pas alors de lois contre les diffa-
mateurs et c'était le temps où un plaisant pouvait
dire : « Si l'on m'accusait d'avoir volé les tours Notre-
Dame, je commencerais par me mettre en sûreté. »
Arnauld d'Andilly, un des solitaires incriminés, prit
en mains la cause de ses amis, et il écrivit à Mazarin
une grande lettre qui ne changea rien à la situation.
Les calomniateurs soutinrent hardiment ce qu'ils
avaient avancé, et chaque jour ils imputaient à leurs
ennemis de nouveaux crimes ; il faudrait transcrire
des chapitres entiers des Mémoires d'Hermant pour
en dresser la liste. Ils avaient traité Singlin de voleur
à propos des restitutions de Chavigny mourant ; dans
l'affaire des grandes aumônes de Champagne, il fallut
prouver par l'examen des registres de saint Vincent
de Paul que les sommes versées par M. de Bernières
et par les amis de Port-Royal lui avaient bien été
remises et n'avaient pas servi à fomenter la guerre
civile. On ne saurait croire à quels excès se portèrent

alors les Jésuites, leurs affidés et leurs suppôts ; si l'on
veut s'en faire une idée, il n'y a qu'à parcourir les
Mémoires du Père Rapin, publiés dans leur intégrité et
sans le moindre désaveu en 1865. Sainte-Beuve s'en
est beaucoup servi, car ce Tallemant des Réaux
jésuite fournit un trésor d'anecdotes qui ne sont pas
toutes fausses, et il était bien placé pour voir ce qui se
passait autour de lui. Il était le commensal du premier
président de Lamoignon, lequel, comme beaucoup de
grands personnages de ce temps-là, se croyait obligé
de confier aux Jésuites l'éducation de ses enfants et
d'avoir chez lui un précepteur de leur robe. Mais
Lamoignon était secrètement l'ami de Port Royal ; il
était lié d'une manière toute particulière avec Godefroi
Hermant ; il lui fit connaître à titre confidentiel le
manuscrit de Rapin, et c'est grâce à ce double jeu que
nous avons les précieux Mémoires du chanoine de
Beauvais, qui sont la réfutation perpétuelle des calomnies de Rapin. Ces calomnies sont innombrables et
d'un cynisme révoltant ; ainsi, pour en citer un exemple
entre mille, Rapin dit sans sourciller que l'abbé de
Saint-Cyran, l'homme austère si jamais il en fut, était
un goinfre, apostrophant le cuisinier d'un ami parce
que le dîner n'était pas assez bon ; un brutal accueil-
lant à coups de poing les pauvres qui lui demandaient
l'aumône dans la rue ; un débauché qui avait de jeunes
et jolies servantes [1]. La publication sans commentaire
rectificatif des Mémoires de Rapin ne fait pas honneur
à ses confrères et à leur mandataire Léon Aubineau,
et Sainte-Beuve, qui va jusqu'à parler de baves
infâmes, ne peut s'empêcher de dire à propos du rôle

---

(1) Cité sans observations par M. La Ferrière dans son étude sur
l'abbé de Saint-Cyran.

de Rapin dans le récit de l'affaire Chavigny : « Le joli métier pour un religieux ! Qu'il aurait donc envie, l'homme du bon Dieu, de faire de M. Singlin un captateur de legs illégitimes et un recéleur de valeurs escroquées ! Tout cela est bas et misérable. Il faut avoir lu ces choses, les avoir suivies de près pour comprendre combien les haines dévotes, perpétuées dans les corps et compagnies, sont vivaces et immortelles. Oh ! que les institutions qui ont ainsi pour effet de contraindre l'intelligence et de fausser la droiture morale sont donc détestables et funestes [1] ! »

Ce que Rapin écrivait alors en cachette, ses confrères le disaient partout, et la persécution contre Port-Royal avait pour prétexte les bruits que l'on propageait à la cour, à la ville, dans les provinces, surtout dans les couvents et dans les paroisses. La déplorable situation du diocèse de Paris, qui fut administré pendant dix ans, de 1653 à 1664, par de simples grands vicaires dépourvus d'autorité, favorisait tous les désordres. Le cardinal de Retz, évadé de Nantes en août 1654 et bien accueilli à Rome, était archevêque sans contestation possible, et c'est en son nom que furent faits les procès-verbaux du miracle de la Sainte Épine. Port-Royal de Paris et Port-Royal des Champs, qui était alors dans le diocèse de Paris, avaient le devoir de le reconnaître, de lui obéir en choses justes et même de lui venir en aide dans sa détresse en lui faisant parvenir ce qu'on appellerait aujourd'hui le denier du culte. Ainsi firent les jansénistes, et c'est de l'anarchie qui régnait dans le diocèse de Paris que sortit la grosse affaire qui a donné naissance aux *Provinciales*.

(1) *Port-Royal*, tome II, p. 552.

Entre toutes les paroisses de Paris, celle qui se distinguait le plus par son attachement aux Jésuites et par son aversion pour Port-Royal était assurément Saint-Sulpice. Le zèle religieux du célèbre curé Olier allait si loin qu'un jour, l'ostensoir à la main, il adjura la reine-mère de poursuivre sans merci les jansénistes ; on a vu plus haut qu'il refusa de lire en chaire la condamnation de Brisacier calomniateur. Or, il avait pour paroissiens le duc et la duchesse de Liancourt, grands amis de Port-Royal, où leur unique petite-fille était pensionnaire avec les filles du duc de Luynes. Ils logeaient en outre deux jansénistes de marque, le P. Desmares et l'abbé de Bourzeis. Il n'en fallut pas plus pour enflammer le zèle du clergé de Saint-Sulpice. Un vicaire de cette paroisse, que son intolérance a rendu fameux, — il se nommait Picoté, — prétendit, en janvier 1655, obliger le duc de Liancourt, sous peine de privation de sacrements, à rétracter publiquement ses erreurs sur la grâce, à chasser de chez lui les ecclésiastiques qu'il logeait, et finalement à reprendre sans délai sa petite-fille pensionnaire à Port-Royal. Le noble duc protesta de sa soumission sans réserve à la bulle d'Innocent X, mais il refusa de faire ce que Picoté exigeait de lui. Le curé Olier, auquel la duchesse alla porter plainte, soutint énergiquement son vicaire, et déclara que, si le duc et la duchesse se présentaient à la table sainte sans avoir obéi, on les passerait comme on passe les excommuniés et les pécheurs scandaleux [1]. Ce refus de sacrements, le premier que l'histoire de Port-Royal ait enregistré, fit grand bruit ; le pape même en eut connaissance, et

----

(1) Voir dans Hermant (III, 491) le récit d'un nouveau refus de sacrements infligé à la duchesse de Liancourt deux ans plus tard, en 1657. — Voir également III, 465.

par deux fois il blâma sévèrement les fanatiques de Saint-Sulpice. « Le curé a tort », dit-il en propres termes à l'ambassadeur de France, Hugues de Lionne ; et quelques jours plus tard, il apostropha rudement les Jésuites et il leur dit en parlant des jansénistes : « Vous voudriez chasser de l'Eglise ces gens-là ; nous voulons qu'ils y demeurent. » Paroles mémorables si Alexandre VII avait été un autre homme ; mais il n'y avait pas à faire fond sur les déclarations de ce pontife léger, inconséquent, et d'une extraordinaire pusillanimité. Il disait du bien de Port-Royal et du docteur Arnauld ; il écrivait même à ce dernier, qui lui avait envoyé sa grande lettre à un duc et pair, et il l'engageait paternellement à dédaigner les libelles de ses adversaires ; mais quelques jours plus tard on l'entendait s'écrier : « Plût à Dieu que tout le monde fût chassé de Port-Royal, tant les hommes que les femmes ! — *Utinam omnes, tam viri quam feminæ e Portu Regio ejicerentur !*[1] » Saint Augustin et ses défenseurs n'avaient rien à espérer d'un pape de ce caractère.

En présence d'une attaque aussi brutale que celle de Picoté, d'une sentence d'excommunication majeure lancée par un simple vicaire contre un monastère tout entier, Arnauld ne put se contenir ; il se souvint que sa mère mourante lui avait recommandé la défense de la vérité, fût-ce au prix de mille vies, et le silence qu'il avait cru devoir garder depuis plusieurs années, il le rompit : il écrivit une longue et belle lettre qui lui attira force répliques. A tous ces libelles, il répondit par sa fameuse *Seconde lettre à un duc et pair*.... qu'il signa de son nom et qu'il data de Port-Royal des Champs,

____

(1) Hermant, tome II, p. 721.

le 10 juillet 1655. Il se dévouait pour tâcher de sauver ses amis, et il redisait après le Nisus de Virgile :

Me, me, adsum qui feci, in me convertite ferrum.

On sait le reste, et l'histoire de la condamnation d'Arnauld en Sorbonne est trop célèbre pour qu'il soit nécessaire de la reprendre en détail. Un syndic à la dévotion de Nicolas Cornet, le docteur Guyard, déféra la lettre d'Arnauld à la Faculté de théologie le 9 novembre 1655 et, par une coïncidence curieuse, les dénonciateurs en avaient extrait cinq passages (quatre sur ce qu'on nommait la question de fait et un sur la question de droit) ; on avait ainsi, comme suite aux cinq propositions de Jansénius, les cinq propositions d'Arnauld. L'affaire, dirigée par le P. Annat en personne et réglée à l'avance jusque dans ses moindres détails, fut conduite avec une rapidité inconnue jusqu'alors. On eut recours, pour influencer les juges, aux sollicitations, aux promesses et aux menaces ; on introduisit dans la Faculté quarante moines mendiants qui n'avaient pas voix délibérative ; le chancelier Séguier assista aux séances et fit connaître les volontés de la cour. Arnauld demanda alors à comparaître en personne ; mais on redoutait sa logique pressante et son immense érudition ; on lui aurait permis tout au plus de venir lire une courte justification, sans discussion d'aucune sorte. Il eut un moment de faiblesse et déclara même qu'il demandait pardon aux évêques et au pape d'avoir écrit sa lettre ; tout fut inutile, car sa perte était résolue depuis longtemps. Ce fut un véritable coup d'État que la condamnation d'Arnauld, et l'on ne se mit en peine, dit Hermant, « ni des règles de l'équité naturelle, ni des formes de la justice, ni des principes de la religion, ni des remords de la conscience[1] ». Auparavant, il fallait en Sorbonne l'unanimité ou la presque unanimité des voix (*quasi concordi omnium consensu*); Arnauld fut condamné, si l'on tient compte des votes illégaux et des abstentions, à trois voix de majorité. La question de fait fut résolue contre lui le 14 janvier 1656; et la question de droit fut immédiatement entamée. Caché comme un vulgaire criminel, Arnauld se défendit par écrit, mais en vain. La censure définitive fut prononcée le 31 janvier 1656. Il était exclu de la Faculté, et perdait tous ses privilèges de *socius sorbonicus*. On poussa même les choses plus loin : tous ceux qui n'avaient pas voté contre lui furent obligés de se soumettre, sous peine d'exclusion, aux décisions d'une majorité de cabale; tous les docteurs absents durent souscrire, dans le délai de deux ans, à la condamnation de leur confrère[2]. Le triomphe des Jésuites était complet; il l'eût été, du moins si Pascal n'était pas venu au secours d'Arnauld et de Port-Royal.

Pascal était alors dans toute la ferveur de sa seconde conversion; il portait cousu dans son pourpoint le mémorial de la nuit lumineuse du 23 novembre 1654; il était uni d'esprit et de cœur avec Port-Royal, où son admirable sœur Jacqueline était religieuse, et il venait d'avoir à Port-Royal même, dans la maison des Granges, le célèbre entretien avec M. de Saci sur Épictète et Montaigne. Il avait, par la force de son génie, réinventé la théologie augustinienne comme il avait autrefois réinventé la géomé-

____

(1) HERMANT, tome II, p. 708.

(2) C'est à la requête des Jésuites que la Sorbonne condamna Arnauld ; deux ans plus tard la même Sorbonne condamna les casuistes ; il faut voir dans Hermant (IV, 159) comment cette ı auvre Faculté fut traitée alors par le général des Jésuites.

trie d'Euclide. Mis au courant de l'affaire de Sorbonne, il jugea, en janvier 1656, que le docteur Arnauld
ne devait pas se laisser condamner comme un enfant;
il fut d'avis que l'on portât l'affaire devant le tribunal
de l'opinion. Il fit donc les *Provinciales*, et il les fit
en port-royaliste augustinien qui commençait par
condamner sincèrement les cinq propositions, qui les
considérait comme des « impiétés visibles », comme
« pleines d'impiétés et de blasphèmes, » et qui les
détestait de tout son cœur. Cela dit, les trois premières
lettres et les deux dernières ont pour objet de per-
suader aux gens que la résistance de Port-Royal sur la
question du fait de Jansénius était légitime, et qu'elle
ne mettait nullement la foi catholique en péril. Il
s'agissait pour l'auteur des *Petites Lettres* de désabuser
un public trop crédule, et de faire paraître dans tout
son jour la parfaite orthodoxie de ceux que la calomnie
représentait comme des hérétiques. Pascal n'hésitait
pas à dire que le prétendu jansénisme était une chi-
mère, une invention grossière et abominable des
Jésuites, ennemis acharnés de saint Augustin et de la
grâce efficace par elle-même. Et ce fait, il l'établissait
avec une grande discrétion, en évitant soigneusement
de faire intervenir dans ses démonstrations le docteur
de la Grâce, dont il n'est pour ainsi dire pas question
dans les *Provinciales*. C'est l'ange de l'école, le dominicain saint Thomas, qui lui est substitué pour établir
la prévarication des Dominicains, récemment inféodés
aux Jésuites. Aussi la partie doctrinale des *Provinciales* est-elle inattaquable; elles n'ont pu être censurées par la Sorbonne ou condamnées par les papes, et
si elles ont été mises à l'index, comme le *Discours de
la méthode*, c'est parce qu'on leur reprochait d'avoir
traité en français, pour les gens du monde et pour les

femmes, des questions litigieuses dont les savants
seuls auraient dû avoir connaissance : les *Provinciales
latines* de Nicole ne sont pas à l'index. M. Brunetière
a cherché longuement dans le *Bullarium* et ailleurs, et
il s'étonnait dans sa candeur de n'y point trouver de
bulle ou de bref contre Pascal ; la mise à l'index « n'est
rien du tout », écrivait ce dernier dans une lettre à
Mlle de Roannez, et en effet c'était si peu de chose que
l'année suivante le Parlement défendit à la Sorbonne
d'en faire mention dans ses registres, attendu que la
France ne reconnaît pas de valeur aux décisions de
l'Index.

Les Jésuites obtinrent du moins dès le mois de
février 1657, un mois avant la publication de la
17ᵉ lettre, un arrêt du Parlement d'Aix qui condamnait
les *Provinciales*, ces « libelles diffamatoires faits
pour troubler la tranquillité publique », à être brûlées
publiquement par la main du bourreau. Elles échap-
pèrent cependant au feu, car aucun des magistrats ne
consentit à livrer son exemplaire ; il fallut brûler à
leur place un vieil almanach. Les Parlements de Grenoble et de Bordeaux refusèrent de se rendre ridicules
en publiant des arrêts semblables, et les choses n'allèrent pas plus loin. Les *Provinciales latines* de Wendrock furent également proscrites par un arrêt du
Conseil du roi, du 23 septembre 1660, et les conséquences de cette proscription ont été bien curieuses.
Pascal ne figure pas à la date du 19 août dans l'obi-
tuaire manuscrit de Port-Royal qui fait mention de
Racine ; on n'a pas osé consacrer un article nécrolo-
gique à l'auteur des *Provinciales*. Il y a plus : tant que
l'ancien régime a subsisté, on n'a pas réimprimé en
France les *Petites Lettres* de Montalte, parce qu'il eût
été impossible d'obtenir un privilège ou même une

simple permission. En 1779, sous Louis XVI, après la suppression des Jésuites par Clément XIV, l'année qui suivit la mort de Voltaire et de Rousseau, le géomètre Bossut entreprit de publier à Paris les œuvres complètes de Pascal ; pour y parvenir, il eut recours, de concert avec Malesherbes, à un procédé digne d'Escobar. Imprimés à Paris et débités chez le libraire Nyon, les cinq volumes de l'édition Bossut étaient censés publiés à Amsterdam chez le libraire Néaulme ; c'était un véritable faux.

Les *Provinciales* ne devaient être dans la pensée de leur auteur qu'une apologie de Port-Royal accusé d'hérésie, elles sont devenues par la force des choses un réquisitoire et un pamphlet contre les Jésuites, et c'est à ce titre surtout que la postérité les admire. Ce n'est pourtant pas pour goûter le plaisir de la vengeance que Pascal, un chrétien si austère et si scrupuleux, a si vigoureusement attaqué les casuistes. Il avait dû se demander pourquoi les Jésuites combattaient avec tant d'acharnement la doctrine de la grâce, et il avait trouvé par la voie du raisonnement la proposition suivante : « Vous remarquerez aisément dans le relâchement de leur morale la cause de leur doctrine touchant la grâce. Vous y verrez les vertus chrétiennes si inconnues et si dépourvues de la charité qui en est l'âme et la vie, vous y verrez tant de crimes palliés et tant de désordres soufferts que vous ne trouverez plus étrange qu'ils soutiennent que tous les hommes ont toujours assez de grâce pour vivre dans la piété de la manière qu'ils l'entendent. Comme leur morale est toute païenne, la nature suffit pour l'observer.... » Ce fut donc la logique qui amena Pascal à délaisser momentanément la théologie pour la morale, à s'attaquer avec tant de véhémence aux casuistes de la compagnie ; cette seconde partie des *Provinciales* se rattache à la première de la façon la plus étroite. Bientôt même Pascal fut saisi d'horreur à la vue d'un semblable renversement de la morale ; son zèle s'enflamma, et, cessant de rééditer ce que l'on avait écrit contre les Jésuites quinze ans auparavant, il étudia pour son compte la théologie morale des casuistes de la Compagnie de Jésus ; il s'attacha surtout à Escobar, qui les résume tous, et il révéla à ses lecteurs surpris et indignés ce que la pudeur ne le contraignait pas de passer absolument sous silence. C'est pour cette raison que la 13ᵉ *Provinciale* et quelques autres sont si véhémentes. Pascal n'est plus ici un polémiste ordinaire ou un avocat, il a pu se comparer lui-même à un bon citoyen qui signalerait à ses compatriotes des fontaines empoisonnées. Son émotion n'est pas feinte, et c'est pour cela qu'elle est si communicative. Faut-il donc s'étonner si l'auteur des *Provinciales* a déclaré sur son lit de mort qu'il ne se repentait pas de les avoir écrites, s'il a même ajouté qu'ayant à les refaire, il les ferait encore plus fortes ?

Et cependant les *Provinciales* ont été brusquement interrompues au moment même où le public les accueillait avec le plus de faveur. La 18ᵉ est du 24 mars 1657 ; une 19ᵉ a été commencée qui promettait d'être bien mordante, une 20ᵉ enfin était annoncée ; mais Pascal cessa tout à coup de livrer les Jésuites à la risée publique. Il ne regrettait en aucune façon la guerre qu'il avait cru devoir leur déclarer ; la preuve en est qu'il se fit le collaborateur anonyme des curés qui poursuivaient par les moyens canoniques la condamnation des casuistes ; mais il se refusait à amuser plus longtemps ses lecteurs. C'est là un fait que Sainte-Beuve ne paraît pas avoir connu, et que les historiens de Port-Royal n'ont pas mis en lumière ; il mérite pourtant d'être signalé, car c'est un beau spectacle que celui d'un homme de génie renonçant spontanément à la gloire, et cela par principe de religion. Les raisons qui ont amené Pascal à ne pas continuer les *Provinciales* sont nombreuses, et toutes lui font honneur. Il sut que Singlin et la Mère Angélique désapprouvaient cette façon de prendre en main la cause de la vérité et de la vertu. Aux yeux d'Angélique, le silence « eût été plus beau et plus agréable à Dieu, qui s'apaise mieux par les larmes et par la pénitence que par l'éloquence, qui amuse plus de personnes qu'elle n'en convertit ». Il fallait assurément combattre les Jésuites, mais comment ? par la « charité » et non par « l'autorité, » et la Mère Angélique ajoutait : « Nous devrions changer tous nos efforts dans la prière et dans la compassion.... » En outre, Pascal voyait les curés de Paris assemblés en synode, les prédicateurs les plus renommés, comme le P. Senault, et enfin les évêques de l'Assemblée générale du clergé de France déclarer la guerre à la morale corrompue des casuistes, et il se disait que dans ces conditions un simple laïc doit laisser la parole à l'autorité compétente. Il venait d'être profondément remué par la guérison soudaine et radicale de sa nièce, pensionnaire à Port-Royal. Le miracle de la Sainte Épine lui prouvait que Dieu même prenait parti pour ses amis dans cette querelle, et quand Dieu parle si haut, l'homme n'a plus qu'à se taire. Ce n'est pas tout encore : Pascal apprit alors que des personnes très influentes plaidaient auprès de la reine régente et de Mazarin la cause des prétendus jansénistes ; on avait l'espoir de négocier la paix religieuse, et si les *Provinciales* étaient continuées, on ne ferait qu'exaspérer de

puissants adversaires. Enfin Pascal paraît avoir été
frappé de ce qu'il lut dans une de ces réponses si
plates et si mal tournées que lui opposèrent alors les
Jésuites. L'un d'entre eux, le P. Morel, qui s'intitulait
prieur de Sainte-Foy, mêlait aux injures grossières
les objurgations et les avis, et il finissait par dire en
propres termes en s'adressant à Louis de Montalte :
« C'est le souhait que je fais qu'après une sincère et
constante réconciliation avec les Jésuites, vous tour-
niez votre plume contre les restes de l'hérésie, les
langues impies et libertines et les autres corruptions
du siècle.., » Pascal ne chercha point à se réconcilier
avec les Jésuites, mais il obtempéra dans une certaine
mesure aux vœux du P. Morel; dès le mois d'avril
1657, il résolut de tourner sa plume contre les libertins. Il laissa Nicole publier à l'étranger, en français
pour les gens du monde et en latin de Térence pour
les théologiens, de nouvelles éditions des *Provinciales*;
quant à lui, s'élevant au-dessus des querelles particulières, il entreprit de démontrer à tous, surtout aux
incrédules et aux indifférents, l'indiscutable vérité du
catholicisme sans épithète qu'il savait être celui de
Port-Royal.

Il s'était senti encouragé. au plus fort de la composition des *Provinciales*, entre la 5ᵉ et la 6ᵉ, par un
événement véritablement extraordinaire, la guérison
subite de la petite Marguerite Périer, sa nièce, qui
était rongée par un ulcère épouvantable. Racine a
parlé longuement et sans la moindre réticence de ce
qu'il appelait sans hésiter le grand miracle de la Sainte
Épine (vendredi 24 mars 1656). Sainte-Beuve aurait
mieux fait de lui laisser la parole et de se récuser
absolument, car son chapitre sur la Sainte Épine ne
lui fait pas honneur. Son aperçu d'explication physio-

logique fait peine à lire, car il y avait bel et bien une
plaie hideuse et qui faisait horreur, et Marguerite
Périer, qui vécut plus de quatre-vingts ans, ne portait
pas la moindre cicatrice; son portrait conservé à
Linas la représente comme une enfant tout à fait
charmante. Sainte-Beuve supprime de propos délibéré
certains détails gênants comme le double témoignage
de Félix, premier chirurgien du roi; il chicane sur
tout, et sa rectification au sujet du cachet de Pascal
est de toute fausseté. Ce cachet a été conservé; il était
à l'archevêché de Reims avant la guerre de 1914, et ce
n'est pas un œil que l'on y voit, comme dans les
armes parlantes de l'écu des Périer, c'est bien un ciel
resplendissant, avec une fort belle étoile.

Puisque l'auteur de *Port-Royal* est contraint d'avouer
que de grands esprits et même des hommes de génie,
même l'évêque de Tournai, Choiseul-Praslin, même le
pape Benoît XIII, ont cru fermement à la réalité du
miracle, il n'est pas bien venu à dire qu'il y voit, lui,
l'humiliation de l'esprit humain, et il n'avait pas
besoin d'ajouter : « Chose singulière et assez pénible à
dire, si le Pascal des *Provinciales* passa sans plus
tarder au Pascal des *Pensées*, ce fut à l'occasion de
cette affaire qui nous répugne si fort aujourd'hui [1]. »
On savait de reste que Sainte-Beuve ne croyait pas à
la possibilité d'un miracle, il aurait pu le dire plus
simplement sans insinuer que Pascal et Racine et bien
d'autres étaient d'une crédulité un peu niaise. Les
admirateurs de *Port-Royal* ont peine à lui pardonner cette incartade et quelques autres du même
genre.

(1) *Le Rabat-joie* du Père Annat est aux yeux de Racine un ouvrage ridicule et extravagant, Sainte-Beuve le juge « un élégant
écrit ».

Les *Provinciales* et le miracle de la Sainte Épine n'ont pas sauvé Port-Royal, mais du moins les persécutions dont il était l'objet se sont ralenties en 1656 et durant les quatre années suivantes. Les Jésuites furent contraints de se tenir sur la défensive, et l'impudente apologie pour les casuistes de leur Père Pirot leur attira bien des affaires : les curés, les évêques, la Sorbonne même, et finalement le Saint-Siège leur infligèrent censures sur censures et condamnations sur condamnations. La reine-mère, renseignée par le chirurgien Félix et par les grands vicaires de l'archevêché, dut se rendre à l'évidence ; elle crut malgré elle au miracle, et elle agit en conséquence. « Elle commença, dit Racine, à juger plus favorablement de l'innocence des religieuses de Port-Royal ; on ne parla plus de leur ôter leurs novices ni leurs pensionnaires, et on leur laissa la liberté d'en recevoir tout autant qu'elles voudraient. M. Arnauld même recommença à se montrer ou, pour mieux dire, s'alla replonger dans son désert avec M. d'Andilly son frère, ses deux neveux [Saci et Le Maître] et M. Nicole, qui depuis deux ans ne le quittait pas, et qui était devenu le compagnon inséparable de ses travaux. Les autres solitaires y revinrent aussi peu à peu et y recommencèrent leurs mêmes exercices de pénitence. On songeait si peu alors à inquiéter les religieuses de Port-Royal que le cardinal de Retz leur ayant accordé un autre supérieur en la place de M. du Saussay qu'il avait destitué de tout emploi dans le diocèse de Paris, on ne leur fit aucune peine là-dessus, quoique M. Singlin, qui était ce nouveau supérieur, ne fût pas fort au goût de la cour, où les Jésuites avaient pris un fort grand soin de le décrier. » Et Racine saisit cette occasion pour faire un magnifique éloge de Singlin, qui « excellait, dit-il, dans la conduite des âmes. Son bon sens, joint à une piété et à une charité extraordinaires, imprimaient un tel respect, que bien qu'il n'eût pas la même étendue de génie et de science que M. Arnauld, non seulement les religieuses, mais M. Arnauld lui-même, M. Pascal, M. Le Maître et tous ces autres esprits si sublimes, avaient pour lui une docilité d'enfant, et se conduisaient en toutes choses par ses avis ».

Voici enfin, pour achever cet exposé sommaire de l'accalmie produite par les *Provinciales* et par le miracle de la Sainte Épine, une anecdote relative à la paroisse Saint-Sulpice et au duc de Liancourt, dont l'excommunication scandaleuse avait été la cause première de l'affaire Arnauld. Le successeur de M. Olier dans la cure de Saint-Sulpice, M. Le Ragois de Bretonvilliers, était, au même degré que lui, un moliniste fougueux. Le 24 juin 1657, il monta en chaire, tenant entre ses mains la bulle d'Alexandre VII contre Jansénius, et il s'emporta de la manière la plus extraordinaire ; il fit même une allusion transparente au duc de Liancourt, qui était dans l'auditoire, et il s'écria : « Il n'est plus temps de parler d'union et de paix, il faut traiter ces gens-là avec toute sorte de rigueur. On a tout perdu dans le passé en usant à leur endroit de douceur ; il les faut considérer comme des opiniâtres, se séparer de leur conversation comme de ceux de Charenton ou plus [1]. » Et aussitôt après cette nouvelle déclaration de guerre, au cours de la même messe en l'honneur de saint Jean, le curé Bretonvilliers reçut à l'offrande le duc et la duchesse de Liancourt, il leur fit baiser la patène et il les communia de sa main.

(1) HERMANT, tome III, p. 466.

Rien ne caractérise mieux cette trêve que les Jésuites subirent alors la rage au cœur et dont on va voir les effets en étudiant l'histoire du Formulaire.

CHAPITRE VII

Le Formulaire; rétractation de Malebranche; jugement de Duguet. —
La grande persécution de 1661. — Mort de la Mère Angélique. —
Profession de foi des religieuses de Port-Royal.

Le grand succès des *Provinciales* et le prodigieux
retentissement du miracle de la Sainte Épine obligè-
rent les ennemis de Port-Royal à différer l'exécution
de leur plan de destruction ; mais ils ne l'abandonnèrent pas, et ils prirent les mesures les mieux concer-
tées pour pouvoir agir au moment donné avec une
extrême vigueur. La constitution d'Innocent X ne leur
suffisait plus, puisque les jansénistes l'acceptaient
sans difficulté ; on en prépara une autre, et en attendant on imagina ce qui s'appelle le Formulaire du
Clergé, le fameux Formulaire qui a joué durant un
siècle et demi un si grand rôle et qui a troublé si
profondément l'Eglise de France. Ce n'est pas à Rome,
c'est au Louvre, dans un conciliabule de treize évêques français en rupture de ban, car ils auraient dû
être dans leurs diocèses, que ce Formulaire a été
fait ; il est dû à la collaboration du Père Annat et de
l'archevêque de Toulouse, Pierre de Marca. Le voici
dans sa teneur primitive, celle du 2 juin 1655 :

« Je, N , reconnais être obligé en conscience de
condamner de cœur et de bouche la doctrine des cinq
propositions de Cornélius Jansénius contenue dans
son livre intitulé *Augustinus*, que le pape et les évê-

8

ques ont condamnée, laquelle doctrine n'est point celle de saint Augustin, que Jansénius a mal expliqué contre le vrai sens de ce saint docteur. » L'attribution à Jansénius des cinq propositions condamnées par Innocent X était un fait nouveau, mais Innocent X lui-même en était responsable, car il n'avait pas craint de se contredire en le déclarant sans ambages dans un bref aux évêques daté du 29 septembre 1654, et ce faisant il exécutait à la lettre, avec une docilité étrange, le programme de Nicolas Cornet et des Jésuites : condamner d'abord en général, et faire ensuite une application particulière. Le Formulaire se donnait ainsi l'estampille pontificale, aussi fut-il accueilli avec transport par les zélés du parti ; l'évêque de Meaux, frère du chancelier Séguier et fougueux moliniste, tint à l'honneur d'être le premier à le signer, et dans un synode tenu le 2 septembre 1655, il menaça tout simplement de l'exil et de la prison ceux qui ne voudraient pas donner leur signature [1].

Sur ces entrefaites, Innocent X mourut et, grâce à l'appui de Retz, le cardinal Flavio Chigi lui succéda sous le nom d'Alexandre VII. Plus encore que son prédécesseur, le nouveau pape se laissa circonvenir par les Jésuites ; il commença par prendre un des leurs pour confesseur, et on peut juger de ses dispositions par un très curieux récit qui se trouve dans les mémoires d'Hermant et dans l'*Histoire du jansénisme* du Père Gerberon, Un savant religieux flamand de l'ordre de saint Augustin, le P. Chrétien Lupus, professeur à l'Université de Louvain, eut avec le pape un entretien particulier au cours duquel il demanda au Saint Père pourquoi il avait condamné Jansénius :

______

(1) GERBERON, *Hist. du jansénisme*, tome II, p. 253.

« Mes confrères et moi, dit-il, nous l'avons lu en entier, et nous n'avons pu y trouver nulle part les ?inq propositions. » Le pape, surpris de cette parole, recula de trois ou quatre pas et, frappant des mains, il assura qu'il les avait lues dans Jansénius en propres termes. « Le Père Lupus conclut de là, ou qu'il fallait que Sa Sainteté eût eu quelque autre édition de cet auteur que celle de Louvain, ou que l'exemplaire dans lequel il les avait vues eût été corrompu ; et demanda s'il ne pourrait point en avoir la communication. Le pape répliqua que ceux qui lui avaient apporté ce livre l'avaient remporté aussitôt [1]. » Et à la fin de cet entretien le pape levant les épaules avait dit au P. Lupus que la voie de Rome est longue, et qu'il s'y commet une infinité de tromperies. Alexandre VII aurait-il été le jouet d'une de ces tromperies, et les Jésuites auraient-ils fait imprimer un *Augustinus* à son usage, sauf à le détruire aussitôt après le lui avoir montré ? On serait tenté de le croire, car le pape, qui aurait dit volontiers :

> Je l'ai vu, dis-je, vu, ce qui s'appelle **vu,**
> De mes propres yeux vu...

était bien autrement affirmatif que le Père Annat, lequel après avoir déclaré d'abord que les propositions étaient dans Jansénius « mot à mot, — *totidem verbis* » (Cavilli... p. 39), s'était rabattu à dire qu'elles y étaient

---

(1) Hermant, III, 313. — Le P. Lupus vivait encore lorsque ce chapitre fut écrit, et Hermant assurait que ce Père n'en donnerait jamais le démenti. Gerberon écrivait d'après des personnes de Louvain qui tenaient ces propos de la propre bouche du P. Lupus. D'autres ont cru que, pour éviter les frais inutiles, les faussaires auraient fait imprimer une seule feuille, c'est-à-dire quatre pages, et que les propositions à faire voir étaient réparties dans ces quatre pages. C'est une de ces choses que l'on ne saura jamais au vrai.

quant au sens, et qu'elles contenaient comme un précis de la doctrine du livre, *quoiqu'elles ne fussent pas conçues dans les propres paroles du livre.*

Le pape était dans cet état d'esprit quand il reçut de France une lettre par laquelle l'Assemblée du Clergé lui demandait une constitution nouvelle, déclarant à tout l'univers que les cinq propositions étaient dans le livre de Jansénius et qu'elles avaient été condamdamnées dans leur véritable sens,

Il s'agissait de se prononcer sur une question de fait, alors que les papes et les conciles avaient toujours déclaré que l'Église même n'est pas infaillible quand il s'agit de faits non révélés ; et c'est pour cela que l'Assomption de la Vierge Marie n'est qu'une croyance pieuse. et qu'on peut la nier sans cesser d'être parfaitement orthodoxe, Mais c'était une belle occasion pour préparer les voies à une reconnaissance de cette infaillibilité pontificale que la France s'obstinait à rejeter ; Alexandre VII accéda sans difficulté à la prière des évêques français. Une constitution fut improvisée en quelques semaines, sans que l'on prît la peine d'examiner l'*Augustinus*, et, le 16 octobre 1656, le pape déclarait solennellement que les cinq propositions, celles de Nicolas Cornet, étaient de Jansénius, et qu'elles avaient été condamnées par Innocent X au sens de cet auteur. Et le pape s'élevait avec véhémence contre les « enfants d'iniquité » qui osaient contester ce fait indéniable dont il se portait garant. Le 17 mars 1657, au moment même où l'on imprimait la dix-huitième *Provinciale*, Pierre de Marca, l'homme lige des Jésuites et du Père Annat, fit accepter par l'Assemblée la constitution qui venait seulement d'arriver en France, et bien qu'elle ne parlât ni de signature ni de formulaire, on décréta qu'elle serait

adressée à tous les évêques avec une circulaire de
l'Assemblée, et que l'on y joindrait le formulaire de
juin 1655 légèrement modifié. On demanderait au roi
une déclaration qui enjoindrait à tous les ecclésiastiques du royaume de signer sans délai et la bulle et le
formulaire, et qui défendrait de recourir à l'appel
comme d'abus.

Si les choses avaient marché alors au gré de Pierre de
Marca et du Père Annat, beaucoup plus ardents que le
pape lui-même, c'était à bref délai l'extermination de
tous ceux qui défendaient saint Augustin contre les
sectateurs de Molina, car ils ne pouvaient sans se parjurer et sans forfaire à l'honneur accepter une telle
bulle et signer un semblable formulaire, c'eût été faire
un mensonge et proférer une calomnie, et c'est à quoi
voulait les acculer la rage de leurs ennemis. Pascal
venait précisément de mettre les choses au point avec
une rigueur mathématique dans cette dix-huitième
Provinciale, à laquelle il faut toujours revenir quand
on veut établir sur des bases inébranlables la parfaite
orthodoxie de Port-Royal et des prétendus jansénistes.
Il réfutait respectueusement la bulle et montrait que
la religion d'Alexandre VII avait été trompée ; il
substituait au formulaire du clergé une admirable profession de foi qui visait Jansénius et Molina, Luther
et Calvin, saint Augustin et saint Thomas ; il suggé-
rait enfin la distinction si chrétienne du fait et du
droit qui rendait les gens de Port-Royal « catholiques
sur le droit, raisonnables sur le fait, et innocents en
l'un et en l'autre ».

Toutefois la manœuvre si audacieuse de Marca et
du Père Annat était de nature à ébranler les plus
fermes. Arnauld lui-même, profondément troublé,
consulta Pavillon, et le saint évêque d'Alet, encore

plus troublé que lui, lui conseilla de signer ; mais Pavillon se ressaisit aussitôt ; il étudia, il pria plus encore, et l'on sait avec quelle vigueur il repoussa dix années durant les prétentions du pape qui se constituait juge infaillible de faits non révélés. Si l'on veut juger du mal affreux qui devaient nécessairement causer le Formulaire et la bulle, il suffit de lire les rétractations que crurent devoir faire plus tard de très grands esprits et de très belles âmes, notamment l'illustre Malebranche, qui n'a jamais été janséniste. Il avait signé le Formulaire plusieurs fois; lorsque la paix de l'Église lui parut bien assurée, le 15 juillet 1673, il signa une rétractation catégorique, et pour plus de sûreté il la mit en dépôt dans les archives de Port-Royal des Champs [1]. Malebranche commence par reconnaître humblement la faute qu'il a faite en signant deux ou trois fois le Formulaire « contre sa conscience, sans connaissance, et, ce lui semble, avec une croyance contraire à l'action qu'il faisait. » Il dit que depuis sa dernière signature il a été assez souvent dans le trouble et dans l'inquiétude pour cette action. On lui a dit pour le rassurer que, la paix ayant été rendue à l'Église, il n'était pas obligé de se dédire; cependant, ajoute-t-il, « j'ai cru que je devais faire ce désaveu, ne sachant pas si les choses ne changeraient point de face, et souhaitant de tout mon cœur de ne point contribuer à la condamnation de M. Jansénius. Je rétracte donc par cet écrit le témoi-

---

(1) Elle a été publiée vers 1725, avec une infinité de pièces provenant des mêmes archives. On en conteste l'authenticité, comme l'on fait toujours en pareil cas quand il s'agit de documents gênants ; elle est absolument certaine : il en est question dans une lettre d'Arnauld, qui refuse d'en faire usage, et l'autographe de cette lettre, rejetée aussi comme fausse, est à la Bibliothèque Nationale.

gnage que j'ai rendu par mes signatures contre ce prélat, en le confessant auteur des cinq propositions condamnées par le pape et les évêques, défenseur des hérésies qu'elles renferment et corrupteur de la doctrine de saint Augustin, et je confesse aujourd'hui que j'ai signé contre M. Jansénius des faits dont je ne suis point persuadé et qui me paraissent au moins fort douteux et fort incertains. Je proteste donc que je n'ai souscrit aux formulaires simplement et sans restriction, principalement la dernière fois, qu'avec une extrême répugnance, par une obéissance aveugle à mes supérieurs ; par imitation, et pour d'autres considérations humaines qui ont vaincu ma répugnance ; qu'ainsi j'ai signé par faiblesse la nouvelle formule, comme on a voulu, sans excepter les faits qu'elle atteste contre cet auteur, bien que je ne fusse pas persuadé qu'ils fussent vrais. Si je ne puis faire passer cet acte devant un notaire à cause des déclarations du roi, j'entends qu'il soit considéré comme la principale et la plus importante partie de ma dernière volonté, et pour cet effet je l'écris et le signe de ma main propre, afin que ceux qui le verront ne puissent prendre mes souscriptions qui sont au bas des formulaires pour un témoignage de ma créance quant aux faits énoncés contre M. Jansénius, mais qu'ils regardent au contraire cet écrit comme une réparation de l'injure que j'ai faite à la mémoire d'un grand évêque en lui attribuant par ma signature des erreurs en la foi, lesquelles je ne pense pas qu'il ait enseignées, quoique alors je n'eusse jamais rien vu de son livre intitulé *Augustinus*. Je prie ceux entre les mains de qui cet écrit tombera, par ce qu'il y a de plus saint dans la religion, je leur commande selon le pouvoir que j'ai sur eux en cette rencontre ; enfin je les conjure en toutes les manières possibles, s'il est nécessaire pour la défense de la vérité et de l'honneur de M. Jansénius, de faire que ce témoignage ait tout l'effet que je souhaite.

« Fait à Paris, rue du Louvre, le samedi quinzième de juillet mil six cent soixante et treize.

« N. MALEBRANCHE, prêtre de l'Oratoire. »

A quelles tortures morales ont donc été soumis ceux qui ont dû passer par de semblables alternatives ? et n'est-on pas autorisé à répéter ce qu'on a dit maintes fois, que le Formulaire était inutile, contraire à l'esprit de christianisme et véritablement odieux ? Tout ce qu'en a écrit Duguet dans sa grande lettre à M. de Montpellier du 25 juillet 1724 trouve sa justification dans cette émouvante rétractation de Malebranche se traitant lui-même de menteur, de lâche et de calomniateur.

« Il est étonnant, dit Duguet, qu'on ait établi un formulaire pour faire signer la condamnation d'un livre épargné à dessein dans le commencement, enveloppé ensuite par artifice dans la censure de quelques propositions dont il enseigne les contradictoires, examiné avec si peu d'attention en France, et ne l'ayant été nulle autre part.

« Il est inouï dans toute l'antiquité qu'on ait condamné un auteur pour des propositions qui ne fussent pas conçues dans ses propres termes. On n'en peut citer aucun exemple, et quand on en pourrait citer, ce serait un scandale, et non pas un exemple, parce qu'il est du droit naturel de ne rendre un auteur responsable que de ce qu'il a dit, et non de ce qu'on a substitué à ses paroles.

« Il est inouï qu'on ait jamais censuré un ouvrage entier sur un extrait arbitraire que ses ennemis en aient fait....

« Il est inouï que lorsqu'il n'y a personne qui enseigne ou qui défende l'erreur, qu'il n'y a ni chefs ni disciples, qu'il n'y a point ombre de secte ou de parti, et que les preuves en sont aussi évidentes que le soleil, on ait établi une formule pour faire signer à tout le monde la condamnation d'une erreur qui est rejetée de tout le monde...

« Enfin il est inouï que dans un temps où l'on avait tout à craindre d'une erreur naissante [le molinisme], on se soit appliqué à l'accréditer en frappant d'anathème un livre composé pour la réfuter, et en obligeant tout le monde, sous de grandes peines, à jurer que l'anathème prononcé contre le livre et contre la doctrine qui y est contenue est juste et qu'on en est persuadé [1]. »

La religion n'avait rien à voir avec la rédaction du formulaire ; c'était une machine de guerre dont les politiciens voulaient faire usage contre leurs ennemis, et c'est pour cette raison que l'on fut quelques années avant de la faire sortir de l'arsenal ; elle y demeura jusqu'en 1660. Mazarin n'était pas pressé d'en finir ; comme l'a remarqué très judicieusement Antoine Arnauld, il avait intérêt à ne rien conclure. « On sait, dit-il, que le cardinal Mazarin, comme un fort habile politique, n'a jamais regardé l'affaire du jansénisme que comme un moyen de se rendre nécessaire à Rome et de tenir les théologiens dans sa dépendance. S'il appréhendait que le pape ne traversât ses desseins en prenant la protection d'un cardinal ou prisonnier ou banni, il l'effrayait par ce fantôme, qu'il présentait comme la chose du monde la plus formidable ; et

---

(1) Cité par Fourquevaux, *Catéchisme historique et dogmatique,* tome I, p. 298.

lorsqu'il avait porté ce pape à abandonner ce cardinal ou à le soutenir faiblement, il payait cette faveur par quelque arrêt du conseil ou par la déclaration de quelque assemblée contre les jansénistes, qu'il laissait d'ordinaire sans éxécution, afin que l'affaire ne mourût pas, et qu'il s'en pût toujours prévaloir dans les rencontres. On sait qu'il ne s'est rien fait sur ce sujet que dans des conjonctures de cette nature.... C'est par cette vue qu'on tâche toujours d'entretenir le pape et le roi dans cette fausse opinion que le jansénisme est un corps effroyable, capable de renverser l'Église et l'État si on ne veille continuellement à l'étouffer [1]. » Pierre de Marca flagornait le pape, mais dans l'intimité il le traitait de faquin qui ne croyait pas en Dieu ; Alexandre VII manquait d'enthousiasme pour un formulaire qui était l'œuvre des évêques de France assemblés par Mazarin, et non pas la sienne. Enfin le Parlement n'était nullement disposé à enregistrer une bulle qui favorisait les prétentions du Saint Siège à l'infaillibilité, et qui aurait pour conséquence l'établissement en France d'une véritable Inquisition. La *Lettre d'un avocat* qui parut le 1er juin 1657, et que l'on joint ordinairement aux *Provinciales*, met ce fait en pleine lumière. Toutes ces raisons réunies, et l'affaire des casuites, et les projets d'accommodement qui en furent la conséquence, empêchèrent Pierre de Marca et le Père Annat d'exécuter leur plan d'extermination ; le Formulaire dormit, dit Sainte Beuve, on le laissa sommeiller jusqu'en 1660.

Mais dès les premiers mois de 1660 la tempête qui menaçait Port-Royal depuis si longtemps éclata soudain, et, sur l'ordre du roi, on détruisit le 12 mars ce

---

(1) Œuvres d'Arnauld, Paris-Lausanne 1775, tome XXI, p. 440.

qui restait des Petites Écoles, dispersées une première fois en 1656 et reconstituées dans une certaine mesure lors de l'accalmie de 1658[1]. Enhardis par l'arrêt du Conseil du 23 septembre qui avait condamné au feu la traduction latine des *Provinciales*, et sûrs d'être soutenus par la reine, qui avait écrit le 30 juin 1659, à Robert Arnauld d'Andilly qu'elle lui rendrait ses bonnes grâces si lui et ses proches souscrivaient le Formulaire « preuve assurée pour discerner ceux qui sont tachés ou soupçonnés de l'hérésie janséniste d'avec ceux qui ne le sont pas », les Jésuites remirent sur le tapis la question du Formulaire et jugèrent que le moment était venu de s'engager à fond. Ils avaient un nouvel allié, un prélat sans religion et sans mœurs, l'archevêque de Rouen, Harlay de Chanvallon, celui-là même qui en 165- s'était abouché avec Dugué de Bagnols et avec les Messieurs de Port-Royal pour négocier un accommodement. Il se jeta dans la lutte à corps perdu, avec le cynisme dont il fera preuve durant les trente-cinq années qui vont suivre, et il prit la tête du mouvement. Le 15 avril, il réunit à Pontoise tous les évêques de la province de Normandie, il signa et fit signer le Formulaire, et prescrivit à ses suffragants de le faire signer aux maîtres d'écoles. Le 13 décembre, lorsque Louis XIV fit venir à Vincennes, dans la chambre de Mazarin malade, les trois présidents de l'Assemblée du Clergé, le jeune roi ayant déclaré que son intention était d'exterminer entière-

---

(1) Sainte-Beuve n'a pas connu les détails de cette exécution ; Hermant l'a fait connaître d'après une relation contemporaine (*Mémoires*, tome IV, p. 406). On peut en lire le récit commenté dans *La Revue internationale de l'Enseignement* (année 1907), il en a été fait un tirage à part qui n'a pas été mis dans le commerce, et qui est à la Bibliothèque Nationale.

ment le jansénisme, et que trois raisons l'y obligeaient, sa conscience, son honneur et le bien de son état, l'archevêque de Rouen répondit que cette résolution n'était pas seulement celle d'un roi très chrétien, mais d'un roi saint, et que le clergé répondrait aux intentions de Sa Majesté. Quelques jours après, il exalta devant l'Assemblée la générosité chrétienne du roi, et il alla jusqu'à dire qu'il serait aussi grand saint devant Dieu que grand roi devant les hommes. Dominée et tyrannisée par les archevêques de Rouen et de Toulouse, l'Assemblée délibéra longuement et confusément durant tout le mois de janvier 1661. Mazarin se plaignait que les évêques embrouillaient tout, et en effet on peut lire dans Hermant, d'après des comptes rendus individuels, le récit de ces discussions qui ne font pas honneur au clergé français. On y voit que l'évêque de Laon, César d'Estrées, établit clairement le 21 janvier que les assemblées du clergé n'ont pas le droit de s'occuper de questions dogmatiques, parce qu'elles ne sont pas des conciles nationaux. Convoquées par les rois, elles ne doivent s'occuper que de choses purement temporelles, apurer les comptes des receveurs du clergé et fixer le taux de la contribution connue sous le nom de don gratuit. Faire des formulaires et prétendre les imposer, c'était s'attribuer un droit que l'on n'avait pas. Finalement, César d'Estrées, le futur cardinal, « convainquit toute l'Assemblée qu'elle devait tellement s'expliquer sur le fait de Jansénius qu'elle déclarât ne point obliger en conscience de le croire comme de foi. « C'était déclarer nulles toutes les décisions de l'Assemblée et mettre à néant le Formulaire. Mais les contradictions, les illégalités, les coups d'autorité ne gênaient pas des prélats courtisans : n'allait-on pas entendre l'archevêque

de Rouen déclarer le 25 janvier que la doctrine de
saint Augustin était saine et excellente, « qu'on la
pouvait approuver sans crainte, non seulement dans
la matière de la grâce, mais encore dans toutes les
autres, et que pour lui il signerait de son sang tout ce
qui était contenu dans les dix tomes de saint Augustin [1] » ? Et alors même il conspirait contre saint Augustin avec les Jésuites, qui mettaient le docteur de la
grâce à « cent piques au dessous d'Aristote [2] ». C'était le
chaos, et, suivant l'expression de l'archevêque de Sens,
Henri de Gondrin, l'Assemblée n'était qu'une cohue.

La mort de Mazarin, survenue le 9 mars 1661, mit
fin aux atermoiements et précipita la marche des événements. Trois jours après, Louis XIV établit un
conseil de conscience composé de Pierre de Marca,
archevêque de Toulouse, de Péréfixe, évêque de Rodez,
et du Père Annat. Le 13 avril, au moment même où
il se préparait par un semblant de retraite à la communion pascale, il ordonna l'expulsion immédiate de
toutes les pensionnaires et de toutes les novices des
deux monastères de Port-Royal. Les pensionnaires
furent rendues à leurs familles dans les trois jours,
les novices sortirent le 5 mai, et parmi elles se trouvait une fille du duc de Luynes. Le 8 mai, jour où la
Mère Angélique, presque mourante, fit faire une procession de pénitence, au cours de laquelle elle s'éva-
nouit, le supérieur de Port-Royal, Antoine Singlin, dut
se retirer et se cacher pour éviter une lettre d'exil. Il
fut remplacé par un moliniste outré, extravagant,
grossier et vaniteux à l'excès, qui se nommait Bail [3].

(1) HERMANT, tome IV, p. 572.
(2) *Ibid.*, p. 581.
(3) « Ses cheveux se hérissaient, dit Racine, au seul nom de
Port-Royal, et il avait toute sa vie ajouté une foi entière à tout ce

C'est dans Racine qu'il faut lire le récit de ces événements dramatiques, il l'a fait avec une réelle émotion, et le grand poète tragique s'est retrouvé dans la peinture des principaux personnages, de Louis XIV, d'Arnauld, de la Mère Angélique surtout, qu'il avait eu le malheur d'insulter dans ses vilaines et admirables Lettres de 1667. Il entre dans de longs détails sur les derniers jours d'Angélique, sur sa lettre du 25 mai à la reine mère, où elle fait intervenir avec tant d'à-propos saint François de Sales, sainte Chantal et finalement sainte Thérèse, persécutée elle aussi, même par le pape. Il la suit enfin jusqu'à sa mort, survenue le 6 août 1661 pendant que les grands vicaires faisaient dans son monastère une visite qui ressemblait fort à une descente de justice. La lecture de ces belles pages de Racine supplée parfaitement à ce qu'il y a d'insuffisant dans Sainte-Beuve, qui n'a même pas songé à peindre en pied la grande Angélique, « fille véritablement illustre, dit Racine, et digne, par son ardente charité envers Dieu et envers le prochain, par son extrême amour pour la pauvreté et pour la pénitence, et enfin par les grands talents de son esprit, d'être comparée aux plus saintes fondatrices .[1] »

Il se produisit, pendant que la Mère Angélique agonisait, des événements qui montrent bien dans quel désordre, dans quel désarroi était alors l'église de Paris, à laquelle la mort de Mazarin n'avait pas rendu son archevêque. Les deux grands vicaires de Retz, M. de Contes,

que les Jésuites publiaient contre cette maison ; très dévot d'ailleurs, et qui avait fort étudié les casuistes. »

(1) La Mère Angélique, qui redoutait la mort, est morte avec plus de sérénité que sa sainte amie Jeanne de Chantal. Elle fut enterrée dans l'avant-chœur de Port-Royal de Paris, et il ne se fit point de miracles sur son tombeau.

doyen de Notre-Dame, et M. de Hodencq, curé de Saint-Séverin, furent sommés par le roi de faire signer le Formulaire, parce que la cour s'imaginait que l'exemple de Paris entraînerait les autres diocèses, où l'on ne témoignait pas beaucoup d'enthousiasme pour les signatures. Le doyen de Contes était au fond très favorable à Port-Royal, et les intrigues de l'Assemblée du Clergé lui faisaient horreur; mais il avait des neveux et des nièces, tout comme le pape, et la crainte des persécutions devait suffire pour l'amener à composition. Il débuta pourtant par un acte de courage, car le 19 juin 1661, au moment où son indigne archevêque écrivait de Rome au Père Annat et le félicitait de ce qu'il faisait pour l'extermination du jansénisme, de Contes publia un mandement qui aurait pu amener la pacification religieuse. Il avait été rédigé, dit-on, avec la collaboration de Pascal, et il établissait la distinction du fait et du droit, proposée, comme on l'a vu dans la dix-huitième *Provinciale* [1]. Ce mandement eut pour effet d'irriter la cour, d'exaspérer les évêques auteurs du Formulaire ainsi que tous les partisans des Jésuites, et en outre il divisa profondément les défenseurs de saint Augustin. Quelques-uns l'accueillirent avec enthousiasme et crièrent au miracle; d'autres, comme Arnauld et Singlin, voulaient que l'on signât purement et simplement, puisqu'il n'exigeait sur le fait de Jansénius que le silence respectueux. Arnauld, le terrible batailleur, était au premier rang de ces modérés, et il faisait valoir des arguments bien forts. « Si la cour, disait-il, ne détruit pas ce que les grands vicaires ont fait, on peut dire qu'ils ont

---

(1) A ce titre il figure dans l'édition de Pascal Brunschwicg-Gazier-Boutroux, tome X, p. 82.

renversé en un jour tout ce que l'iniquité et la malice travaillent à établir depuis sept ans, et qu'ils ont rendu vaines toutes les inventions diaboliques des Jésuites pour persécuter les gens de bien ... En vérité, c'est un si grand bien que la destruction d'un fantôme dont le diable se sert pour troubler l'Église depuis tant de temps, qu'on peut bien se baisser un peu, pourvu que ce soit sans préjudice de la vérité, pour contribuer à un si grand bien, et si nous avons du scrupule de trop plier, nous en devons avoir aussi de nous tenir trop raides, et d'avoir rejeté un accommodement raisonnable qui aurait pu rendre la paix à l'Église [1]. » D'autres, plus intransigeants, jugeaient, comme Le Roi, abbé de Haute-Fontaine, qu'une signature pure et simple manquait de sincérité ; ils auraient voulu qu'on joignît à la souscription quelques mots d'explication. Port-Royal de Paris, docile aux instructions d'Arnauld, signa le 22 juin, et l'on raconte que la Mère Angélique témoigna une véritable joie de ce que la maladie lui était un sujet légitime de ne pas signer, ne pouvant y avoir qu'une nécessité absolue qui pût contraindre à prendre part, en quelque manière que ce fût, à cet ouvrage de ténèbres et à ce mystère d'iniquité. C'est ainsi qu'elle appelait le Formulaire du Clergé, et elle n'avait pas tort. Mais la nécessité absolue dont elle parlait était là, car il fallait signer ou encourir l'indignation du roi, et Angélique elle-même ne trouva pas mauvaise la signature donnée par toute la communauté, surtout avec la petite « tête » que les Sœurs y avaient mise pour déclarer « qu'elles embrassaient absolument et

____

(1) HERMANT, tome V, p. 49. — Hermant, qu'on n'accusera pas de faiblesse, était au nombre des enthousiastes.

sans réserve la foi de l'Église catholique, qu'elles
condamnaient toutes les erreurs qu'elle condamne, et
que leur signature était un témoignage de leur disposition [1] ».

Port-Royal des Champs ne fut pas d'aussi bonne
composition ; il y eut notamment deux religieuses, la
Mère du Fargis et la Sœur de Sainte-Euphémie, qui
avaient des scrupules terribles. Elles cédèrent enfin,
et elles signèrent comme leurs sœurs du faubourg
Saint-Jacques ; mais la prieure en fut malade à la
mort, et la sœur de Pascal en mourut à trente-six ans
le 4 octobre 1661. Les signatures ainsi extorquées ne
servirent de rien, car le mandement sauveur fut cassé
et déclaré nul par un arrêt du Conseil du roi le 9 juillet, et le pape, auquel on l'avait déféré, le désapprouva
par un bref où il accusait les grands vicaires de mensonge ; ce fut une véritable affaire d'État que l'histoire
de ce mandement à Paris, à Fontainebleau et à Rome.
Finalement, après bien des péripéties que Sainte-
Beuve n'a peut-être pas étudiées d'assez près dans
Hermant, dans l'excellente *Histoire des persécutions*,
ou dans l'*Histoire* de dom Clemencet, qui est ici très
exact, les grands vicaires épouvantés se rétractèrent
et publièrent dans les premiers jours de novembre un
second mandement tout différent de celui que Pascal
avait revu ; car le texte qu'ils publièrent leur avait été
imposé par Pierre de Marca, d'accord avec le Père Annat. Il ne pouvait plus être question de signer purement et simplement comme l'exigeait le roi ; les filles
de la Mère Angélique ne pouvaient consentir à commettre deux péchés mortels, en proférant un mensonge et en rendant un faux témoignage. Tout ce

(1) CLÉMENCET, tome IV, p. 157.

qu'elles purent faire, après avoir été sollicitées et tentées de toutes les manières, ce fut de remettre aux grands vicaires, lé 28 novembre 1661, un acte qui contenait leurs signatures, mais avec une déclaration préalable qui les rendait absolument nulles. Les grands vicaires comprenaient leurs scrupules et approuvaient secrètement leur attitude, mais ils sentaient bien qu'elles allaient au-devant des catastrophes, et, comme ils auraient voulu les sauver, ils leur proposèrent différents expédients. Le doyen de Contes alla même, après leur avoir dit qu'il prenait le péché sur lui, jusqu'à leur proposer de lui remettre une déclaration catégorique qu'il tiendrait secrète jusqu'au jour où il serait possible d'en faire usage. Cette proposition fut, comme bien l'on pense, repoussée avec horreur par l'abbesse et par toutes les religieuses, qui s'en tinrent à ce qu'elles avaient fait le 28 novembre. Le 1er janvier 1662, ce fut le saint évêque de Châlons, Félix Vialart, qui vint les voir et qui fit les plus grands efforts pour les amener à signer purement et simplement. Il ne put ébranler la nouvelle abbesse, la Mère Madeleine de Ligny, qui venait d'être élue régulièrement, avec le concours des grands vicaires, et qui avait remplacé le 12 décembre la Mère Agnès Arnauld. Six jours plus tard, les religieuses furent affermies dans leur refus de signer par un évènement réputé miraculeux, par la guérison radicale et soudaine de la Sœur Catherine de Sainte-Suzanne, fille de l'illustre Philippe de Champagne. Elle était paralysée depuis quatorze mois ; elle ne pouvait élever sa main droite jusqu'à sa bouche, et on la portait comme un enfant pour la faire communier. Guérie instantanément, elle descendit sans peine les quarante marches d'un escalier qui subsiste

encore à Port-Royal de Paris, et on a d'elle des petits
livres calligraphiés, dont un daté de 1662, qui sont
de véritables merveilles [1]. Le 22 janvier, le doyen
de Contes vint encore à Port-Royal pour informer
au sujet du miracle, et aussi pour proposer de la
part de la cour, qui s'en contenterait, une signature accompagnée d'un préambule. Aux considérations que les religieuses avaient signées le 28 novembre, on ajoutait simplement ces quelques lignes ;
« Et puisque Sa Sainteté et le pape Innocent X ont
décidé que ces erreurs se trouvent dans les cinq propositions au sens qu'elles ont dans la doctrine de Jansénius, nous nous soumettons sincèrement à cette
décision, et rejetons de cœur et de bouche lesdites
propositions et les sens qu'elles ont dans la doctrine
de Jansénius. Ainsi signé. » C'était se moquer des
pauvres religieuses que de défigurer ainsi leurs considérants, ou leur tendre un piège grossier, ou plutôt
leur montrer clairement qu'on voulait les exterminer,
puisqu'on leur proposait des conditions déshonorantes.
Elles s'en tinrent donc résolument à ce qu'elles avaient
fait ; elles attendirent les évènements, et elles se con-
solèrent et se fortifièrent les unes les autres en se
répétant : « Bienheureux ceux qui souffrent persécution pour la justice. ».

Sainte-Beuve, qui se pose en juge impartial et de
bonne foi, est ici bien injuste pour les religieuses de
Port-Royal. Leur résistance l'impatiente, et « il a
peine à pardonner à ces pieuses filles un entêtement
si absolu sur un point accessoire et qui paraît si peu
considérable.... Tous les faux fuyants, tous les airs

(1) On peut voir au Louvre le tableau commémoratif de cette
guérison, c'est le chef-d'œuvre de Ph. de Champagne, un des plus
beaux joyaux du musée.

d'humilité et d'ignorance dont elles s'efforcent d'enve-
lopper et de couvrir leur pensée ne sont que pour la
forme et pour le prétexte. » Cette pensée de derrière
la tête, c'est qu'elles ne veulent pas condamner Jansénius, l'ami le plus intime de Saint-Cyran leur réfor-
mateur et leur père. Et quelques pages plus haut, il
insinue que malgré les déclarations si nettes de la
Mère Angélique à la reine mère, les pieuses filles en
savaient beaucoup plus long qu'on ne le disait sur les
questions doctrinales, et qu'en somme refuser la signature « c'était pour des filles faire acte plus ou moins
de docteur, et décidément prendre fait et cause pour
certaine doctrine [1] » ! C'est là une imputation grave,
car elle revient à accuser d'hypocrisie et de mensonge
celles qui se sont exposées à tout pour ne pas mentir, et Sainte-Beuve disant qu'elles en savaient sans
doute bien long sur la question du jansénisme, a
peut-être été un peu léger en ne tenant pas assez de
compte d'un document qu'il a pourtant connu et utilisé,
les interrogatoires de religieuses faits par le doyen de
Contes et par Louis Bail lors de la visite qu'ils firent
ensemble du 11 juillet au 2 septembre 1661, au moment même où se posait dans toute son acuité la
question des signatures. Les visiteurs avaient tout
examiné avec un soin méticuleux; ils avaient inter-
rogé l'une après l'autre soixante-dix-neuf religieuses
de chœur et vingt et une converses dont quelques-
unes ne savaient ni lire ni écrire; et ces cent interrogatoires leur avaient révélé l'innocence de ces filles,
leur ingénuité, leur horreur du mensonge et des faux
fuyants, et plus que tout leur parfaite ignorance de ce
qui s'appelle le jansénisme. Elles n'avaient lu ni *La*

----

(1) *Port-Royal*, tome IV, p. 132 et sq.

Fréquente Communion ni les *Provinciales ;* on ne leur avait jamais parlé des cinq propositions, et sans doute quelques-unes d'entre elles ne connaissaient pas même de nom M. Jansénius. Tout ce qu'elles en savaient c'était ce que M. Bail leur avait dit dans ses allocutions furibondes du 11 juillet et du 22 août, dans l'église de Paris et dans celle des Champs.

Il faut cependant faire quelques exceptions, car il y avait à Port-Royal un certain nombre de religieuses qui étaient parfaitement au courant des questions au sujet desquelles on bataillait si fort ; mais ce n'est pas chez la Mère Angélique qu'elles en avaient eu connaissance. Ainsi la Sœur Anne-Eugénie de Saint-Ange Boulogne, veuve et mère de deux enfants, déclara au visiteur qu'elle n'ignorait pas une des choses qu'on disait contre Port-Royal, et qu'elle avait lu la plus grande partie des livres relatifs aux disputes du temps. Une fois devenue religieuse, on ne lui en avait jamais parlé, et elle n'en avait jamais entretenu les autres. La Sœur Madeleine de Sainte-Candide Le Cerf, âgée de cinquante-trois ans, et qui avait été près de vingt ans professe à Maubuisson, était très bien informée « des questions du temps et de l'hérésie qu'on dit être céans » ; elle avait eu affaire à des molinistes fanatiques qui lui avaient dit beaucoup de mal du jansénisme et de Port-Royal en particulier. Le cas de la Sœur Marie-Angélique de Ste-Thérèse, fille de Robert Arnauld d'Andilly, est encore plus curieux. Elevée à Port-Royal, elle en était sortie parce qu'elle n'avait pas envie d'être religieuse. Elle ne savait pas alors que son oncle eût fait des livres. Rentrée dans le monde, elle lut *La Fréquente Communion*, et trouva, dit-elle au doyen de Contes, « que ce livre était très bon et très beau. M. de Contes dit qu'il l'était aussi et que j'avais bien fait. J'ai continué en disant qu'étant revenue ici je n'avais jamais osé demander à le lire, quoique j'en eusse bien envie, parce qu'on ne le lit point céans, ni les autres qui traitent des matières du temps [1]. » Jacqueline Pascal eut le temps de s'instruire avant que son frère lui permît de se faire religieuse, et il est trop évident que celles qui à titre d'abbesses ou de prieures ou de maîtresses des novices, furent en rapport avec des personnes du dehors, savaient quelque chose des disputes ; mais ces exceptions ne font que confirmer la règle, et elles prouvent que la Mère Angélique ne saurait être soupçonnée d'insincérité.

Le plus important des interrogatoires, celui qui aurait le mieux éclairé Sainte-Beuve sur les véritables sentiments des religieuses de Port-Royal, c'est le quatorzième, celui de Sœur Angélique de Saint-Alexis (d'Hécaucourt de Charmont), une femme de talent dont on a une très belle relation de captivité [2]. Il a ceci de particulier que la Sœur de Saint-Alexis remit au visiteur une profession de foi écrite qui était une réponse péremptoire aux invectives de son sermon du 11 juillet. Voici ce qu'on lit entre autres choses dans cette belle page :

« Je vous donne assurance que depuis plus de vingt ans que Dieu m'a fait la grâce d'être dans cette maison, je n'ai jamais entendu parler des matières dont il est question, et que vous êtes le premier, monsieur, qui nous ait entretenues de cette doctrine ; que nos confesseurs ne nous en ont jamais instruites ni en public ni en particulier ; mais qu'ils nous ont seulement exhortées à l'observation de notre règle, à la

----

(1) *Hist. des persécutions*, p. 108.
(2) Cet interrogatoire est du 15 juillet, en l'absence du doyen de Contes. — *Hist. des persécutions*, p. 100.

correction de nos fautes, et à la pratique des vertus
chrétiennes et religieuses, qui sont l'humilité, la charité, l'obéissance, etc.; qu'ils nous ont toujours en-
seigné que le moyen d'obtenir ces vertus était d'avoir
recours à la prière, de demander sans cesse à Dieu
son secours et sa grâce; qu'il ne la refusait à personne, qu'il la donnait à tous, comme il était mort
pour tous....

« Je crois fermement que les commandements de
Dieu et toutes les autres vertus à quoi nous sommes
obligés en qualité de chrétiens ne sont point des choses
impossibles, mais au contraire je crois assurément que
le joug de Jésus-Christ est doux, et que sa charge est
légère, comme il le dit lui-même.

« Je crois que comme c'est Dieu qui nous a donné
des commandements, c'est lui aussi qui nous donne la
grâce qui nous est nécessaire pour les accomplir, et
qu'ainsi on ne doit attribuer la perte de ceux qui péris-
sent, sinon à leur propre corruption et au mépris
qu'ils font de la grâce que Dieu leur avait donnée;
c'est pourquoi Dieu leur fait justement ce reproche :
Ta perdition vient de toi, ô Israël.

« Je crois que le pape est le chef de l'Église, et le
vicaire de Jésus-Christ en terre. C'est en suite de cela
que je le révère, que je le respecte, que je l'honore,
que je prie Dieu tous les jours pour lui, et surtout
que je condamne toutes les hérésies qu'il a condamnées.

« Je crois tout ce que l'Église croit. Je n'ai pas de
plus grand désir que de mourir dans son sein, et je
m'estimerais heureuse de donner ma vie pour la défense de ma foi. »

On conçoit aisément que le visiteur lui ait répondu :
« Votre foi est catholique et orthodoxe, ma fille... J'ai

déjà reconnu dans la maison tant de vertu, de sincérité, de bonté, et surtout une foi si pure que je n'aurais pas besoin de m'éclairer davantage... Il y a bien de la vertu dans cette maison ! » Quel besoin donc de torturer de si saintes religieuses en leur imposant des signatures inutiles et odieuses ? Une déclaration écrite comme celle de la Sœur Saint-Alexis valait mieux que tous les formulaires du monde. Et cependant les persécuteurs s'acharnèrent à exiger la signature du second mandemement, une signature pure et simple sans le moindre mot d'explication, et ils en seraient venus aux dernières extrémités si les évènements extérieurs ne les en avaient empêchés. Mais la démission de Retz, la mort soudaine de Pierre de Marca son successeur, la maladresse des Jésuites, qui obligea le roi à combattre la proclamation prématurée de l'infaillibilité des papes, et enfin les démêlés de Louis XIV et d'Alexandre VII, qui empêchèrent Péréfixe, le nouvel archevêque de Paris, de recevoir ses bulles, arrêtèrent encore une fois la foudre prête à crever la nue, et Port-Royal eut un peu de répit de 1662 à 1664.

CHAPITRE VIII

L'organisation de Port-Royal en 1661. — Le mouvement janséniste
dans la société française ; son influence sur la littérature et les
beaux-arts.

La visite de juillet 1661 et les nombreux interrogatoires qui en furent la suite ont eu du moins
pour effet de faire connaître à la postérité l'organisation de Port-Royal, et de lui transmettre les noms de
toutes les personnes qui s'y trouvaient réunies. Ce sont
des documents précieux, et puisque les persécuteurs
ont laissé quelques moments de répit à leurs victimes
durant les années 1662 et 1663, il est bon de voir en
détail ce qu'était le célèbre monastère au moment de
la mort d'Angélique Arnauld et de Jacqueline Pascal,
un an avant la mort de Blaise Pascal. La vieille abbaye
cistercienne avait été réformée en 1608 par la Mère
Angélique, âgée pour lors de dix-sept ans, mais la
pieuse réformatrice ne s'en était pas tenue là. Abbesse
perpétuelle nommée par le roi, elle obtint en 1628 que
son abbaye fût désormais élective, triennale, et soumise à l'autorité, direction, visite et correction des
archevêques de Paris, dont elle ne dépendait en aucune
façon. C'est en vertu de ce changement de juridiction
que la visite de 1661 fut faite par les mandataires du
cardinal de Retz. Angélique s'était vue contrainte en
1625 d'abandonner la maison des champs, fondée pour
douze religieuses et qui en comptait alors quatre-vingts.
On transféra donc le monastère au faubourg Saint-

Jacques, où l'on fit les grandes constructions qui subsistent encore ; mais en 1648 on revint au désert, l'archevêque ayant permis que les deux maisons ne formassent qu'une même abbaye et une même communauté sous les ordres d'une même abbesse. L'abbesse résidait ordinairement à Paris, et la maison des Champs avait à sa tête une prieure et une sous-prieure qui était en même temps maîtresse des novices. Lorsque la visite de 1661 commença, l'abbesse était la Mère Agnès Arnauld, et auprès d'elle se trouvait ce que nous appellerions une abbesse honoraire, la Mère Angélique, qui n'avait aucune autorité, mais qui pourtant n'était point redescendue au rang de simple religieuse ; elle n'était pas sous les ordres de sa sœur. La prieure, choisie par l'abbesse et toujours révocable, était la Mère Madeleine de Sainte-Agnès de Ligny, qui fut élue abbesse au mois de décembre de cette année-là. La Sœur Marie Dorothée de l'Incarnation-Le Conte était sous-prieure, de même que la Sœur Angélique de Saint-Jean Arnauld, fille de M. d'Andilly ; cette dernière était en outre maîtresse des novices avant la brutale expulsion du mois d'avril.

A Port-Royal des Champs il y avait une prieure, la Mère Marie de Sainte-Madeleine du Fargis, et une sous-prieure qui était en même temps maîtresse des novices : c'était la Sœur Jacqueline de Sainte-Euphémie Pascal. Telles étaient les religieuses élevées en dignité dans l'une ou l'autre maison ; autour d'elles se trouvaient les officières, chargées de ce qu'on appelait une obéissance, c'est à dire un service spécial. Les voici dans l'ordre où les mentionnent les constitutions de Port-Royal : la sacristine, la chantre, la cellerière, la dépensière, la réfectorière, la tourière, la robière, la lingère et l'infirmière. Les simples religieuses étaient de deux sortes, les professes de chœur, qui chantaient l'office, et les converses, véritables filles de service auxquelles on faisait faire les gros ouvrages sans qu'elles fussent jamais attachées à la personne de qui que ce fût; l'abbesse elle-même, si elle n'était pas infirme, faisait son lit et balayait sa chambre.

L'*Histoire des persécutions*, qui entre dans les plus petits détails, mentiónne pour l'année 1661 cent onze religieuses professes et vingt et une converses à Paris et aux Champs; il y avait en outre des novices, des postulantes, et enfin des pensionnaires, enfants de quatre ou cinq ans ou jeunes filles de seize à dix-huit que les ordres rigoureux de Louis XIV firent sortir au mois d'avril 1661. C'était plus de deux cents personnes dont le monastère était chargé, dit l'*Histoire des persécutions*, sans compter le dehors

Le véritable supérieur était l'archevêque de Paris, mais il était stipulé dans les constitutions qu'il pourrait commettre sa charge à un ecclésiastique de vie exemplaire que l'abbesse lui présenterait. Ce rôle était dévolu à Antoine Singlin lorsque la persécution commença, et M. Bail lui fut substitué sans avoir été présenté par l'abbesse, ce qui constituait une illégalité. Outre le supérieur, le monastère avait des confesseurs attitrés qui venaient tous les huit jours exercer leur ministère, et l'abbesse était chargée de recruter des prédicateurs, des aumôniers et des chapelains pour la célébration des offices. Il y avait un homme d'affaires, Akakia du Plessis; une sorte d'intendant pour la maison des Champs, il se nommait Hilaire, et il joua durant les années qui suivirent un assez grand rôle. Il y avait des sacristains bénévoles, Claude Lancelot et à Doamloup, des jardiniers, dont un gentilhomme anglais, Jemkins ; des médecins enfin comme Pallu, Hamon et Dodart.

Les religieuses n'étaient pas vouées à la vie contemplative, mais leur principale occupation était l'adoration diurne et nocturne du Saint Sacrement, suspendu au-dessus de l'autel, et l'assistance aux offices. Voici comment elles s'acquittaient de ce devoir. Couchées le soir à huit heures, elles se relevaient à deux heures après minuit pour chanter matines au chœur, puis elles se recouchaient jusqu'à cinq ou cinq heures et demie. A six heures, office de prime ; tierce à huit heures et demie, et aussitôt après la messe conventuelle, où devaient toujours communier quelques religieuses marquées par l'abbesse. L'office de sexte, chanté vers onze heures moins le quart, était suivi du dîner, vers onze heures et demie les jours ordinaires, à midi sonné les jours de jeûne. Venait ensuite, de midi trois quarts à une heure trois quarts, la conférence, sorte de récréation pieuse après laquelle chaque religieuse se retirait dans sa cellule pour reposer, pour lire, pour écrire ou pour travailler des mains. On chantait nones à deux heures et demie et vêpres à quatre heures. Le souper était servi au réfectoire à cinq heures et demie, et les complies étaient chantées à six heures et demie. Ainsi les professes de chœur passaient à l'église la plus grande partie de la journée, tandis que les converses et les maîtresses des enfants s'adonnaient à leurs travaux respectifs. Le peu de temps qui restait pouvait être employé à la lecture, à la méditation, et au travail des mains, que les constitutions recommandaient en ces termes : « Les religieuses affectionneront le travail par esprit de pénitence, se souvenant que c'est la première peine du péché, et par esprit de pauvreté pour imiter Notre-Seigneur qui s'est abaissé jusqu'à exercer

un humble métier…. Elles feront leurs habits, souliers,
linge, ruban ; comme aussi le linge et les ornements
de l'église, le pain à chanter et les cierges. Elles relie-
ront des livres, feront de la chandelle, les vitres, lan-
ternes, chandeliers et autres ouvrages de fer blanc
dont on aura besoin, et semblables choses nécessaires
à la maison [1]. Pour des ouvrages de broderie, de fleurs
artificielles et choses semblables, elles n'en feront point
du tout. Le temps de travailler sera pendant tous les
intervalles de l'office, excepté le temps qui est destiné
à la lecture. »

On lisait donc à Port-Royal ; mais que lisait-on ? Les
visiteurs de 1661 ont eu la curiosité de le demander, et
l'on peut voir par les réponses qui leur ont été faites que
la bibliothèque du monastère n'aurait pas pu être si-
gnalée comme une bibliothèque janséniste modèle ; elle
était bien pauvre en livres sur la grâce, et Jansénius ne
s'y trouvait pas. Voici en effet, d'après les interrogatoires, les seuls livres dont la lecture était permise : les
Évangiles, la vie des saints, l'Imitation, les Confessions
de saint Augustin, les morales de saint Basile, saint Jean
Climaque, les homélies de saint Chrysostome, les lettres
d'Avila, l'*Histoire de l'Église*, la vie de saint Bernard,
les épîtres de saint Bernard, Grenade ; sainte Thérèse :
Le *Chemin de la perfection*, saint François de Sales :
La Vie dévote, le *Traité de l'amour de Dieu*, les *Lettres* ;
le catéchisme de Saint-Cyran, *Le Cœur nouveau* du
même auteur et ses *Lettres*, enfin saint Dorothée [2], men-
tionné dans l'interrogatoire de la Mère du Fargis.

(1) On peut voir au musée de Port-Royal quelques-uns de ces
objets, conservés pieusement par des amis ou retrouvés dans les
décombres.

(2) Archimandrite ou abbé en Palestine, du vi[e] siècle, dont Rancé
a écrit la vie. Il a laissé un ouvrage ascétique, recueil des discour[s]

Les religieuses étaient cloîtrées, mais elles pouvaient voir leurs familles au parloir, dont l'accès leur était ouvert dans des conditions déterminées. Les confessions et les communions étaient réglées de même avec un soin minutieux. Il ressort de l'unanimité des interrogatoires que l'on se confessait tous les quinze jours ; toute la communauté communiait chaque dimanche et chaque jeudi, et les jours de fête, si nombreux au temps du savetier Grégoire, ce qui amenait les religieuses à communier jusqu'à trois et quatre fois par semaine. C'est même un fait établi que l'on communiait à Port-Royal plus fréquemment que dans la plupart des autres monastères de femmes. Les interrogatoires de 1661 sont ainsi une éclatante justification de Port-Royal, et une réfutation péremptoire des calomnies que l'on n'a pas cessé de répandre au XVIIᵉ siècle, que l'on propage aujourd'hui encore avec une assurance et une tranquillité déconcertantes.

C'est vrai pour l'usage des sacrements ; c'est également vrai pour le culte des images, que l'on trouvait partout à profusion. Les constitutions veulent qu'il en soit ainsi : « Il n'y aura point de superfluité de tableaux dans le monastère, mais seulement ce qui sera ici spécifié, savoir : dans le chœur, six — Dans l'avant-chœur, quatre. — Dans le réfectoire, six. — Dans chaque infirmerie, quatre. — Dans la chambre de la communauté, deux. — Dans le noviciat, quatre. — Dans chaque office, un. — Et de même dans tous les passages, afin qu'on ait partout un objet de piété [1]. » Voici maintenant un fragment du treizième interrogatoire, celui de Sœur Elisabeth de Saint Luc Midorge : « D. Avez-vous

de piété qu'il faisait à ses disciples. — V. Baillet, *Vies des Saints.* — 9 septembre.

(1) *Constitutions*, éd. de 1665, p. 136.

des images dans votre cellule ? — Oui, monsieur —
D. Quelles images ? — Un crucifix, une sainte face, la
Sainte Vierge, saint Augustin, une petite sainte Madeleine aux pieds de Notre-Seigneur, et deux à la porte
en dedans, et une autre au dehors de la cellule. —
D. Y en a-t-il dans toutes les cellules ? — Oui, monsieur, et par tous les endroits de la maison [1]. »

Ce qui ressort le plus clairement des réponses faites
aux visiteurs par l'unanimité des religieuses, professes
de chœur ou converses, c'est le désintéressement
absolu et l'exquise bonté de celles qui gouvernaient
cette maison. Angélique recevait de la reine de Pologne des aumônes considérables, mais elle avait stipulé
qu'il n'en serait pas retenu un denier pour les besoins
de Port-Royal, et elle venait secrètement au secours
de communautés pauvres, à Paris ou dans les provinces. Il y a dans les constitutions un chapitre spécial au
sujet des bienfaitrices, et il n'était pas de nature à en
susciter de nouvelles, car voici entre autres choses comment on prétendait les traiter ; il ne semble pas qu'une
Mme de Pontcarré, une princesse de Guéméné, voire
une marquise de Sablé, se soient assujetties volontiers
à de semblables exigences ; « Elles n'iront point au
parloir qu'avec une tierce [personne] ; la Mère verra
toutes les lettres qu'on leur envoiera (*sic*) et les réponses qu'elles feront ; elles ne parleront à pas une des
sœurs (hormis celles qui les servent) sans la permission de la Mère, et n'entreront point dans les offices
du monastère, et encore moins dans les cellules sans la
même permission. » Il est dit encore à propos des
bienfaitrices que l'on fera les contrats à leur avantage,
« afin de leur donner toute sorte de liberté de se reti-

____

(1) *Hist. des persécutions*, p. 100.

rer si elles ne se trouvaient pas bien au monastère, et on prendra bien garde que dans ces contrats il n'y ait rien qui ressente l'intérêt et l'avarice, mais la seule charité et la crainte de Dieu ». Ce passage suffirait à montrer combien fut odieuse en 1662 la conduite de Mme de Crèvecœur, une bienfaitrice qui, ne pouvant se faire admettre comme religieuse parce qu'elle ne le méritait pas, chercha une basse vengeance en contestant publiquement le désintéressement de Port-Royal. Ce désintéressement avait pour principe un grand amour de la pauvreté, que les interrogatoires mettent dans tout son jour. Il y est dit à satiété que l'on reçoit les filles sans dot ; on prend ce qui est offert par les familles et, si l'on a trop de peine à nourrir les religieuses ainsi admises, on demande, sans l'exiger, une pension viagère de deux ou trois cents livres. Le visiteur Bail, apprenant cela, ne pouvait s'empêcher de dire (p. 85) : « Voilà qui est bien noble et bien merveilleux ! »

Une des questions qui reviennent le plus souvent dans les interrogatoires, c'est naturellement celle des rapports des religieuses avec leurs Mères et entre elles, et c'est ici que se montre le mieux le véritable esprit de Port-Royal. La Sœur Hélène de Sainte-Agnès de Savenières ayant écouté aux portes, ce qui n'était peut-être pas très bien, entendit le doyen de Contes qui disait à M. Bail : « Elles ont trouvé ici le vrai secret d'élever des filles ; il n'y en a pas une qui ne soit contente, et à qui la joie ne soit écrite sur son visage. Nous ne trouvons pas cela dans les autres maisons, où une fille n'est pas si tôt professe qu'elle est dans l'ennui [1]. » A Port-Royal c'était l'union des cœurs, la déférence et la confiance réciproques, la charité chrétienne telle que la

____

(1) *Hist. des persécutions*, p. 118.

voulaient saint Paul et saint Jean ; on était mécontent de soi-même, jamais des autres ; pas une plainte, pas une récrimination, mais au contraire des témoignages de reconnaissance et des effusions de tendresse. La Sœur Anne-Eugénie de Saint-Ange Boulogne, veuve et mère avant de devenir religieuse, se laissa aller dans son interrogatoire à des épanchements qui touchèrent fort le doyen de Contes : « J'ai une grande estime pour toutes mes sœurs, lui dit-elle, et une affection si sensible pour chacune d'elles en particulier que je vous assure, comme étant devant Dieu, que la plus grande peine que j'ai ressentie dans la religion [c'est-à-dire au couvent] c'est de n'oser le témoigner par mes paroles ; car j'ai souvent eu la tentation de leur donner quelque marque extérieure de ce que j'ai dans mon cœur pour elles, et comme cela n'est pas permis, j'en ai bien des fois senti de la peine. [1] » Parlant de son obéissance, c'est-à-dire du service intérieur auquel elle était attachée, elle s'adressa encore au doyen : « Je lui dis comme je l'aimais, et que souvent en travaillant je pensais que les dames d'honneur des reines n'étaient pas si contentes de leur emploi comme je l'étais à faire les chausses de la communauté. M. le doyen dit : Je ne m'en étonne pas, vous travaillez pour des reines. Vous avez raison, monsieur, je regarde toutes mes sœurs encore au-dessus, et je comprends fort bien par la joie que j'ai d'être ainsi toujours à leurs pieds, celle que sainte Madeleine avait d'être aux pieds de Notre-Seigneur. Enfin l'on est ici comme dans un paradis terrestre. Mais quelque contente que je sois, croyez-vous, Monsieur, que j'y voulusse demeurer s'il y avait la moindre des erreurs dont on nous accuse ? »

(1) *Hist. des persécutions*, p. 123.

C'est la même chose partout ; il n'y a pas dans ces interrogatoires une seule note discordante. Les religieuses mêmes qui depuis se sont si mal conduites, la Sœur Dorothée Perdreau et la Sœur Flavie Passart, exprimaient les mêmes sentiments que les autres, et il y a tout lieu de croire qu'elles étaient parfaitement sincères ; la grâce ne leur avait pas encore manqué. La Sœur Marie de Sainte-Dorothée Perdreau répondit textuellement au visiteur qui lui demandait si elle avait quelque peine : « Je n'en ai point, que celle de n'aimer pas Dieu autant que je le devrais et que je voudrais. Je n'ai sujet au reste que d'être fort contente. Il y a entre nous une union fort grande, Dieu merci ! » Et la Sœur Catherine de Sainte-Flavie Passart, ancienne religieuse de Gif, qui avait alors cinquante-deux ans, répondit à la question suivante : « Comment tout va-t-il dans la communauté, n'avez-vous à vous à vous plaindre de personne ? — R. Non, mon Père, tout va parfaitement bien. C'est une union, une charité, et une bonté si grande que l'on ne peut se plaindre de qui que ce soit [1]. »

On peut arrêter sur ces deux dernières citations les emprunts faits aux interrogatoires de 1661, si riches en renseignements qui n'ont pas encore été utilisés ; mais l'*Histoire des persécutions* dont ils font partie donne aussi des listes très exactes, et l'on y peut voir, ce qui n'est pas indifférent, à quelles familles appartenaient les différentes personnes qui vivaient alors à Port-Royal, les professes de chœur et les converses, les novices, les postulantes, et enfin les pensionnaires petites et grandes. On verra, en examinant rapidement ces listes, quels étaient les liens qui rattachaient

______

(1) *Hist. des persécutions*, p. 160 et 95.

Port-Royal à la société contemporaine, et on pourra juger ainsi du plus ou moins d'importance du mouvement janséniste lors de la mort de la Mère Angélique, survenue le 6 août 1661.

C'est par la famille Arnauld que Port-Royal est entré en relations avec le monde extérieur ; ce sont les Arnauld qui lui ont fait connaître saint François de Sales, et par conséquent sainte Chantal ; et Robert Arnauld d'Andilly a été le plus intime ami de l'abbé de Saint-Cyran : il a recueilli, publié et propagé ses *Lettres spirituelles* et ses autres œuvres. Ce sont les amis de la famille Arnauld qui ont envoyé leurs fils aux Petites Écoles et mis leurs filles en pension chez les religieuses. On les élevait, comme le prescrivaient les constitutions, « dans l'indifférence pour être religieuses ou du monde, selon qu'il plaira à Dieu d'en disposer ». Mais beaucoup de ces jeunes filles, voyant la joie que manifestaient leur maîtresses, prenaient goût à la vie du cloître, on le vit bien lors des expulsions d'avril 1661, lorsqu'il fallut les arracher de force, malgré leurs larmes et leurs cris, pour les rendre à leurs familles.

Il y avait donc parmi les professes de chœur un certain nombre d'anciennes pensionnaires ; on les reconnaissait, entre autres choses, à leur belle écriture, qui faisait l'admiration du doyen de Contes, et qui était bien celle de la maison. On les reconnaissait aussi à d'autres marques : les interrogatoires de 1661, et quelques années plus tard les récits de captivité, les procès-verbaux et les lettres écrites à la dérobée firent voir que plusieurs des professes antérieures à cette date étaient des femmes supérieures. Telles ont été la Mère Madeleine de Sainte-Agnès de Ligny, la Sœur Dorothée de l'Incarnation Le Conte, l'incomparable Sœur Angélique de Saint-Jean Arnauld, la Sœur Angélique de Saint-Alexis d'Hécaucourt de Charmont, la sœur Hélène de Sainte-Agnès de Savonières, la Sœur Anne-Marie de Sainte-Eustoquie de Flexelles de Brégy, la Sœur Élisabeth de Sainte-Agnès Le Féron, celle qui plus tard a mis sur pied les *Mémoires* d'Hermant ; la Sœur Madeleine de Sainte-Christine Briquet, celle que Royer Collard admirait entre toutes, la Sœur Geneviève de l'Incarnation Pineau, et vingt autres peut-être.

Les relations du monastère avec les familles de ses religieuses ou de ses pensionnaires étaient nécessairement assez étendues ; Port-Royal comptait de nombreux amis du dehors dans toutes les classes de la société, même à la Cour, chez ceux qui comme lui n'aimaient pas les Jésuites. Malheureusement la reine mère avait été circonvenue de très bonne heure. Bigote et sensuelle, comme le prouve sa correspondance, elle était évidemment, pour que le péché fût ôté, comme dit Molière, unie à Mazarin par un mariage de conscience, et de ce chef elle était sous la dépendance des casuistes ; dès la première heure elle crut ce que les Jésuites lui dirent contre Port-Royal ; elle prit ce monastère en haine, et elle ne désarma jamais. Le roi son fils, que la Fronde avait littéralement épouvanté, ne cessa jamais de croire, — c'est Racine qui l'atteste dans une lettre à Mme de Maintenon — que les jansénistes étaient des hérétiques dangereux, et qui plus est des sujets rebelles qui en voulaient à son trône et peut-être à sa vie. Rien n'aurait pu le désabuser, et ceux qui tentèrent de le faire durent reconnaître, comme Bossuet, que Louis XIV était pour Port-Royal un ennemi irréconciliable, un persécuteur toujours prêt à sévir.

Il n'en était pas de même dans sa famille ; la reine Marie-Thérèse paraît être restée indifférente ; elle comptait si peu à la cour ! Gaston d'Orléans fit une visite à Port-Royal, et sa fille Mlle de Montpensier y vint deux fois et donna des marques de sympathie non équivoques. Monsieur, frère unique du roi, avait de tout autres préoccupations, et ce n'est pas en ennemi qu'il venait à Port-Royal de Paris voir Mme de Sablé ; Madame songeait à devenir pieuse quand elle mourut prématurément à vingt-sept ans. Mais c'est surtout chez les Condé que Port-Royal trouva des admirateurs, des amis et des protecteurs. Le prince Henri, mort en 1646, était lié avec les Jésuites et très hostile aux jansénistes, contre lesquels il lutta même la plume à la main ; le vainqueur de Rocroi, qui devait mourir saintement entre les bras d'un jésuite, fut longtemps un esprit fort et même un impie déclaré, mais il respecta toujours les convictions de sa sœur la duchesse de Longueville, et lors de la paix de l'Eglise il seconda ses pieux desseins.

Cette admirable sœur, revenue de ses égarements, s'unit à Port-Royal en 1658, et jusqu'à sa mort en 1679, c'est-à-dire vingt années durant, elle fut l'amie dévouée et la protectrice courageuse des jansénistes. Elle est trop connue pour qu'il soit nécessaire de la mentionner plus longuement. Que dire enfin de son autre frère, Armand de Bourbon, et de la princesse de Conti sa femme ? Les ossements du prince reposent dans la crypte de l'oratoire-musée de Port-Royal, et c'est Mgr Fuzet, archevêque de Rouen, qui les y a fait déposer en 1905, désavouant ainsi les vilaines pages qu'il avait écrites jadis pour faire sa cour aux Jésuites, comme il l'a reconnu lui-même avec une humilité bien courageuse. Quant à la princesse, dont les entrailles furent enterrées en 1674 dans l'église du monastère des Champs, c'est avec raison que Sainte-Beuve l'a appelée « l'amie et la protectrice la plus agissante, la

plus solide et la plus inébranlable de Port-Royal » ;
c'est bien là ce qui caractérise Anne Martinozzi, nièce
de Mazarin.

A côté de ces princes et princesses du sang royal
vient se placer une reine qui aurait voulu devenir simple religieuse, qui aurait volontiers transféré
Port-Royal dans ses États, c'est Marie de Gonzague,
mariée successivement à deux rois de Pologne. Amie
de la première heure, du vivant même de Saint-Cyran,
elle reçut de la Mère Angélique de nombreuses lettres
de direction, et la Mère Agnès continua de correspondre avec elle jusqu'à sa mort. C'est d'elle, plus encore
que de la princesse de Conti, qu'on peut dire qu'elle fut
une protectrice inébranlable ; on la vit aller jusqu'au
pape pour tâcher de sauver Port-Royal.

Les sympathies de la haute magistrature ne pouvaient manquer d'aller à Port-Royal persécuté par les
Jésuites, d'autant plus que le Parlement n'avait jamais
aimé les Révérends Pères, et que les différentes formes
de ces persécutions donnaient toujours de la tablature
au parlement. Édits du roi, constitutions des papes, formulaires des assemblées du clergé, tout devait être
enregistré pour avoir force de loi, et l'on voyait le roi
« monter au parlement » pour faire enregistrer de force
ce que la conscience des magistrats ne leur permettait
pas d'accepter. C'était toujours au détriment des
maximes du royaume et des libertés de l'Eglise gallicane que la cour de Rome frappait sur les jansénistes
à la réquisition des Jésuites. Elle ne manquait pas une
occasion de fortifier ainsi ses prétentions séculaires à
l'omnipotence et à l'infaillibilité. Le Formulaire avait
pour unique fondement la croyance à l'infaillibilité
personnelle du pape au sujet de faits non révélés, et
le Parlement n'aurait jamais dû l'admettre. Il est donc

évident que Port-Royal comptait de nombreux amis
parmi les parlementaires, même parmi ceux qui ne
lui avaient pas, comme les Harlay, les Bignon, les
Briquet, les Robert et autres, confié l'éducation de
leurs enfants. Mais beaucoup d'entre eux n'osaient pas
se déclarer, *propter metum Judæorum*, comme on
disait au temps de Nicodème et de Joseph d'Arimathie.
Favoriser des gens suspects, c'était aller au-devant
d'une disgrâce, ou à tout le moins se fermer le chemin
des honneurs, et il ne suffisait pas de rester neutre, il
fallait faire du zèle et donner des gages. L'exemple le
plus probant que l'on en puisse donner, c'est celui du
premier président Guillaume de Lamoignon. Ce grand
magistrat, cet homme intègre entre tous, s'était cru
obligé de confier ses deux fils aux jésuites du collège
de Clermont, et il logeait chez lui, dans son hôtel de
la rue Pavée, le jésuite Rapin, l'auteur de tant de calomnies abominables. Et ce même Lamoignon était
l'ami particulier de Godefroi Hermant. C'est peut-être
dans le même hôtel que furent écrits simultanément
les mémoires de Rapin et ceux d'Hermant. C'est dans
la rue Pavée que le chanoine de Beauvais mourut
d'apoplexie en 1692, et le bibliothécaire de Lamoignon,
le très janséniste Adrien Baillet, lui avait été donné
par Hermant.

Il y a plus : les jésuites de Clermont choisirent
l'aîné des fils de Lamoignon pour lui faire soutenir
dans leur collège, le 15 juin 1663, un acte public à grand
retentissement, une thèse de mathématiques où s'étalait
au grand jour, à propos de Copernic, l'infaillibilité
papale et la nécessité de l'Inquisition, deux théories
que le Parlement de Paris rejetait avec la plus grande
énergie. Le scandale fut grand, car cette affaire ne put
être étouffée. On en vint même à se demander si le

premier président n'avait pas collaboré à la thèse de son fils. Guillaume de Lamoignon eut besoin, dit Hermant, « de tout l'esprit et l'éloquence qui venaient ordinairement à son secours dans les affaires les plus difficiles [1] ». A vrai dire il n'en sortit pas à son honneur, et les docteurs de Sorbonne Fortin et Flavigny lui firent entendre à ce sujet des vérités bien dures.

Ce qui empêchait beaucoup de magistrats de témoigner leurs véritables sentiments arrêtait à plus forte raison les ecclésiastiques, et l'on fit alors une complainte au sujet d'un prébendier qui se résignait à signer le Formulaire en disant tristement :

> Je veux conserver ma prébende.
> Contre Jansénius, j'ai la plume à la main ;
> Je suis prêt à signer tout ce qu'on me demande,
> Qu'il soit ce qu'on voudra, calviniste ou romain.

La plupart des évêques eurent alors, suivant l'expression de Jacqueline Pascal « des courages de filles, » et il faut ranger parmi eux les mieux intentionnés, tels que l'archevêque de Sens, Henri de Gondrin, Alphonse d'Elbène, évêque d'Orléans, Anne de Lévis de Ventadour, archevêque de Bourges, Gilbert de Choiseul, évêque de Comminges, l'évêque de Vence, Antoine Godeau, Félix Vialart de Châlons et beaucoup d'autres. On sait qu'il n'y eut de refus de signer purement et simplement que chez les quatre prélats dont Besoigne a écrit les vies pour faire suite à son histoire de Port-Royal : les évêques de Beauvais, d'Angers, d'Aleth et de Pamiers, Choart de Buzanval, Henri Arnauld, Pavillon et Caulet. A l'exception de ces quatre, dont le

____

(1) *Mémoires d'Hermant*, t. VI, p. 391. Ce fut une grosse affaire au sujet de laquelle Hermant entre dans de grands détails très intéressants. — Racine dit sèchement que Lamoignon empêcha la censure et imposa silence à la Faculté.

rôle va prendre une importance chaque jour plus
grande dans l'histoire de l'Église de France, les évêques cédèrent, et, les uns avec enthousiasme, surtout
les anciens élèves des Jésuites, les autres avec résignation, ils signèrent et firent signer le Formulaire.
« Les temps étaient si fâchenx pour les disciples de
saint Augustin, dit Hermant cité par Sainte-Beuve [1],
qu'ils se croyaient obligés de regarder comme leurs
amis ceux qui ne leur jetaient point des pierres, d'excuser la faiblesse de ceux qui se laissaient aller au torrent, pourvu qu'ils ne se déclarassent point contre eux
d'une manière envenimée. »

Ce fut le cas pour bien des évêques, et pour de nombreux docteurs de Sorbonne, anciens approbateurs de
la *Fréquente Communion* ou partisans déclarés d'Antoine Arnauld lors de sa radiation en 1656. On put enregistrer ainsi la défection du docteur Sainte-Beuve, de
l'abbé de Bourzeis, de l'Académie française, de Duhamel,
curé de Saint-Merry, de l'abbé de Rancé, qui n'a jamais
cessé de juger bien sévèrement les Jésuites et Molina,
de beaucoup d'autres enfin dont les noms feraient une
liste très longue.

Les ordres religieux, particulièrement surveillés par
les Jésuites, qui les jalousaient, durent se faire bien
petits et bien humbles pour n'être pas inquiétés, car ce
que Pascal avait dit des Dominicains dans la deuxième
Provinciale se vérifia chez les Oratoriens, chez les
Bénédictins, chez les Lazaristes, chez les Chartreux,
partout enfin. « Nous dépendons des supérieurs. Ils
dépendent d'ailleurs. Ils ont promis nos suffrages ;
que voulez-vous que je devienne ? » Ainsi s'étaient
affaiblis les Frères prêcheurs ; ainsi s'affaiblirent les

____

(1) *Port-Royal*, tome IV, p. 354.

Oratoriens, livrés aux Jésuites par leurs généraux, par le Père Bourgoing, l'ancien ami de Jansénius, et par le Père Senault. C'est ainsi que le Père Malebranche dut attendre la paix de l'Eglise pour faire la rétractation si triste qu'on a lue ci-dessus.

Le clergé séculier était dans la même situation; l'histoire du chapitre de Beauvais révolté contre son évêque, et surtout l'incarcération, par ordre de l'archevêque de Rouen, de Richard, curé de Triel, le prouvent surabondamment. Le cardinal Grimaldi, archevêque d'Aix, était indigné d'une telle violence « sous un prétexte aussi ridicule que le Formulaire, que l'Eglise n'autorise point et ne peut autoriser. Si tous les évêques se mêlent de faire des symboles de foi, à la fin, on ne saura plus que croire. Cette action là, qui [se] sent de l'Inquisition, fera bruit, car ni l'Église ni l'État ne doivent point souffrir ces excès ; c'est trancher du pape et du roi [1]. »

Parmi les séculiers, il en est un dont l'attitude à cette date doit attirer l'attention, c'est Bossuet, qui ne fut peut-être pas alors aussi franc du collier qu'il l'a été depuis. En 1662, dans l'oraison funèbre du Père Bourgoing, il s'emporta contre les jansénistes et fit entendre ces paroles, que la pusillanimité de Déforis a supprimées, que la loyauté d'Hermant a conservées à la postérité : « Il déclama, dit Hermant [2], contre les disciples de saint Augustin en leur donnant le nom de novateurs qui, par des chicanes inouïes, afin de se soustraire de l'obéissance des souverains pontifes, demandèrent en quel endroit sont les propositions dans un livre, et dit qu'il n'y avait qu'à répondre qu'elles

____

(1) HERMANT, *Mém.*, t. VI, p. 565.
(2) *Ibid.*

étaient dans tout le livre, et que tout le livre n'était
que ces propositions. » Quelques mois plus tard, lors
de l'affaire Lamoignon, Bossuet prit ostensiblement
parti pour les ultramontains, ce qui aurait fait dire au
roi « qu'il voyait bien que cet abbé ne se souciait pas
beaucoup d'être du nombre de ses amis [1] ». Hermant
ajoute aussitôt que son mérite l'a relevé de cette chûte,
et que la mort de M. Cornet, auquel il était attaché par
un excès de reconnaissance, « lui a aplani les voies
pour un des plus importants emplois de notre siècle ».
Comme une infinité d'autres, le grand Bossuet avait, au
temps du Formulaire, payé tribut à la faiblesse humaine.

Les théories religieuses et morales de Port-Royal
n'avaient pas seulement remué jusque dans ses couches les plus profondes le monde ecclésiastique du
xviie siècle ; le véritable jansénisme, c'est-à-dire l'anti-
molinisme catholique, avait pénétré partout ; les gens
du monde et les femmes même s'étaient fait une opinion
sur la grâce efficace et sur le probabilisme. Descartes
avait publié le *Discours sur la méthode* en français,
parce qu'il voulait être lu par les dames ; tous les ouvrages de polémique religieuse écrits au temps des
Provinciales sont de même en français. Aussi la connaissance de ces questions, jadis réservée aux seuls
savants, envahit-elle les académies, les salons ; elle
pénétra la littérature, la poésie, le théâtre. Le *Saint-
Genest* de Rotrou (1646) et le *Polyeucte* de Corneille
(1640 ou 1643 ?) en sont la preuve manifeste. Corneille
était l'élève et l'ami des Jésuites ; il était imbu des
théories molinistes, aussi les voyons-nous s'étaler au
grand jour dans *Polyeucte* ; Néarque est un disciple
de Molina :

____

(1) Tome VI, p. 295.

> Il est toujours tout juste et tout bon, mais sa grâce
> Ne descend pas toujours avec même *efficace*.
> Après certains moments que troublent nos langueurs,
> Elle quitte ces traits qui pénètrent les cœurs.
> Le nôtre s'endurcit, la repousse, l'égare.
> Le bras qui la versait en devient plus avare,
> Et cette sainte ardeur qui doit porter au bien
> Tombe plus rarement, ou n'opère plus rien.

Au contraire la conversion de Pauline, l'invraisemblable conversion de Félix, et celle de Saint-Genest dans la tragédie de Rotrou, sont manifestement, comme autrefois celle de saint Paul, des coups de la grâce efficace par elle-même. Corneille est encore plus franchement moliniste dans Œdipe (1659), où il dit crûment (acte III, scène 5) :

> Le Ciel, juste à punir, juste à récompenser,
> Pour rendre aux actions leur peine ou leur salaire,
> Doit nous offrir son aide, et puis nous laisser faire.

Mais sa traduction en vers de l'*Imitation de Jésus-Christ* le rapproche du jansénisme, car l'*Imitation* est, quand il s'agit de la grâce, un livre parfaitement augustinien et antimoliniste.

Molière, élève des Jésuites de Paris, qui ne l'ont pas rendu chrétien, était incapable de comprendre Port-Royal ; et ses démêlés avec le prince de Conti, un don Juan converti par l'évêque d'Aleth, n'étaient pas de nature à lui faire aimer les rigoristes ; il est pourtant certain qu'il a goûté les *Provinciales* et qu'il les a utilisées ; ce ne sont pas les jansénistes qui lui ont servi de modèles quand il a voulu peindre Tartuffe, Orgon et Mme Pernelle.

Les purs littérateurs, Balzac, mort avant les *Provinciales*, Chapelain, Voiture, Mlle de Scudéry, Saint-Évremond, Méré, La Rochefoucauld sont tous en dehors du mouvement janséniste, parce qu'ils sont plus

ou moins indifférents en matière religieuse. La Rochefoucauld notamment ne doit rien à Pascal ni à Port-
Royal ; et cependant on sait par des découvertes toutes récentes qu'il allait chez Mme de Sablé, non pas,
comme le croyaient Sainte-Beuve et Victor Cousin,
auprès de Port-Royal, mais dans Port-Royal même.
L'appartement de la marquise, celui où furent dégus-
tés tant de potages exquis, où furent préparées les
Maximes, était immédiatement au-dessus du chapitre
des religieuses. On pouvait sans en sortir faire une
prière ou écouter les chants liturgiques dans la loge
grillée qui donnait sur le chœur des religieuses, immédiatement au-dessus de la tombe d'Angélique Arnauld.
C'est là que furent donnés, au plus fort de la persécution de 1665, les derniers bons à tirer de tant de
Maximes si franchement païennes.

Port-Royal ne cherchait nullement à exercer son
influence sur les gens de lettres, car les disciples de
Saint-Cyran, bien qu'ils fussent réputés bons écrivains,
n'ont jamais eu l'idolâtrie de la forme ; on écrivait
pour se faire entendre et non pour se faire admirer.
Ceux mêmes qui auraient eu naturellement les grâces
du style, comme Hamon, Quesnel et Duguet, ont
dédaigné ces avantages, si bien qu'il n'y a, Pascal et
Racine mis à part, ni littérature ni poésie proprement
jansénistes [1].

Même observation pour les beaux-arts, pour l'archi-
tecture, pour la peinture et pour la musique ; la Mère
Angélique a simplifié à l'excès les plans de Le Pautre.
Pour les tableaux, les constitutions veulent qu'on sup-

---

(1) Voir au sujet des écrivains de Port-Royal : *Histoire de la
langue et de la littérature française publiée sous la direction de Petit
de Julleville.* — Paris, Armand Colin, tome IV (1897), p. 560-627.
Ce que j'ai dit dans ce long chapitre, je ne pourrais que le répéter ici.

plie ceux qui voudraient en offrir d'en donner seulement quelques-uns, « et qu'ils ne soient plutôt qu'en détrempe ». Heureusement Philippe de Champaigne ne s'est pas conformé à cette prescription. La musique religieuse enfin était d'une extrême simplicité, c'était le plain-chant tout uni, sans accompagnement d'orgue, sans aucune espèce d'instruments. Port-Royal en 1663 ne cherchait pas à briller, encore moins à dominer ; il aspirait à vivre en paix lorsque s'ouvrit tout à coup, sans aucune provocation de sa part, l'ère des grandes persécutions.

CHAPITRE IX

**La grande persécution (1664-1668). — Péréfixe et Port-Royal. —
Les quatre évêques. — La paix de Clément IX**

Il y avait eu à Paris, durant l'année 1663, des tentatives de pacification religieuse. L'évêque de Comminges, Gilbert de Choiseul, un modéré qui estimait infiniment les jansénistes [1], se mit en campagne avec l'assentiment du roi, et il put croire quelque temps que ses démarches aboutiraient à un accommodement. Il s'était abouché, dans sa candeur, avec le Père Ferrier, le fidèle Achate du Père Annat, et il avait été stipulé, dès le premier jour, qu'on n'exigerait point de signature sur le fait de Jansénius, le silence respectueux suffirait. Mais les Jésuites associés se montrèrent chaque jour plus exigeants et plus intransigeants, et finalement leur insigne fourberie fit échouer l'affaire. Choiseul avait marché droit devant lui malgré les obstacles, et il ne s'était même pas laissé décourager par l'abstention systématique et finalement hostile d'Antoine Arnauld. Il était arrivé à des résultats très appréciables, car les disciples de saint Augustin lui avaient remis une déclaration en quinze articles, dont Rome avait reconnu l'orthodoxie, et, le 18 ou le 20 sep-

(1) L'évêque de Comminges était plus qu'à demi janséniste. Il eut le courage de dire au roi qu'il perdrait plutôt son évêché que d'abandonner la doctrine de saint Augustin et de saint Thomas sur la grâce efficace. HERMANT, tome VI, p. 536.

tembre, il présenta au roi un acte qui lui semblait de nature à lever les dernières difficultés. Cet acte est d'une grande importance pour l'intelligence des événements qui vont suivre, car on va voir qu'il eut alors même l'approbation de Péréfixe et, qui plus est, celle de Bossuet. Voici, en effet, ce que cet acte contenait de plus remarquable : « ... Nous supplions très humblement Mgr de Comminges de vouloir s'employer auprès de Sa Majesté pour l'assurer que, demeurant toujours dans la même disposition, nous condamnons et rejetons la doctrine des cinq propositions condamnées par les constitutions d'Innocent X et d'Alexandre VII. Que nous ne soutiendrons jamais aucune de ces propositions, sous prétexte de quelque sens et de quelque interprétation que ce soit... Et, à l'égard des décisions de fait contenues dans la constitution de N. S. P. le pape Alexandre VII, par laquelle les cinq propositions sont déclarées avoir été tirées du livre de Jansénius et condamnées dans le sens de cet auteur, nous déclarons que nous voulons rendre à ces décisions, encore qu'elles ne soient pas en matière de foi, tout le respect, toute la déférence et toute la soumission que l'Eglise exige des fidèles en ces occasions et dans des matières de cette nature, étant persuadés qu'il n'appartient pas à des théologiens particuliers de résister aux décisions du Saint-Siège et de les condamner.

« Le lundi, M. de Comminges, s'étant rendu à Vincennes, s'adressa d'abord à M. l'archevêque de Paris, et l'ayant tiré à part, il l'entretint de tout ce qu'il avait fait depuis le dernier jour que le roi lui avait donné l'ordre de parler à ces messieurs. Ensuite il lui fit lire cet acte, et M. l'abbé Bossuet s'étant trouvé devant eux, M. de Paris le pria de s'approcher, dit à M. de Comminges que c'était son ami, et mit cet acte entre

les mains de l'abbé, lequel, l'ayant lu deux fois, dit
qu'après cela on ne pouvait nullement accuser ces
messieurs ni d'hérésie ni de désobéissance vers Sa
Sainteté. Qu'il était vrai qu'ils eussent pu faire davantage et parler plus nettement sur le fait de Jansénius,
mais que ce qu'ils avaient fait était plus que suffisant
pour lever tout le soupçon que l'on avait conçu contre
eux sur ces deux chefs. Sur quoi M. de Paris ayant dit
que c'était aussi son avis et qu'il s'en contenterait, il
rendit le papier à M. de Comminges et partit avec lui
pour monter dans la chambre du roi [1]. » Bossuet, ce
jour-là, aurait sans hésiter fait la paix de l'Eglise, et
Péréfixe également; quelques heures plus tard, l'échafaudage si péniblement construit était renversé. Le
Père Annat, parlant au nom du Conseil de conscience,
défendit au roi de recevoir la déclaration des Augustiniens, et Péréfixe fit chorus avec le Père Annat.
L'évêque de Comminges retourna tristement dans son
diocèse; à la paix qu'il avait rêvée allait succéder une
guerre sans merci engagée par l'archevêque de Paris,
sur l'ordre du Père confesseur armé de toute la puissance royale.

Le Père Annat, plus résolu que jamais à exterminer
ses adversaires, avait mis une condition *sine qua non*
à l'élévation de Péréfixe sur le siège de Paris : l'évêque
de Rodez avait dû s'engager à persécuter Port-Royal,
le confesseur se chargeant de lui en fournir les moyens.
Le 29 avril 1664, douze jours après la mort de Singlin,
qui put encore être enterré dans le préau du monastère, parurent des lettres patentes en forme d'édit,
dressées par le Père Annat, et c'est en vertu de ces
lettres, bien que le roi n'y fît point mention des mo-

(1) HERMANT, *Mém.*, tome VI. p. 488.

nastères de femmes, que Péréfixe prétendit contraindre les religieuses de Port-Royal à une signature pure et simple qu'il savait impossible. Ce malheureux archevêque va jouer, durant les années qui suivirent, un assez vilain rôle que les historiens n'ont pas suffisamment mis en lumière. Tour à tour odieux et grotesque, il s'est vu, comme le doux Nicole le lui a dit publiquement en 1665, « dans la nécessité ou de résister au Père Annat ou d'opprimer les religieuses de Port-Royal. Et comme il était incapable de l'un, il s'est porté avec violence à l'autre. Quelque humble et quelque respectueuse que fût leur résistance, elle n'a pas laissé de l'irriter, parce qu'elle lui attirait les Jésuites sur les bras et l'obligeait à contredire la cour. Ainsi, ayant perdu toutes ses mesures, il s'est abandonné aux mouvements impétueux de sa colère, et n'ayant pas assez de force pour se tirer de cette méchante affaire par une voie digne d'un évêque, qui était de résister aux injustes poursuites de ceux qui sont puissants dans le monde, il s'est jeté sur les faibles avec une impétuosité démesurée, pour s'ouvrir en les accablant un moyen de sortir de l'embarras où il s'était mis [1]. »

Ainsi s'explique cette persécution cruelle dont le récit détaillé serait véritablement poignant. Il est d'ailleurs ébauché partout, et si l'on veut aller au fond des choses, c'est facile, car les documents abondent. Ce sont d'abord les actes originaux des religieuses, calligraphiés par la Sœur Catherine de Sainte-Suzanne Champaigne, la paralytique si parfaitement guérie, et revêtus de leurs signatures autographes. Ils ont été conservés, et c'est un des trésors des archives actuelles de Port-Royal. Ce sont ensuite les publications faites à l'heure même,

____

(1) *Apologie des religieuses*, 2ᵉ partie, publiée en 1665, p. 84.

les *Imaginaires* de Nicole, l'*Apologie des religieuses de Port-Royal*, par Arnauld et Nicole (1665); les précieux recueils de pièces formés au xviii° siècle par Louis-Adrien Le Paige, les actes, lettres et relations, qui parurent vers 1735, et la très importante *Histoire des persécutions*, à laquelle appartiennent les interrogatoires utilisés ci-dessus. On trouve là de quoi reconstituer ce grand drame, qui s'est déroulé avec bien des péripéties de 1664 à 1668. La mort a empêché Racine d'en achever le récit, car son *Histoire de Port-Royal* ne va pas au delà de 1665, et c'est dommage, car il trouvait là mieux encore que dans *Bérénice* cette tristesse majestueuse qui lui paraissait si bien convenir à la tragédie. Et n'est-ce pas une tragédie religieuse que le récit de ces enlèvements, de ces mises en geôle, de ces tortures morales pour arracher à des femmes ce qu'elles considèrent comme une apostasie! Besoigne et dom Clémencet, les deux meilleurs historiens de Port-Royal, ont fait de ces événements, Besoigne surtout, un récit très fidèle, très complet et très émouvant. Sainte-Beuve, enfin, qui ne s'est jamais proposé d'écrire une histoire complète et définitive, s'est contenté de décrire quelques scènes ; ses sympathies vont évidemment aux persécutées, et il est parfois ému, mais il persiste à désapprouver ce qu'il appelle toujours l'entêtement d'Arnauld et l'obstination maladive des religieuses. Il ne saurait admettre le principe qui les faisait agir : « Mentir à la face de l'Eglise et se parjurer est un grand péché, et il n'est jamais permis de mentir pour obéir à un commandement soit de son évêque, soit du pape, ni pour éviter l'excommunication même [1]. »

---

(1) *Lettre* au R. P. Annat sur ses Remèdes contres les scrupules ; anonyme. 12 p. in-4, p. 8. — L'évêque d'Amiens, Faure, qui n'était pas janséniste, disait à la Mère de La Fayette que si les religieuses

Il suit de là que les jugements de Sainte-Beuve ne sau-
raient être admis sans contrôle ; il est un peu comme
un historien qui parlerait des persécutions en reprochant aux martyrs, ce qu'ont fait les libres penseurs
de l'école de Sainte-Beuve, une obstination maladive.

Quoi qu'il en soit, voici, d'après l'excellente *Histoire
des persécutions*, comment se sont déroulés les événements qui suivirent les lettres patentes de Louis XIV.
Le 7 juin 1664, Péréfixe publia un mandement qui fut
jugé bien étrange et réfuté par Nicole, dix jours après
sa publication, dans la quatrième de ses *Lettres sur
l'hérésie imaginaire*. L'archevêque semblait, en effet,
ouvrir la porte à un refus absolu de signature, car il
disait qu'à moins d'être malicieux ou ignorant, on
ne pouvait soutenir que les constitutions des papes
Innocent X et Alexandre VII demandaient une foi divine pour le fait, pour lequel on ne pouvait exiger
qu'une foi humaine et ecclésiastique. Mais ce qu'il
accordait d'une main, il le retirait de l'autre, car il
embrouillait les choses comme à plaisir, et il tombait
dans le galimatias ; le malheureux écrivait sous l'œil
vigilant du Père Annat, et pour lui complaire.

Il envoya son mandement à Port-Royal le lendemain
même de sa publication, et il vint en personne au
faubourg Saint-Jacques pour exiger les signatures de
toute la communauté. Il accordait aux religieuses quelques semaines de réflexion, et, dans l'intervalle, ses
mandataires, le docteur Chamillard et le Père Esprit,
faisaient l'impossible pour les amener à composition.
Chamillard leur proposa même, le 3 juillet, un expédient digne d'Escobar. « J'avais pensé, leur dit-il, que

de P. R. croyaient commettre un péché mortel en signant, elles
devaient ne pas signer, car elles seraient alors coupables de péché
mortel.

vous pourriez dire : *Je me soumets de cœur et de bouche aux constitutions des papes*, la soumission de cœur étant pour le droit et celle de bouche pour le fait [1]. » Ces inepties étaient rejetées, et, le 14 juillet, Philippe de Champaigne remettait à l'archevêque, au nom de sa fille et de toutes les religieuses, un acte par lequel elles déclaraient s'en tenir à leur ancienne distinction du fait et du droit. Une maladie de Péréfixe suspendit pour un peu de temps les poursuites, et, le « mercredi 13 août, la communauté annonça une neuvaine à la Sainte Épine, pour demander à Dieu la santé de M. l'archevêque ». Les religieuses profitèrent de ce moment de répit pour rédiger des requêtes un peu enfantines à saint Pierre et à saint Paul, à sainte Madeleine, à saint Laurent, à saint Bernard, à la Sainte Vierge, à Jésus-Christ couronné d'épines. Cette dernière, composée par la Mère Agnès, fut mise sur l'autel, pendant la messe, le surlendemain du jour où la communauté, assemblée capitulairement, dressa le plus important de tous les actes dont il soit fait mention dans l'histoire de Port-Royal. Sainte-Beuve ne paraît pas connaître cet acte des 11 et 14 août 1664, et son ignorance ne s'explique pas, car l'illustre historien a tiré de l'*Histoire des persécutions* à cet endroit même les très curieux détails qu'il relate sur les requêtes et sur la neuvaine pour la santé de l'archevêque [2]. Il est inadmissible que ce soit une omission volontaire, c'est en tout cas une omission très regrettable. Cet acte, qui n'a pu être dressé par un notaire, les religieuses le disent positivement, est, dans plusieurs de ses parties, en style de tabellion, et il caractérise très bien la ma-

---

(1) *Histoire des persécutions*, p. 263.
(2) V. Sainte-Beuve, *Port-Royal*, tome IV, p. 201.

nière des religieuses de Port-Royal. Filles spirituelles
d'Angélique Arnauld, issues souvent de familles d'avocats ou de magistrats, elles étaient essentiellement for-
malistes, procédurières, avocassières, voire proces-
sives ; c'est une des rares faiblesses de ces grandes
âmes, de même que la croyance aux songes prophé-
tiques, la disposition à voir partout des miracles, et la
tendance à trouver dans les saints livres ouverts au
hasard des textes se rapportant d'une façon précise à
leur situation présente. On peut voir tout cela dans
les chapitres XXXVI et XXXVII de l'*Histoire des persécutions,* où se trouve décrite la « cérémonie » du
11e jour d'août. « La communauté, dit le narrateur
malheureusement anonyme, s'assembla capitulairement
après la grand'messe... Comme nous étions rangées
chacune en notre rang dans le chapitre, et une table
au milieu, la Mère Agnès ouvrit le livre des saints
évangiles qu'on devait mettre sur la table, et sur
lequel nous devions jurer notre profession de foi, dans
le dessein de voir ce que la Providence nous y ferait rencontrer, et à l'ouverture, sans autre choix, elle trouva
le XVIe et le XVIIe chapitres de saint Jean, où on lut
d'abord ces paroles dans la première page : *Amen
dico vobis,* etc., c'est-à-dire : En vérité, en vérité je
vous le dis ; vous pleurerez et vous gémirez, vous
autres, et le monde sera dans la joie... Je ne vous dis
point que je prierai mon Père pour vous, car mon
Père vous aime lui-même parce que vous m'avez
aimé... Le temps va venir, et il est déjà venu, que
vous serez dispersés chacun de son côté. Et ce qui
suit : Vous aurez des afflictions dans le monde, mais
ayez confiance, j'ai vaincu le monde. Et dans la
deuxième page, la prière que Jésus-Christ fait à son
Père dans le XVIIe chapitre afin qu'il unisse en lui

tous ceux qu'il lui a donnés, et qu'aucun ne périsse.

« Cette rencontre nous parut une espèce de prophétie, et nous confirma dans la résolution de nous attendre à tout ce que Dieu nous proposait; mais avec la consolation que ce serait Jésus-Christ qui surmonterait encore une fois le monde en nous par la vertu de sa grâce toute-puissante, pourvu que nous demeurassions unies dans la charité qui est notre force.

« L'une de nous lut ensuite tout haut la profession de foi, toutes étant à genoux en leur rang dans un profond recueillement et dans une grande attention. Et ensuite notre Mère la première, et les autres par ordre, se levèrent de leur place pour aller l'une après l'autre mettre la main sur les saints Évangiles, et baiser le livre en signe qu'elles embrassaient et juraient tous les articles de foi dont elles venaient de faire profession. Jamais rien ne fut plus édifiant que cette cérémonie, qui fut faite avec une gravité et une dévotion toute extraordinaire. L'on poursuivit ensuite le reste de l'Acte dont cette profession de foi fait une partie, et l'après-dînée il fut signé de toute la communauté [1]. »

Cette profession, qu'on pourra toujours citer pour prouver l'orthodoxie des prétendus jansénistes, car c'est à vrai dire le Credo de Port-Royal, faisait en effet partie d'un acte que la communauté aurait voulu passer devant un notaire; elle venait à la suite de plaintes au sujet des persécutions antérieures; c'était comme un testament spirituel fait à l'article de la mort. Ce credo était très explicite, mais il n'y est pas dit un mot de la Grâce efficace ou suffisante, et saint Augustin n'y est pas nommé. Il se terminait par la déclaration suivante, relative au mandement de Péréfixe et au

____

(1) *Hist. des persécutions*, p. 284.

Formulaire : « Nous promettons une soumission et créance sincère pour la foi ; et sur le fait, comme nous n'en pouvons avoir aucune connaissance par nous-mêmes, nous n'en formons point de jugement, mais nous demeurons dans le respect et le silence conforme à notre condition et à notre état. »

A la fin de l'acte se lisait une protestation en règle contre toutes les violences qui pourraient être faites aux religieuses ; c'est de la procédure en style de palais. Évidemment les sœurs ont trouvé moyen de faire rédiger cela par un homme du métier.

Signé à Paris, cet acte fut envoyé immédiatement aux Champs ; il en revint confirmé et approuvé, et muni du sceau de l'abbaye « pour n'avoir pu trouver aucuns tabellions et autres officiers de justice qui aient voulu recevoir ces présentes ». C'est le dernier acte capitulaire qui porte la signature de toutes les religieuses ; huit jours après, il n'y avait plus ni abbesse ni officières pouvant réunir un chapitre régulier. L'acte dn 14 juillet est bien le testament de mort du monastère de Port-Royal.

Le 21, Péréfixe, guéri de sa fièvre double-tierce, vint à Port-Royal, fit un long discours plein d'injures et de menaces, et défendit aux religieuses de s'approcher des sacrements, ce qui lui attira cette réplique d'une ancienne : « Nous ne pouvions manquer d'être privées de sacrements, puisqu'on nous en prive pour n'avoir pas signé, et que nous nous en serions privées nous-mêmes si nous avions signé, comme ayant commis une très grande faute. » C'est alors que, l'abbesse ayant voulu placer un mot, l'archevêque l'apostropha en ces termes, qui furent écoutés avec la plus parfaite impassibilité : « Taisez-vous, vous n'êtes qu'une petite opiniâtre et une superbe, qui n'avez point d'esprit, et vous vous mêlez de juger de choses à quoi vous n'entendez rien ; vous n'êtes qu'une petite pimbêche, une petite sotte, une petite ignorante, qui ne savez ce que vous voulez dire ; il ne faut que voir votre mine pour le reconnaître. On voit tout cela sur votre visage [1]. » Les jours suivants, il alla de couvent en couvent pour retenir des places ; le 25 ce fut la reine mère, en personne qui pressa une visitandine de la rue Saint-Jacques, la Mère Eugénie de Fontaine, de venir prendre le lendemain le gouvernement de Port-Royal désorganisé par l'archevêque.

Le 26, en effet, jour de saint Bernard, la porte du monastère dut s'ouvrir pour laisser entrer sept ou huit carrosses, il y avait dans la cour du dehors vingt exempts avec leurs bâtons, et deux cents archers de différentes casaques armés de mousquets et de carabines ; c'était l'archevêque qui venait procéder à l'enlèvement de douze religieuses, parmi lesquelles se trouvaient l'abbesse, la Mère Madeleine de Sainte-Agnès de Ligny, et l'ancienne abbesse, la Mère Agnès Arnauld, âgée pour lors de soixante-treize ans. Elle avait peine à marcher, Péréfixe menaça de la faire prendre à quatre par les pieds et par la tête, et cela en présence de Robert Arnauld d'Andilly, son frère, un vieillard de soixante-seize ans [2].

(1) *Hist. des persécutions*, p. 293. On n'a malheureusement pas le portrait de la Mère de Ligny ; il n'a pas été possible de le donner dans l'Iconographie de P. R. publiée en 1909. On ne saurait dire si elle était effectivement de si petite mine ; la mine de l'archevêque n'était pas à ce moment celle d'un successeur des apôtres.

(2) Le lendemain de cet enlèvement, M. Bail, pour justifier sans doute l'épithète de fou que Péréfixe lui avait appliquée dans son entretien du mois de juin avec la Sœur Briquet, écrivait que les religieuses de P. R. avaient été traitées trop doucement par l'archevêque, et que si elles avaient été en Italie ou en Espagne, elles auraient été habillées en diables et brûlées toutes vives.

Pour remplacer l'abbesse, pour gouverner les quarante-sept religieuses de chœur et les quatorze converses qui restaient, Péréfixe introduisit la Mère Eugénie de Fontaine et les cinq visitandines qu'elle avait amenées avec elle, et c'était un surcroît d'affliction pour les filles de la Mère Angélique de recevoir à titre de geôlières des religieuses de la Visitation, alors que la dernière lettre de la Mère de Chantal à l'abbesse de Port-Royal était pour souhaiter l'union intime et indissoluble des religieuses de ces deux maisons. Sainte Chantal, qui n'aimait pas les Jésuites, n'avait pas prévu que ces Pères fanatiseraient au lendemain de sa mort quelques-uns des monastères qu'elle avait fondés. Elle n'avait pas prévu non plus que le cordicolisme des Jésuites sortirait de son cher Paray-le-Monial. L'installation de la Mère Eugénie se fit au milieu des réclamations et des oppositions de toute la communauté ; mais l'archevêque passa outre, il traita les appelantes de folles, et les menaça de nouveaux enlèvements. Et voici comment se termina cette journée dramatique entre toutes : « Ma sœur Geneviève le supplia instamment, dit la Relation, de nous donner sa bénédiction. Il répondit que ce serait de tout son cœur, et nous la donna en se recommandant plusieurs fois à nos prières, et nous assurant qu'il nous honorerait souvent de ses visites [1]. »

Péréfixe revint en effet, et même à satiété, mais sans arriver au but qu'il s'était proposé ; il avait cru que la disparition des mères et des sœurs les plus influentes amènerait à bref délai la soumission des autres ; c'est à peine si à force de prières, de promesses et de menaces il obtint finalement une dou-

---

(1) *Histoire des persécutions*, p. 309.

zaine de signatures. Parmi les signeuses, il y avait
quatre filles en démence, quelques têtes faibles, et
finalement deux intrigantes qui jouèrent un rôle véritablement odieux : la Sœur Dorothée Perdreau, et la
Sœur Flavie Passart, qui occupent une bien petite
place dans le Port-Royal de Sainte-Beuve, et qui devraient être l'objet d'études très détaillées. Le reste
de la communauté, c'est-à-dire en définitive près de
quatre-vingts religieuses, mit en pratique les avis que
la Mère Agnès avait rédigés en vue de la persécution
dès le mois de juin 1663. Elle avait prévu l'enlèvement de l'abbesse, l'intrusion d'une abbesse ayant des
bulles de Rome, le gouvernement de la maison par
des religieuses étrangères, et enfin les mauvais traite-
ments et la privation des sacrements, même à la mort.
Grâce à ces instructions, les religieuses devenues prisonnières dans leur propre couvent ne furent jamais
prises au dépourvu. Quand on leur enleva le 26 août,
le 29 novembre, et finalement le 19 décembre, celles
qui pouvaient les guider, leurs mères d'abord et l'admirable Sœur Angélique de Saint-Jean, et ensuite les jeunes sœurs qui avaient fait preuve d'initiative, Élisabeth
Le Féron, Eustoquie de Brégy et Christine Briquet,
il s'en révéla d'autres, comme cette Geneviève de l'Incarnation Pineau qui n'est pas même nommée dans
Sainte-Beuve. La Sœur Pineau (1607-1675) est la seule
religieuse que la Mère Angélique ait violentée pour la
faire entrer au couvent, dont elle avait horreur ; et
nulle ne fut plus fidèle à sa vocation. Elle a laissé un
récit très animé de son entrée en religion. Durant la
persécution de 1664-1665, elle joua un rôle très important, et Péréfixe eut tort de ne pas la faire enlever, car
elle sut tenir tête aux persécuteurs, et elle a écrit une
relation de ces évènements qui est un document his-

torique de grande valeur. Cette relation de plus de cent grandes pages a été insérée dans l'*Histoire des persécutions*; elle est remplie de détails précis et parfois très piquants [1]. Elle est écrite avec humour, avec esprit, avec malice, avec méchanceté parfois, surtout quand il s'agit de ses anciennes compagnes Dorothée Perdreau, Flavie Passart et autres signeuses. Il faut lire le récit de la Sœur Pineau pour être à même de juger Péréfixe et Chamillard, et Dorothée Perdreau et Flavie Passart, qu'elle compare à Judas, et la Mère Eugénie Fontaine, une geôlière sans en‑trailles, et les visitandines qui l'entouraient, les bonnes mères de la Sourdière et Maupeou, qui admiraient tout à Port-Royal, qui en aimaient tout, mais qui subissaient le joug d'une discipline de fer [2].

En un mot la relation de Sœur Pineau fait très bien voir ce que fut la persécution à Paris; ce qu'elle fut à Port-Royal des Champs, on le voit en lisant deux autres relations imprimées de même dans l'*Histoire des persécutions*, celle de la Mère du Fargis et celle du confesseur Paulon, encore un nom qui devrait se trouver dans Sainte-Beuve et qui ne s'y trouve pas. Cet abbé Paulon avait été nommé confesseur de Port-Royal en 1661 par

(1) On y voit pourquoi Péréfixe avait placé la Sœur Angélique de Saint-Jean auprès de Mme de Rantzau, « esprit avec esprit, science avec science ». Il faut lire, p. 377, ce qui est relatif au fameux procès-verbal du 26 août, rédigé par les Sœurs Eustoquie de Brégy et Christine Briquet. L'archevêque voulait les mettre au pain et à l'eau entre quatre murailles, et il dit en propres termes : « Ton tour viendra, Madelon Briquet », etc.

(2) « Je ne sais, dit à ce propos la Sœur Pineau, s'il y a un ordre de religion dans l'Église plus rempli de ténèbres que celui de la Visitation, et où l'on connaisse moins les véritables maximes et l'esprit du christianisme. Et néanmoins elles ont un véritable désir de plaire à Dieu en tout ce qu'elles font, et nous avons toujours remarqué en elles une véritable estime de leur vocation. » Cette relation est à lire si l'on veut connaître la Visitation.

M. Bail. Il croyait alors tout le mal qu'on lui avait dit
des religieuses de Port-Royal ; mais quand il les vit
de près, il changea du tout au tout, et loin de les persécuter il prit courageusement leur défense. Auprès
de lui se trouvait, à titre d'aumônier sans doute,
l'abbé Floriot, auteur d'une *Morale du Pater* et de
quelques bons ouvrages. Ces deux ecclésiastiques
étaient encore à Port-Royal le 13 novembre 1664,
deux mois et demi après l'enlèvement du 26 août, et
ils y exerçaient paisiblement leur ministère ; Péréfixe
n'avait pas eu le temps de songer au monastère des
Champs. Il y passa quelques jours du 13 au 18 novembre ; il interrogea la prieure, la Mère du Fargis, ainsi
que plusieurs religieuses ; il batailla avec les deux
ecclésiastiques qui n'avaient pas signé le Formulaire
et qui ne voulaient pas le signer, et sa visite aux
Champs se termina par une excommunication des religieuses, qui ne firent même pas leurs pâques en 1665.
Le 30 novembre, une lettre de cachet fut expédiée par
ses soins ; Floriot et Paulon furent chassés ; le médecin Hamon, visé par cette lettre, s'esquiva par les jardins. C'est à cela que se borna jusqu'au mois de juillet
1665 la persécution de Port-Royal des Champs ; son
heure n'était pas encore venue.

On voit par ce qui vient d'être dit qu'en somme
Péréfixe fut vaincu dans cette lutte, parce que les
religieuses de Port-Royal, malgré une douzaine de
défections, avaient su conserver l'union qui fait la
force. Elles furent d'ailleurs secondées d'une façon
merveilleuse par le dévouement de leurs amis. Ils
étaient nombreux, et la Providence leur en suscitait
chaque jour de nouveaux, parce que l'héroïsme de ces
femmes faisait l'admiration de tous les honnêtes gens.
Aussi furent-elles toujours. malgré la rigueur de leurs,

geôliers, en correspondance réglée avec le dehors. On a publié au xviiie siècle des centaines de lettres écrites à la dérobée par ces prisonnières. Un confesseur qui leur fut imposé par l'archevêque, l'abbé de Boisbuisson, fit à Port-Royal de Paris ce que Paulon avait fait à Port-Royal des Champs, ce que fit à Meaux un confesseur de la Mère de Ligny. Il eut honte du métier d'espion qu'on voulait lui faire faire ; il entra dans les sentiments de celles qui refusaient de signer ; il les encouragea à la résistance, il se fit enfin leur messager pour la transmission des lettres et des papiers secrets. Ce sera lui qui, le jour du rétablissement, chantera la grand'messe à Port-Royal des Champs, il figure au nécrologe parmi les fidèles amis du monastère et, n'en déplaise à Sainte-Beuve, il l'a bien mérité.

Dans la plupart des couvents où l'on avait incarcéré les religieuses enlevées, ces saintes filles se faisaient révérer, et l'on eût dit que comme au temps de la Mère Angélique, au temps de la réforme de Maubuisson, elles avaient été envoyées là pour édifier ces monastères et pour les réformer ; c'est la grande raison pour laquelle l'archevêque n'a pas enlevé plus de seize religieuses de Port-Royal. L'exemple le plus remarquable qu'on en puisse citer est celui de l'internement de la Sœur de Saint-Ange Boulogne, placée à Chaillot, chez la bonne et sainte Mère de La Fayette, une digne fille de sainte Chantal. Racine s'est complu à lui rendre hommage tout à la fin de son *Histoire de Port-Royal*, là même où il parle avec une admiration si vive des relations de captivité dressées par la Sœur Angélique de saint Jean, par la Sœur Briquet et par quelques autres.

« Cependant, dit encore Racine, qu'il faut citer une

dernière fois, la cause de ces saintes religieuses, ou plutôt celle de Dieu, était défendue par des écrits lumineux. M. Arnauld, aidé de M. Nicole, entreprit de faire connaître leur innocence. L'*Apologie de Port-Royal*, les *Imaginaires* (Racine aurait pu ajouter les *Visionnaires*, il n'a pas osé, car il pleurait toujours le vilain rôle qu'il avait joué à cette époque), et tant d'autres ouvrages solides et convaincants manifestaient à toute la terre l'injustice de cette persécution. Mais comme on ne pouvait montrer l'innocence des religieuses sans dévoiler la turpitude (voilà un bien gros mot) de leurs persécuteurs, ces mêmes écrits, qui justifiaient les religieuses opprimées, mettaient en fureur leurs ennemis, qui les persécutaient avec encore plus de chaleur. »

Il est certain que dans ces écrits, contemporains des premières satires de Boileau, on ne ménage guère Péréfixe et le Père Annat, et Chamillard, et Desmarets de Saint-Sorlin, le triple fou qui agissait de concert avec l'archevêque, et la Mère Eugénie de Fontaine, et enfin Dorothée Perdreau et Flavie Passart. Les *Imaginaires*, la 6e surtout, datée du 25 juin 1665, sont d'une vigueur étonnante, et le doux Nicole, qui y malmène le Père Annat à la manière de Pascal, a bien mérité des religieuses de Port-Royal, dont il a pris victorieusement la défense [1]. Il en fut de même de Claude Lancelot, dont Sainte-Beuve aurait admiré l'énergie et l'esprit d'initiative, s'il lui avait été donné de connaître la belle lettre contre Racine dont l'autographe est au musée de Port-Royal des Champs et les

____

(1) La Mère Angélique, qui désapprouvait les *Provinciales*, n'aurait pas admis des pamphlets de cette violence. On sait par Nicole lui-même que Mme de Longueville, l'abbé de Barcos et quelques autres ne les goûtaient pas.

soixante lettres inédites qu'il écrivit en 1664 et 1665 pour stimuler les défenseurs de Port-Royal [1].

A ces amis fidèles et intrépides il s'en joignit d'autres, et notamment les évêques d'Angers, de Beauvais et d'Aleth, dont il va falloir étudier le rôle ; Péréfixe, désespérant de rompre un faisceau d'une si grande force, capitula au milieu de l'année 1665, mais sournoisement, comme pouvait le faire un second du Père Annat, et en s'efforçant de faire aux ennemis du confesseur tout le mal dont il était capable. Au lieu d'enlever de nouvelles sœurs, car il en était d'elles comme du rameau d'or de Virgile :

> Uno avulso, non deficit alter
> Aureus, et simili frondescit virga metallo,

il imagina de ramener toutes les exilées, de rassembler en un même lieu les quatre-vingts opposantes et de les incarcérer toutes, sous la surveillance d'un corps de garde, dans le monastère des Champs, qu'il savait être très malsain. Ainsi fut fait, et tout le monde connaît l'histoire de cette odieuse persécution qui dura plus de trois ans. Ce fut une captivité aussi étroite que si les pauvres religieuses avaient été enfermées à la Bastille ; elles ne pouvaient même pas prendre l'air dans leur jardin. Elles étaient privées de sacrements à la vie et à la mort, et on leur refusait la sépulture ecclésiastique. Défense de chanter l'office capitulaire ; toutes les privations, toutes les humiliations, toutes les vexations. Mais on eut beau faire, on ne put empêcher Claude de Sainte-Marthe de grimper

---

(1) Cf. *Revue hebdomadaire*, 8 août 1908. — La lettre qui a réduit Racine au silence a été publiée par M. Paul Mesnard en 1872 à la fin de son édition complète de Racine (Coll. des grands écrivains de la France).

sur les arbres et de les exhorter de temps en temps, et le médecin Jean Hamon, le « théologien de la captivité », comme dit Sainte-Beuve qui lui a consacré plusieurs de ses meilleures pages, écrivit pour leur consolation des Traités admirables. On empêcha du moins Lemaître de Saci de venir en aide par ses écrits aux religieuses persécutées ; il fut arrêté dans la rue après avoir été sans doute dénoncé par l'odieux Desmarets de Saint-Sorlin, et cet innocent, ce saint prêtre subit à la Bastille du 13 mai 1666 au 31 octobre 1668 une captivité très dure, sans pouvoir dire ou entendre la messe. Ces trois années ont été terribles: et tout cela pour aboutir à une nouvelle et dernière capitulation de l'archevêque de Paris, lorsqu'une levée de boucliers de l'épiscopat français amena, après bien des péripéties, ce qu'on appelle la Paix de l'Église.

***

Lorsque Péréfixe sommait les religieuses de Port-Royal de signer le Formulaire sous peine d'excommunication, elles pouvaient lui répondre : « Si nous étions dans un autre diocèse, à Sens, à Angers, à Beauvais par exemple, on ne nous soumettrait pas à de pareilles tortures; car il y a là des évêques qui ne le font pas signer, et d'autres qui admettent la distinction du fait et du droit; quelques-uns même nous encouragent à ne pas signer sans restriction, et tous ces prélats sont toujours en communion avec le pape. » A cela Péréfixe n'aurait eu rien à répliquer, d'autant plus que les défenseurs des religieuses avaient imprimé avec force commentaires la lettre de l'évêque d'Angers à l'archevêque de Paris, et la réponse de ce dernier, et la contre-réponse de Henri Arnauld. Il était manifeste que l'Église de France n'était pas unie alors comme elle le sera vingt ans plus tard lors de l'affaire de la Régale. Mazarin l'avait asservie, démoralisée et désorganisée comme à plaisir et les Jésuites l'y avaient puissamment aidé. Les assemblées du clergé avaient été détournées de leur objet; on avait essayé de les transformer en conciles, et le désordre était à son comble. Le Formulaire, rédigé en France par le Père Annat et par l'archevêque Marca, avait pour fondement l'infaillibilité personnelle du pape, et cette même infaillibilité était combattue vigoureusement en France par le roi, par les Cours souveraines et par la Sorbonne, que le Parlement forçait à marcher droit. Les choses allèrent si loin que Louis XIV fit supprimer le 26 juillet 1665 une bulle d'Alexandre VII qu'il jugeait nulle et abusive. Le cardinal de Retz, pleinement réconcilié, fut envoyé à Rome par le roi, et il amena le pape à faire le sacrifice momentané de ses prétentions à l'infaillibilité. Si les jansénistes avaient été véritablement disciples de Jansénius, ils auraient signé le Formulaire avec enthousiasme, attendu que l'évêque d'Ypres, ultramontain déterminé dès son jeune âge, croyait à l'infaillibilité personnelle du pape et acceptait sans discussion le jugement qu'il porterait sur son livre. Il différait en cela de son ami Saint-Cyran, qui était foncièrement gallican. Mais il y avait encore en France quelques évêques attachés aux maximes séculaires de l'Église gallicane. Ils étaient quatorze en 1650, ceux que nous avons vus écrire au pape une lettre si ferme au sujet des cinq propositions de Nicolas Cornet; mais on parvint à affaiblir la plupart d'entre eux, Gondrin, Godeau, Vialart même, et il en resta bien peu sur la brèche après 1653. Ici commence l'histoire des « quatre évêques », Arnauld d'Angers, Choart de Buzanval de

Beauvais, François Caulet de Pamiers et Nicolas Pavillon, d'Aleth.

On ne saurait dire que ces quatre prélats se soient concertés dès le début de l'affaire des cinq propositions, car ils ne se connaissaient même pas alors, et plusieurs d'entre eux avaient commencé par voir ces questions d'un œil indifférent, ou même avec de fortes préventions. Henri Arnauld tenait pour Port-Royal, car il était frère d'Antoine Arnauld et de la Mère Angélique, et il avait été sacré en 1650 dans l'église toute neuve du monastère de Paris. Mais en raison même de sa parenté, qui le rendait plus que suspect, il ne pouvait pas prendre utilement la défense des religieuses persécutées ; il était condamné à n'être qu'un évêque à la suite. L'évêque de Beauvais, Choart de Buzanval, était annihilé, ou peu s'en faut, par la révolte de la plus grande partie de ses chanoines. Cette grave affaire occupe des centaines de pages dans l'Histoire ecclésiastique de son fidèle chanoine Godefroi Hermant. François Caulet, enfant chéri de saint Vincent de Paul et disciple de l'abbé Olier, était jusqu'en 1656 très hostile à Port-Royal. Il fallut l'affaire des casuistes pour lui ouvrir les yeux et pour lui montrer le mal affreux que la Compagnie de Jésus faisait à l'Église, et c'est alors seulement qu'il prit parti, à la suite de Pavillon, pour la doctrine de saint Augustin si vivement attaquée par les Jésuites. Son rôle actif commence seulement en 1661.

Pavillon enfin avait commencé par être partisan de la signature pure et simple, et il avait répondu en ce sens à une consultation d'Antoine Arnauld ; mais, comme ce dernier ne se rendait pas, l'évêque avait étudié sérieusement la question ; il avait beaucoup réfléchi, beaucoup prié, et il avait jugé qu'une signa-

ture sans restriction était chose inadmissible. Avant
1661, il ne connaissait ni les religieuses de Port-Royal
ni les Messieurs ; c'est lui pourtant qui va devenir
l'âme de la résistance épiscopale aux bulles des papes
et aux Formulaires ; c'est grâce à lui que la paix de
l'Église et le rétablissement de Port-Royal ont été
possibles.

Il n'est pas nécessaire de reprendre en détail l'histoire assez compliquée de la Paix de l'Église ; Sainte-
Beuve en a parlé avec une véritable maîtrise, en ré-
sumant comme il savait le faire la Relation en deux
volumes d'un contemporain de talent, l'abbé Varet,
grand vicaire de Sens, et les *Vies des quatre évêques*
par Besoigne, excellents ouvrages contre lesquels ne
prévaudront jamais les récits mensongers et les odieuses calomnies du Père Rapin. Les éditeurs de Rapin
conviennent eux-mêmes que certains passages de son
dernier chapitre ont besoin d'être excusés plutôt que
réfutés. C'est reconnaître que la rage l'étouffe ; mais
excuser un historien délibérément faussaire, menteur
et calomniateur, c'est à tout le moins une chose
étrange ; les éditeurs de Rapin se sont disqualifiés, et
quant à lui, ses diatribes contre les quatre prélats
« tarés » sont nulles et non avenues aux yeux des historiens honnêtes. Ce qui fit agir Pavillon dans l'affaire
du Formulaire, ce fut le sentiment qu'il avait de ses
devoirs et de ses droits d'évêque successeur des apôtres,
« juge par excellence des questions de doctrine, et qui n'a
de juge supérieur et légitime que les conciles provinciaux
et nationaux ». Quand il vit le roi intervenir dans les
questions purement religieuses et faire des lois et des
canons dans l'Église, il protesta ; il lui écrivit le
25 août 1664 une lettre respectueuse et ferme ; il interdit dans son diocèse la signature du Formulaire et

excommunia sans hésiter deux de ses chanoines qui, malgré sa défense, étaient allés signer à Limoux devant des juges séculiers. On peut juger de l'effet produit par ces démarches audacieuses. Le chancelier Séguier, un si bon ami des Jésuites, dit tout haut que M. d'Aleth avait voulu cracher au nez du roi, et on s'apprêtait à sévir contre lui.

Ce fut bien autre chose l'année suivante, quand une nouvelle bulle d'Alexandre VII, qui faisait sien le Formulaire de Marca, mit les évêques français au pied du mur et leur enjoignit de signer et de faire signer (15 février 1665). Pavillon fit comme tous les autres un mandement, mais conforme à ses principes, soumission de foi pour les dogmes, soumission de respect à l'égard des faits, et il fut suivi aussitôt par les évêques de Pamiers, d'Angers et de Beauvais, qui se solidarisaient avec lui. Un arrêt du Conseil condamna ces quatre mandements et le roi demanda au pape, qui se mourait, deux brefs contre les quatre évêques. Alexandre VII nomma une commission de neuf évêques triés sur le volet pour contraindre les prélats récalcitrants à une signature pure et simple ; en cas de refus, les commissaires agiraient contre eux « par voie de fait, suspension, interdiction et peines plus grièves ».

La mort du pape (20 mai 1667) suspendit l'effet de ces mesures de répression, et le cardinal Rospigliosi, qui avait fait preuve de modération, fut élu, sous le nom de Clément IX, en juillet 1667. Comme il est entendu que la papauté ne meurt jamais, Clément IX commença par expédier à Louis XIV un nouveau bref qui désignait neuf prélats pour réduire les quatre récalcitrants. Mais les choses avaient bien changé depuis la mort d'Alexandre VII. Dix-neuf évêques, la fine fleur de l'épiscopat français, s'indignèrent à la vue d'un pareil avilissement ; ils prirent ouvertement parti pour leurs quatre confrères et écrivirent au pape une lettre vigoureuse qui ne fut point l'objet d'une réprobation, alors que le Parlement faisait saisir la lettre des dix-neuf et les traitait de cabaleurs et d'intrigants [1]. Il s'était produit en France et à Rome un véritable changement ; les dix-neuf devenaient légion, et bientôt ils seraient quarante ; les ministres, Le Tellier et Lyonne en tête, étaient pour eux, le cardinal de Retz prenait leur cause en mains avec une habileté merveilleuse. Mme de Longueville agissait avec le plus grand zèle. Enfin le nouveau nonce, Bargellini, était secrètement chargé par le pape de travailler à une pacification que tout le monde, hormis les Jésuites, désirait ardemment. Dans ces conditions, le nonce écouta les ouvertures que lui firent quelques-uns des dix-neuf, à la tête desquels s'était placé Henri de Gondrin, secondé par Félix Vialart et par Gilbert de Choiseul. On négocia, et, pour éviter d'être mystifiés comme on l'avait été en 1663, on se cacha des Jésuites. Le secret fut si bien gardé qu'ils ne surent absolument rien de ce qui se passait. De là cette exclamation furieuse du Père Annat reprochant aigrement au nonce « qu'il avait ruiné par la faiblesse d'un quart d'heure l'ouvrage de vingt années ». Péréfixe fut également tenu à

---

(1) Voici comment Daguesseau, dans un mémoire encore inédit composé en 1717, a parlé de cette affaire : « On a vu sous le dernier règne, dans l'affaire des quatre évêques, un exemple de ce que peut l'intérêt commun sur l'esprit de ceux mêmes qui sont d'ailleurs les plus opposés les uns aux autres. Plusieurs des prélats nommés commissaires par les brefs que le pape avait donnés contre les quatre évêques rejetèrent hautement une commission si odieuse ; ceux qui l'acceptèrent furent déshonorés, et les autres prélats se soulevèrent contre leur conduite, aussi bien que contre l'entreprise de la Cour de Rome. *On fut donc obligé de faire une paix dans laquelle on accorda les dehors au pape et le fond de la chose aux quatre évêques.* »

l'écart, et il avait mérité cette marque de défiance.

L'expédient que les négociateurs avaient imaginé de concert avec le nonce était le suivant : aux mandements incriminés, qu'il fallait bien sacrifier, puisque le pape les avait condamnés, on substituerait des procès-verbaux secrets que les prélats rédigeraient à leur convenance, et au bas desquels se trouveraient les signatures demandées. Pavillon adhérait à cette combinaison ; mais il mettait à sa condescendance une condition *sine qua non* : les religieuses de Port-Royal et les ecclésiastiques qui leur étaient unis bénéficieraient de la pacification au même titre que les quatre évêques. Le nonce accepta, et dès lors la négociation suivit son cours, avec la lenteur qui caractérise ces sortes d'affaires. Pavillon finit par signer une lettre collective au pape, les trois autres évêques signèrent de même, et l'on apprit au mois d'août 1668 que le pape était favorable à l'expédient des procès-verbaux de synodes. L'affaire du Rituel d'Aleth vint à la traverse et faillit tout gâter, car on avait obtenu de Clément IX un bref qui condamnait au feu cet excellent livre, et Pavillon n'était pas homme à subir un tel outrage. Mais les évêques de France, qui s'étaient décidément ressaisis, prirent son parti ; vingt-neuf d'entre eux approuvèrent le livre si malencontreusement condamné ; la sagesse des ministres de Louis XIV et celle du nonce Bargellini firent le reste, et les négociations pour la paix n'éprouvèrent plus de contre-temps. Il fallait en finir, et Clément IX était d'autant plus de cet avis qu'il craignait, au dire de Péréfixe, de voir quatre-vingts évêques se soulever. En vain les ennemis de la paix dirent au nonce et au pape même que les jansénistes les trompaient par des déclarations mensongères ; leur parfaite loyauté fut mise en lumière par les négociateurs, et le

16 septembre Bargellini annonçait à Louis XIV que le pape était satisfait, et que l'affaire des quatre évêques était finie. C'est alors que le Père Annat eut l'insolence de reprocher au nonce sa faiblesse d'un quart d'heure, et le confesseur dit à son royal pénitent que l'accommodement allait à la ruine de la religion et de l'État. « Mais le roi, dit Clémencet, lui répondit assez froidement : Pour ce qui est de la religion, c'est l'affaire du pape. S'il est content, nous le devons être vous et moi. Et pour ce qui est de mon État, je ne vous conseille pas de vous en mettre en peine, je saurai bien faire ce qu'il faudra [1]. »

La paix étant faite, l'archevêque de Sens conduisit chez le nonce Arnauld, Nicole et l'abbé de Lalanne, et c'est alors que Bargellini dit au docteur Arnauld qu'il avait « une plume d'or, *una penna d'oro*, pour la défense de l'Église » Quelques jours plus tard, le 13 octobre, le roi se faisait présenter à Saint-Germain le célèbre docteur qui vivait caché depuis près de vingt-cinq ans, et que sa police cherchait par terre et par mer pour l'incarcérer comme son neveu Lemaître de Saci, qui était encore sous les verroux [2].

Arnauld reçu par Louis XIV et même par le dauphin, c'était la paix rendue publique, et l'on frappa le 1er janvier 1669 une médaille destinée à commémorer cet heureux événement. Les religieuses de Port-Royal furent l'objet de négociations particulières assez longues et assez délicates. Le nonce ne pouvait rien faire pour elles, car elles dépendaient directement de Péréfixe, qui avait été tenu systématiquement en dehors de toutes les tractations, et qui avait appris le dernier

---

(1) Tome VI, p. 361.
(2) Il sortit de la Bastille le 31 octobre 1668.

l'heureuse conclusion d'une si grande affaire. Il avait pris des engagements formels avec Dorothée Perdreau, qu'il avait fait élire abbesse par une demi-douzaine de signeuses, et il avait promis à cette femme que jamais la Mère de Ligny, l'abbesse légitime, ne reviendrait au faubourg Saint-Jacques. Ce fut seulement le 18 février 1669, après quatre mois de pourparlers, que Duplessis de la Brunetière, grand vicaire de l'archevêque de Paris, rétablit solennellement les religieuses des Champs, séparées à tout jamais de leurs indignes compagnes, auxquelles elles avaient écrit vainement pour leur offrir le baiser de paix. A dater de ce jour, comme le dit joliment Sainte-Beuve, « nous laisserons le Port-Royal de Paris sous la conduite de sa mère Dorothée Perdreau ; il nous devient tout à fait étranger, excepté dans les quelques occasions où il reparaîtra, comme un mauvais frère, pour dépouiller notre unique Port-Royal, celui des Champs [1] ».

Mais en terminant ce chapitre, il convient de faire une observation qui n'a pas été faite, et qui a bien son importance pour l'histoire de l'Église de France. En somme la paix dite de Clément IX est due pour la plus grande part à un sursaut d'énergie de l'épiscopat français, qui s'est dégagé en 1668 de l'étreinte des Jésuites. Comptons les évêques ; ils étaient quatre au début auxquels s'en joignirent dix-neuf quand les Jésuites voulurent immoler ces quatre. L'affaire du Rituel d'Aleth en groupa vingt-neuf, et c'est parce qu'il craignait d'en voir quatre-vingts se soulever que le pape donna les mains à un projet d'accommodement. Si Louis XIV avait été vraiment le roi très chrétien, il aurait compris la portée de ce grand événement ; il se

______

(1) *Port-Royal*, tome IV, p. 409.

serait dégagé lui aussi, et son règne eût été tout autre. Mais le christianisme de ce prince si profondément ignorant était tout à fait rudimentaire ; il consistait, dit Saint-Simon, à craindre le diable et l'enfer, et les scandales de sa vie privée lui faisaient apprécier la morale accommodante et le relâchement des Jésuites. Il lui fallait un confesseur qui ne fût point dans les principes d'Arnauld et de Port-Royal ; il lui fallait un archevêque qui n'eût point l'intransigeance de Pavillon. Se figure-t-on l'évêque d'Aleth devenu archevêque de Paris en face d'un roi doublement adultère et concubinaire public ? Aussi la paix de Clément IX n'a t-elle pas eu l'ampleur qu'elle aurait dû avoir ; elle ne fut en réalité qu'une trêve dont les conditions ne furent pas respectées. Comme le dit avec raison le Père Gerberon à la fin de son *Histoire du jansénisme* [1], « on avait pris l'habitude de haïr les disciples de saint Augustin, et on persévéra encore à les haïr. C'est ce qui fit que les religieuses de Port-Royal perdirent leur maison de Paris, et on eut même peine de les laisser dans celle des Champs, Les docteurs demeurèrent retranchés de la Faculté contre toutes les paroles qu'on leur en avait données ; et quoique M. Arnauld eût communion avec le pape, avec son évêque, et par eux avec toute l'Église, il ne put trouver la paix dans sa propre maison ; comme un Joseph, il fut toujours l'objet de la haine de ses frères. On ne cessa point de faire signer sa condamnation à tous les bacheliers, et de faire de cette condamnation un degré nécessaire pour monter au doctorat. »

Pour rendre la paix durable, il aurait fallu abolir la signature du Formulaire, œuvre de l'archevêque Marca

______

(1) Tome III, p. 271.

et du Père Annat. Tel était alors l'avis d'un ancien persécuteur de Port-Royal, de l'archevêque de Rouen, Harlay de Chanvallon, qui s'était rallié provisoirement aux pacificateurs. Il fit alors parvenir au pape un mémoire, intitulé *L'Échafaudage*, qui eut un grand retentissement, et les raisons qu'il présentait parurent si solides que Clément IX allait sans doute agir en conséquence quand il mourut prématurément en 1670. L'ambassadeur de France, le duc de Chaulnes, fit valoir les mêmes arguments auprès du nouveau pape Clément X (1670-1676), mais ce pontife était un vieillard, incapable de suivre les grandes affaires. Le Formulaire maudit resta donc en vigueur, et de ce chef la paix de Clément IX fut loin de produire les heureux résultats qu'on en pouvait attendre.

CHAPITRE X

Quelques pages suffiront pour faire connaître la situation de Port-Royal au lendemain de la paix de Clément IX, et Sainte-Beuve a résumé cette histoire d'une façon si heureuse qu'il n'y a qu'à lui laisser la parole, sauf à joindre à son récit quelques détails complémentaires et à contester quelques-unes de ses théories, notamment celle du déclin de Port-Royal, que rien ne justifie, « Les dix années qui suivent la paix de l'Église sont pour Port-Royal, dit Sainte-Beuve, dix années de gloire, de déclin au fond, mais d'un déclin voilé, embelli ; ce sont d'admirables heures de doux automne, de riche et tiède couchant. La solitude refleurit en un instant et se peuple, plus émaillée que jamais. L'ancien esprit au-dedans se continue et se mêle au nouveau sans trop de lutte. La Mère Agnès survit de deux années encore ; les Mères de Ligny, du Fargis (l'abbesse nouvelle), et la Mère Angélique de Saint-Jean (prieure), avec les auxiliaires que nous lui avons vue, animent tout. Il ne se reforme plus d'écoles de garçons (j'allais dire de petits messieurs), mais les jeunes filles pensionnaires se multiplient; les deux petites demoiselles de Pomponne y entrent les premières. M. de Sévigné fait bâtir les trois côtés du cloître qui manquaient et que le nombre des religieuses exige. Au dehors, les bâtiments se pressent dans l'étroit vallon, Mme de Longueville s'y fait bâtir un petit hôtel, et elle l'habite quelquefois depuis 1671. Mlle de Vertus a également le sien à côté, d'où elle ne sort plus. M. d'Andilly, revenu de Pomponne en son cher désert, le réjouit de ses cheveux blancs, le fait sourire de sa présence vénérée, l'embaume de sa belle mort. Des personnes religieuses ou séculières viennent en visite pour s'édifier. C'est l'heure de Mme de Sévigné, de Boileau, des illustres amis dans le monde et qui ont voix dans la postérité. C'est l'heure où M. de Pomponne, successeur de Lyonne et secrétaire d'Etat auprès de Louis XIV, rédige ces nobles et élégantes dépêches qui sécularisent la langue des Arnauld dans les cours. Les anciens solitaires ralliés et revenus au bercail sont nombreux encore et présentent de ces noms qu'on aime, M. Hamon, M. de Tillemont, etc. On y a pour supérieur du monastère un M. Grenet, curé de Saint-Benoît, donné par l'archevêque, et bon ecclésiastique ; mais le vrai supérieur est M. de Saci, que M. de Sainte-Marthe quelquefois tempère. Au dehors, les grands écrits continuent et s'étendent. *Les Pensées* de Pascal paraissent. Arnauld et Nicole associent leurs plumes pour l'honneur et la défense de l'Eglise catholique. C'est le calvinisme désormais qu'ils combattent ; ils ne font plus la guerre qu'aux frontières. »

Voilà sans doute le sommaire d'un beau chapitre, mais on conviendra qu'il n'annonce nullement le prétendu déclin de Port-Royal ; il prouve au contraire d'une manière éclatante qu'il y a dans toute l'histoire de ce monastère une parfaite unité de vues et de sentiments. Comme on n'avait jamais cherché à propager des doctrines nouvelles, car en religion innover c'est tomber dans l'hérésie, comme on craignait le schisme

plus encore que l'hérésie, on fit à Port-Royal, en 1669,
ce qu'aurait conseillé l'abbé de Saint-Cyran, ce qu'aurait fait sans hésiter la Mère Angélique ; chacun rentra
dans le rang, et les religieuses que la persécution avait
mises en évidence disparurent comme par enchante-
ment. La Mère de Ligny, sœur de l'évêque de Meaux,
l'un des dix-neuf évêques pacificateurs, reprit avec
humilité ses fonctions d'abbesse et, lorsque son trien-
nat fut achevé, elle fut heureuse de retrouver son ancienne place au chœur avec les simples religieuses. On
élut pour lui succéder, le 22 juillet 1669, la prieure qui
avait fait preuve d'un si grand courage en 1664 et depuis, celle qui avait osé mettre à la porte le docteur
Chamillard, le prétendu supérieur que lui envoyait
Péréfixe, la Sœur du Fargis. Cousine de la duchesse de
Longueville [1] et du cardinal de Retz, tante de la duchesse de Lesdiguières, elle ne se prévalut en aucune
façon d'un tel parentage, et elle gouverna sagement et
sans bruit. Trois fois de suite elle fut réélue, et, en 1684,
alors qu'elle avait repris, après l'élection de la Mère
Angélique de Saint-Jean, ses anciennes fonctions de
prieure, on la réélut abbesse, et de même en 1687. Elle se
retira spontanément en 1690, pour se préparer à la mort,
et elle mourut l'année suivante à l'âge de soixante-
treize ans. Elle fut donc abbesse dix-huit ans, et durant
ce temps, il ne s'est rien passé de remarquable, rien
surtout qui marque le déclin dont parle Sainte-Beuve ;
c'est l'effacement complet de Port-Royal en tant que
monastère de filles. Suivant le précepte de saint Paul
les femmes ne parlent pas dans l'Église. Et cependant
la Sœur Angélique de Saint-Jean, fille de Robert d'An-

____

(1) On ignorait ce détail à Port-Royal, aussi la Mère du Fargis
supplia-t-elle la princesse de ne plus l'appeler cousine.

dilly, sœur de Pomponne, nièce d'Antoine et d'Henri
Arnauld, fille adoptive de ses tantes Angélique et
Agnès, était une femme de tout premier ordre, une
prieure et ensuite une abbesse très agissante. On a
d'elle plusieurs ouvrages de piété, et sa volumineuse
correspondance, préparée pour l'impression il y a plus
de soixante ans par l'éditeur des *Lettres de la Mère
Agnès* [1], montrera peut-être un jour que cette seconde
Mère Angélique, moins sublime que l'autre, avait tous
les talents, toutes les qualités, toutes les vertus de sa
race.

Et que dire de celle que Sainte-Beuve appelle les
auxiliaires, c'est-à-dire les Sœurs Briquet, de Brégy,
d'Hécaucourt de Charmont, de Saint-Ange, Pineau, Le
Féron, pour nommer seulement les principales ? Elles
sont redevenues, en 1669, ce qu'elles étaient en 1664,
et le souvenir des brillantes qualités qu'elles avaient
déployées pendant la persécution ne les tira point de
la foule des simples professes. On leur a fait écrire, en
vue de l'histoire, des relations qui sont demeurées dans
les archives du monastère, et c'est longtemps après la
destruction de Port-Royal, aux environs de 1730, que
l'on a publié ces œuvres si remarquables ; il en est
même qui sont encore inédites. On ne sait rien de la plupart d'entre elles ; ce que l'on connait de la Sœur Madeleine de Sainte-Christine Briquet, les amours de Royer-
Collard, se réduit à très peu de chose ; elle fut em-
ployée, après 1684, à réunir les écrits posthumes de la
Mère Angélique de Saint-Jean, et à procurer, comme
on disait alors, une édition des Lettres spirituelles de

(1) Mlle Rachel Gillet, morte en 1875. M. Prosper Faugère a
simplement prêté son nom et rédigé la préface. On a plus de huit
cents lettres de la Mère Angélique de Saint-Jean classées et annotées
avec beaucoup de soin.

Lemaître dc Saci ; elle mourut à quarante-sept ans, le 3o novembre 1689, « dans une paix merveilleuse, et une entière confiance en la miséricorde de Dieu ».

La Sœur Eustoquie de Brégy, filleule d'Anne d'Autriche, dont le rôle a été si important en 1664, ne figure même pas dans le grand Nécrologe de dom Rivet (1723), ni dans le petit Nécrologe de René Cerveau (1761). Elle est morte à cinquante et un ans, en 1684, et ce que l'on sait d'elle durant ses quinze dernières années se réduit à ceci : elle a été chantre du monastère, sans doute à cause de sa belle voix et de sa parfaite connaissance du plain-chant. Besoigne s'étonne qu'une fille douée de si rares talents ne paraisse plus dans l'histoire de la maison ; il explique la chose en disant : « Son panégyriste, que j'ai copié, dit que son humilité la porta à demander en grâce qu'on la laissât vivre inconnue, comme pour se purifier de ce qu'elle avait pu contracter d'imperfection pour avoir été trop connue [1]. » La noble femme dont sa propre mère disait en 1665 : « J'ai une fille qui ne relève que de Dieu et de son épée », s'est dérobée systématiquement aux honneurs ; ne retrouve-t-on pas là les traditions de Saint-Cyran et de la Mère Angélique? Toutes les « auxiliaires » qui s'étaient signalées dans la lutte ont suivi cet exemple parce que toutes, sans exception, étaient animées des mêmes sentiments.

La maison des Granges vit reparaître peu à peu ceux qui l'avaient habitée jadis ; mais Robert Arnauld d'Andilly ne se pressa pas d'y revenir. Admirablement accueilli à Versailles, le 10 septembre 1671, il ne rentra aux Granges qu'au mois de mai 1673, à l'âge de quatre-vingt-quatre ans. La situation délicate de son fils,

----

(1) BESOIGNE, tome III, p. 120.

devenu ministre, l'obligeait à une très grande réserve, et c'est quand la paix de l'Eglise lui parut bien assurée qu'il revit ses espaliers, dont les pêches et les poires avaient jadis été offertes à la reine mère. Il y mourut paisiblement et saintement au mois de septembre de l'année suivante.

Les Granges, c'était l'ancienne maison des petites Écoles, mais on ne songea pas un seul instant à les rétablir, bien que leurs plus illustres maîtres eussent toute facilité pour y revenir, Lancelot excepté, car, après avoir terminé l'éducation du jeune duc de Chevreuse, il était alors précepteur des princes de Conti. C'est l'amour de la paix, et peut-être aussi la prudence, qui inspirèrent aux Messieurs de Port-Royal ce grand sacrifice ; il ne fallait pas éveiller la susceptibilité des Jésuites, qui avaient si fort redouté la concurrence de Port-Royal, éducateur de la jeunesse. On n'avait pas les mêmes appréhensions au sujet de l'éducation des filles ; on reçut donc des petites pensionnaires qui furent élevées pour le monde ou pour le cloître comme le voulaient les constitutions et d'après la méthode de Jacqueline Pascal. Elles étaient au nombre de quarante-deux lorsqu'elles furent chassées, en 1679 ; Besoigne a donné tous leurs noms [1].

En même temps que le pensionnat, le noviciat fut reconstitué (Besoigne compte treize postulantes ou novices), et il fallut bâtir aux Champs comme on avait bâti à Paris durant près de trente ans. Alors s'élevèrent, aux frais de Renaud de Sévigné, des constructions nouvelles. Il y avait un vieux cloître gothique du XIIIe siècle, on le détruisit sans hésiter pour le remplacer par des arcades en briques, et ses fines colonnettes,

____

[1] *Histoire de Port-Royal*, tome II, p. 528.

dont on voit çà et là quelques débris dans les ruines, servirent à recouvrir un canal souterrain, celui qui amène l'eau à la fontaine de la Mère Angélique. Bientôt Mme de Longueville se fit construire, entre l'église et le chemin de Dampierre, non pas, comme le dit Sainte-Beuve un petit hôtel, mais un véritable château composé de trois pavillons à angle droit. Tout à côté, assis sur ce qu'on appelle aujourd'hui à tort les caves de Longueville, s'élevait l'hôtel beaucoup plus modeste où vécut et mourut (en 1692), l'amie intime de la duchesse, la douce et pieuse Mlle de Vertus.

On construisait dans le vallon parce qu'on croyait à la durée d'une paix qui avait pour garants le roi et le pape. Les religieuses avaient fait de grands sacrifices ; il avait fallu renoncer à tout jamais à cette maison de Paris où reposaient la Mère Angélique et M. Singlin, et pour laquelle on avait dépensé des sommes immenses ; il avait fallu partager avec les sœurs de Paris tous les biens du monastère, et elles s'étaient attribué la part du lion. L'intègre Pussort, rapporteur de la commission royale de partage, avait dû céder à l'intrigue, et un arrêt du Conseil du 7 juin 1669, confirmé par une bulle de Clément X, en 1671, que confirmèrent à son tour des lettres patentes de 1672, attribua aux douze sœurs de Paris un tiers des biens, meubles et immeubles ; les deux autres tiers revinrent aux quatre-vingts religieuses des Champs. Il fallut laisser à Paris la Sainte Épine donnée par M. de la Potherie, mais on put emporter l'ex-voto de Philippe de Champaigne, ainsi que les portraits de la Mère Angélique, de la Mère Marie des Anges, de Saint-Cyran et de Singlin. Le partage se fit dans ces conditions, malgré l'intervention du prince de Condé et de Mme de Longueville, parce que l'archevêque Péréfixe y mit de la mauvaise

volonté pour favoriser ses amies les signeuses. Il avait
beau protester de sa tendresse pastorale pour les religieuses des Champs, il était ulcéré au fond parce que
la paix s'était faite sans lui, à son insu et même contre
lui, puisqu'on s'était caché de lui aussi bien que du
Père Annat. Il se garda bien de venir en personne à
Port-Royal des Champs et il tâcha d'empêcher la publication des *Pensées* de Pascal. Du moins, il donna au
monastère un excellent supérieur en la personne de
Claude Grenet, docteur de Sorbonne et curé de la paroisse Saint-Benoît. Approbateur de la Fréquente Communion, en 1643, il avait pris en 1655 la défense d'Arnauld et il s'était fait exclure de la Sorbonne plutôt
que de signer la censure de ce docteur. Il fut durant
seize ans l'ami des religieuses, et il les conduisit avec
tout le zèle et toute la prudence possibles. Il mourut à
soixante-dix-neuf ans, en 1684, et il fut enterré à Port-
Royal. Depuis 1711 il repose dans l'église de Magny.
On comprend qu'un tel supérieur ait laissé le champ
libre à des confesseurs tels que Lemaître de Saci et
Claude de Sainte Marthe. Quant à Péréfixe, il mourut
jeune encore, à soixante-cinq ans, le 31 décembre 1670,
six mois après la fameuse Sœur Flavie, la vierge folle,
comme dit irrévérencieusement dom Clémencet, et
après le non moins fameux Père Annat. On dit qu'il
eut en mourant « des transports et des regrets cui-
sants de ce qu'il avait fait contre des religieuses qu'il
avait toujours reconnues dans le fond de son cœur
pour innocentes ».

Port-Royal, en 1669, refleurissait, dit Sainte-Beuve
qui s'inspire ici de Besoigne (II, 469), et, en effet, on
voyait venir au désert « gens d'épée, magistrats, prêtres,
dames de qualité, princesses... Des religieuses étrangères venaient y passer des semaines et des mois pour

s'y édifier et prendre le véritable esprit de la piété ». On vit les évêques de Grenoble, d'Angoulême, de Saint-Pons, de Châlons, de Beauvais, de Meaux, enfin, le prédécesseur de Bossuet, officier pontificalement dans la vieille église. Ils portaient le Saint-Sacrement à la procession sous le cloître, ils confirmaient les petites pensionnaires et les bonnes gens des environs. Le Père Vincent Comblat, de l'ordre des Frères Mineurs, fit à Port-Royal, en 1678, un séjour prolongé, dont il a laissé un récit enthousiaste et parfois hyperbolique. Nicole, Sainte-Marthe, Pontchâteau jugeaient même qu'il y avait « trop de carrosses en ces quartiers », qu'on logeait trop de visiteurs de qualité dans l'hôtel des hôtes, ce grand bâtiment à trois étages et à douze fenêtres de façade qu'on voit à l'entrée de la cour du dehors sur l'ancien plan à vol d'oiseau gravé en 1710, par Madeleine Hortemels. Ils craignaient, non sans raison, qu'un tel éclat n'excitât l'envie, et, comme le dit excellemment Sainte-Beuve, « l'admiration dont Port-Royal était l'objet, et qui amenait ce concours de pèlerins, grands et petits, dans un désert voisin de Versailles, devenait un danger sous un roi qui n'aimait de bruit et d'éclat que celui qu'il faisait et qui se rapportait à lui [1] ».

C'est l'heure de Mme de Sévigné, dit l'illustre auteur de *Port-Royal*, et, en effet, tout le monde a présente à l'esprit sa lettre du 24 janvier 1674 : « ce Port-Royal est une thébaïde ; c'est le Paradis... » Mais ce n'est pas encore l'heure de Boileau ; elle viendra lors des mauvais jours, c'est plutôt celle de La Fontaine, auteur de *Joconde* et de six livres de fables, lequel, à la sollicita-

(1) *Port-Royal*, t. V, 143. Besoigne a dressé une liste de quelquesuns des visiteurs d'alors, tome II. p. 484.

tion des Messieurs, préfaçait, comme on dit aujour-
d'hui, un *Recueil* de poésies chrétiennes dédié au jeune
prince de Conti, en 1671. C'est en 1677 l'heure de Racine, l'enfant prodigue dont le retour comble de joie
ses anciens maîtres. Quant aux publications faites par
les Messieurs, ces écrivains infatigables, elles se rédui-
raient, si l'on en croyait Sainte-Beuve, à quelques ouvrages composés contre les protestants ; suivant son
expression pittoresque, les anciens défenseurs de la
grâce ne font plus la guerre à l'intérieur. Mais c'est une
erreur manifeste, et il suffit pour la réfuter de citer les
Vies de saint Athanase, de saint Basile et de saint Grégoire de Nazianze et enfin de saint Ambroise, publiées
par Godefroi Hermant de 1671 à 1678, la première
avec la collaboration de Lenain de Tillemont. Et les
Essais de Nicole, étudiés complaisamment par Sainte-
Beuve, n'ont-ils pas paru eux aussi en 1671 et les années suivantes ? Ce que les Messieurs se sont alors
rigoureusement interdit, ce sont les controverses sur
la grâce, et même, chose plus difficile, les attaques
contre les casuistes relâchés, car en cela ils auraient
contrevenu aux stipulations de la paix de l'Église. Les
Pensées de Pascal parurent, après bien des atermoiements, le 1ᵉʳ janvier 1670, mais Florin Périer, beau-
frère de Pascal, s'était fait octroyer un privilège pour
la publication de cet ouvrage dès le 27 décembre 1666,
au plus fort de la persécution. Malgré la paix de l'É-
glise, on n'osa pas donner alors la Vie de Pascal que
Mᵐᵉ Périer avait préparée pour la joindre à l'édition de
1670. Cette admirable Vie fut imprimée pour la première fois en 1684, à l'étranger, et d'après une copie
très fautive. C'est celle-là que Sainte-Beuve a lue et
admirée, et les grosses bévues s'y comptent par centaines. On peut aujourd'hui la lire dans des éditions

corrigées. La seule chose qui présuppose pour l'édition de 1670 l'existence d'une paix de l'Église, ce sont les approbations d'évêques qui s'y trouvent : celle de Choiseul, évêque de Comminges, et de François Faure, évêque d'Amiens. On y rencontre également, non sans surprise, celle de Grenet, le nouveau supérieur donné par Péréfixe au monastère de Port-Royal.

Mais il parut alors d'autres ouvrages dont Sainte-Beuve n'a certainement pas eu connaissance, et dont la publication prouve que l'on croyait la paix de Clément IX solidement assurée, et que l'on ne craignait pas les Jésuites. Le premier de ces ouvrages, un de ceux qui sont aujourd'hui très rares et même presque introuvables, c'est le livre intitulé *Considérations sur les dimanches et les fêtes des mystères, et sur les fêtes de la Vierge et dès saints*. A Paris, chez la veuve Charles Savreux, libraire juré, au pied de la grosse tour de Notre-Dame, aux trois Vertus — 1670, avec privilège et approbation [1]. Ce sont des considérations comme en faisaient alors volontiers certains prédicateurs, des homélies d'une grande simplicité, sans aucun souci de la forme littéraire. Mais on donne dans l'Avis au lecteur des indications utiles ; on y dit que ces *Considérations* ont été composées d'une manière extraordinaire. L'auteur était dans un lieu où il n'avait presque aucun livre ; il notait hâtivement au crayon les pensées qui lui venaient à l'esprit, et son écriture était si mauvaise qu'il fallait deviner ce qu'il avait voulu dire. On ajoutait que ces *Considérations*, faites au cours de plusieurs années, étaient envoyées au fur et à mesure, aux personnes à qui elles étaient destinées. Or ces deux gros volumes de *Considérations* étaient l'œuvre de Saint-

____

(1) 2 vol. in-8°.

Cyran prisonnier à Vincennes, et, si le public proprement dit l'ignorait, les initiés le savaient bien. Et parmi les approbateurs, qui le savaient mieux encore, se trouvait Grenet, le supérieur de Port-Royal. C'était hardi de publier ainsi, en 1670, un grand ouvrage de celui que les Jésuites considéraient comme leur plus grand ennemi ; il est vrai qu'il était muni d'un privilège du roi octroyé sans doute à M. d'Andilly sous le nom du sieur de Lorme. L'ouvrage est d'ailleurs absolument irrépréhensible, et il est bien curieux ; il a pu servir récemment à prouver d'une façon péremptoire que Port-Royal, formé par Saint-Cyran, avait pour la Vierge un culte tout particulier [1] ; saint Bernard excepté, on ne connaît pas de plus grand dévot à Marie que le prisonnier de Vincennes. On y voit aussi, non sans étonnement, Saint-Cyran exalter le jésuite saint François-Xavier, l'apôtre des Indes, presque à l'égal de saint Paul, l'apôtre des Gentils.

Les *Considérations sur les fêtes* étaient anonymes ; il n'en fut pas de même d'un autre ouvrage du même Saint-Cyran qui fut imprimé avec privilège chez Pierre Le Petit, imprimeur du roi, le 5 décembre 1671. C'est un très beau volume de 374 pages, intitulé : *Instructions chrétiennes tirées par M. Arnauld d'Andilly des deux volumes de Lettres de Mre Jean Du Verger de Haurane* (sic), *abbé de Saint-Cyran*. Le privilège, daté du 24 juin 1671, est octroyé au sieur Arnauld d'Andilly, conseiller de Sa Majesté en ses conseils d'État et privé. Les *Pensées* de Pascal, parues l'année précédente, n'avaient pas été publiées, il s'en faut de beaucoup, avec un si grand luxe. On dirait que c'était

(1) V. FLACHAIRE. *La Dévotion à la Vierge dans la Littérature Catholique au commencement du* XVIIe *siècle.*

une sorte de don de joyeux avènement offert par le ministre Pomponne à son vieux père, ou une de ces publications que l'on fait aujourd'hui pour le jubilé d'un grand artiste ou d'un grand écrivain. Rien ne pouvait charmer davantage le bon octogénaire que cet hommage public rendu au meilleur de ses amis ; et pour rendre cet hommage plus éclatant, dix-sept évêques français joignaient leurs approbations motivées à celles des docteurs, parmi lesquels figurait encore Grenet. Jamais Saint-Cyran n'avait été glorifié de la sorte, c'est une véritable apothéose. L'archevêque de Sens, Henri de Gondrin, ouvrait la série en déclarant que les Lettres d'où ont été tirées les instructions chrétiennes sont « toutes pleines de l'esprit de Dieu ». Godeau affirmait que nul livre de dévotion ne valait celui-là, et il ajoutait : « Bien loin qu'il s'y soit glissé la moindre erreur, tout y est utile, tout y est orthodoxe, tout y est saint. » Gilbert de Choiseul, ancien évêque de Comminges, élevé depuis peu sur le siège de Tournay, comparait l'amitié de Saint-Cyran et d'Arnauld d'Andilly à celle de David et de Jonathas, et il disait des Instructions qu'elles lui paraissaient à lui aussi « pleines de l'esprit de Dieu et propres à inspirer les véritables maximes de l'Évangile. » L'approbation de Le Camus, évêque nommé de Grenoble et futur cardinal, est importante, car il déclare qu'il a lu le livre à la prière de l'archevêque de Paris, qui était alors Harlay de Chanvallon, nommé six mois auparavant ; et dès lors c'est comme une approbation double. L'évêque de la Rochelle, Henri de Laval, fils de Mme de Sablé, est allé plus loin que tous les autres, car pour glorifier Saint-Cyran, il n'a pas craint de mettre, comme on dit, les points sur les *i*. « Ces admirables Lettres, dit-il, firent voir que ce savant homme

n'avait point d'autres sentiments que ceux qu'il avait
puisés dans l'Écriture sainte et dans la tradition de
l'Église; que sa science n'était que celle des saints
Pères; qu'il ne parlait point d'autre langage que celui
de la parole de Dieu, et que, bien loin de conduire les
âmes par des voies particulières et écartées, il ne savait point d'autres chemins pour les mener à Dieu
que celui de la pénitence et de la charité. Ainsi ces
Lettres ont été reçues avec une approbation générale
de toutes les personnes de piété, et on les a considérées comme l'ouvrage de nos jours qui forme la plus
haute et la plus parfaite idée de la vie chrétienne.... »

L'évêque de Meaux, Dominique de Ligny, frère de
l'abbesse enlevée par Péréfixe en 1664, vantait d'abord
Saint-Cyran directeur, et il parlait ensuite de sa doctrine « si pure, si solide, si chrétienne ». Pavillon
rappela l'estime et la vénération qu'il avait toujours
eues pour les Lettres spirituelles ; et Choart de Buzanval, évêque de Beauvais, profitait de l'occasion
pour « honorer, disait-il, la mémoire d'un des plus
grands hommes de notre temps, qui avait joint une
rare piété à une éminente doctrine et [qui] a fait voir
dans tous ses écrits combien il était consommé dans la
science des saints, et avec quelle pénétration il savait
juger des choses spirituelles ».

Toutes ces approbations, dressées par des évêques
qui semblent bien s'être donné le mot, ne séparent
pas de Saint-Cyran l'éditeur de ses œuvres, Arnauld
d'Andilly; c'est comme une grande manifestation en
l'honneur de ce vieillard de quatre-vingt deux ans
qui séjournait à Pomponne parce qu'il n'osait pas
encore revenir aux Granges de Port-Royal. Mais on
ne se serait pas attendu à voir l'ami de Jansénius,
l'inspirateur des religieuses et des solitaires de Port-

Royal, le prisonnier de Richelieu glorifié de la sorte,, et Sainte-Beuve, qui n'a pas connu cet épisode, conviendrait que ce n'est assurément pas un signe de décadence ou de déclin.

Les Jésuites et leurs amis eurent le bon goût de ne pas manifester alors leur rage et leur dépit; Péréfixe et le Père Annat venaient de mourir; Harlay de Chanvallon et le Père La Chaise ne crurent pas pouvoir ramasser leurs armes que la cour de Rome avait brisées. Il y avait quelque chose de changé dans l'Église, et la paix de Clément XI, bien qu'elle eût, en n'abolissant pas le Formulaire, conservé des germes de discorde, n'était pourtant pas un vain mot. Tout ce qu'il y avait d'honnêtes gens dans l'Église, Bossuet en tête, et Rancé, et beaucoup d'autres, fraternisa sans arrière-pensée avec ceux que le pape avait reçus dans sa communion ; et l'on vit même des prêtres et des religieux, comme les oratoriens Quesnel et Malebranche rétracter leur signature, et déposer leur rétractation dans les archives de Port-Royal.

Cet état de choses dura tant que le monastère eut dans le monde et à la cour des amis puissants, tant que la duchesse de Longueville fut là pour le couvrir de sa protection. Mais elle mourut en 1679, et nous allons voir la persécution renaître aussitôt. Elle durera trente ans et ensuite ce sera la ruine définitive de Port-Royal.

CHAPITRE XI

Renouvellement de la persecution; Harlay de Chanvallon et le Père
La Chaise. — Mort de Mme de Longueville. — Arnauld et Nicole. —
Les amis du monastère.

La paix de Clément IX devait être éternelle, comme
le sont en principe tous les traités ; elle n'a pas duré
dix ans, parce qu'on avait commis la faute de ne pas
couper le mal dans sa racine comme on aurait pu le
faire en abolissant le Formulaire. La première infrac-
tion à la paix de 1668, fut ce qu'on appelle l'arrêt du
camp de Ninove, rendu par Louis XIV pendant la
campagne de Flandre, le 30 mai 1676. Il visait directement l'évêque d'Angers, que certains ecclésiastiques
de son diocèse avaient accusé d'intolérance au sujet
de la signature du Formulaire d'Alexandre VII. Le roi
rendit cet arrêt à l'instigation du Père La Chaise et de
l'archevêque de Paris ; il y déclarait que la possibilité
de signer le Formulaire avec explication était un effet
de la condescendance du pape en faveur de quelques
particuliers scrupuleux, et nullement une révocation
de la bulle qui prescrivait la signature pure et simple.
Ici encore Sainte-Beuve se trompe [1] ; il paraît admettre
la réalité d'un fait que l'évêque d'Angers a nié formellement, c'est-à-dire la défense de signer sans explication, et il dit qu'en cela Henri Arnauld était repré-
hensible et blâmé par l'évêque de Grenoble et par

(1) *Port-Royal*, T. V, 151.

Nicole. Or l'évêque d'Angers fit une ordonnance, opportune ou non, la question n'est pas là, pour se justifier des calomnies que lui imputait l'arrêt de Ninove; il usait simplement, et avec beaucoup de modération, de son droit de légitime défense. La preuve qu'il n'avait pas si tort, c'est que cet arrêt ne comporta aucune suite, ni à Paris ni à Rome.

Une autre affaire bien autrement grave, ce fut la condamnation par le pape Innocent XI de soixante-cinq propositions de morale relâchée imputables aux Jésuites, et c'est là qu'il faut chercher la véritable cause de la rupture de 1679. Les jansénistes n'avaient jamais pensé que la paix de Clément IX pût entraîner par voie de conséquence une approbation de la morale relâchée des Casuistes. Les corrupteurs de la morale évangélique ne pouvaient en aucune façon bénéficier des concessions mutuelles que s'étaient faites les augustiniens et les molinistes, ils étaient toujours au ban de l'Église, et c'était toujours un devoir de les attaquer, de les traquer et de les dénoncer. Aussi vit-on paraître à Cologne, en 1669, chez Gervinius Quentel, un des imprimeurs elzéviriens des Messieurs de Port-Royal, le premier volume d'une collection qui s'est continuée jusqu'en 1694 et dont les six derniers volumes ont été faits avec la collaboration d'Arnauld lui-même. Il a pour titre : *La morale pratique des Jésuites représentée en plusieurs histoires arrivées dans toutes les parties du monde...* etc. Cet ouvrage n'a pas eu l'heur de plaire à Sainte-Beuve, qui s'emporte contre ses auteurs, Perrault, Varet, Pontchâteau, Arnauld et Nicole, avec une singulière véhémence. Il y voit une suite d'avanies faites à des vaincus (III, 216), et il va jusqu'à dire : « Ces livres me dégoûtent et m'ennuient à n'en pouvoir parler. Que vous dirai-je ? Il y eut la

queue de Pascal comme il y a la queue de Voltaire. »
Ce n'était pas l'avis de Bossuet, qui parlera encore en
1700 des ordures des Casuistes et qui s'attaquera
précisément à ce qu'on pourrait appeler la queue d'Escobar.

Ce ne fut pas non plus l'avis de quelques évêques
français, notamment de l'évêque d'Arras, Gui de Sève
de Rochechouart, qui n'était nullement janséniste, et
qui ne figure dans aucun nécrologe des amis de Port-
Royal. Il crut devoir en 1676 dénoncer au pape Innocent XI des propositions qu'il jugeait subversives ou
même abominables, et il s'entendit à ce sujet avec
l'évêque de Saint-Pons, Percin de Montgaillard, ami
particulier de Pavillon, d'Arnauld et de Nicole. Les
deux prélats rédigèrent de concert une lettre qui devait
être remise secrètement au pape, et ils crurent bien
faire de recourir à Nicole comme on avait recouru à
Guillaume Wendrock quinze ans aupararant. Le timide Nicole refusa d'abord, mais on fit intervenir
Mme de Longueville, qui lui avait donné lors des plus
mauvais jours une hospitalité si généreuse. Elle insista, il céda, et il prêta sa plume de latiniste émérite
« plutôt, dit-il, en grammairien qu'en théologien. »
Innocent XI accueillit favorablement cette requête
des deux évêques, qui n'avaient pas voulu, pour
éviter des difficultés, demander d'autres signatures.
Comme il était d'ailleurs sollicité par des docteurs de
Louvain qui le suppliaient de condamner des propositions qui lui étaient déférées, il condamna solennellement soixante-cinq propositions. Les Jésuites n'étaient
nommés ni dans la lettre rédigée par Nicole [1], ni dans

____

(1) Elle a été imprimée au tome III de *La Vie de Pavillon*,
publiée à Utrecht en 1739, elle est très forte et très belle.

le bref du pape, mais cette censure s'attaque à leur doctrine du probabilisme, et les propositions condamnées étaient empruntées à leurs auteurs. On peut donc juger de la fureur qui les anima dès 1677 quand une indiscrétion de l'évêque d'Amiens apprit la chose à l'archevêque de Paris. Ne pouvant recourir au pape, qu'ils savaient être plus qu'à demi-janséniste, ils mirent en avant le roi, et c'est alors que le Père La Chaise et Harlay de Chanvallon firent alliance et se proposèrent de ruiner Port-Royal. Le Père La Chaise était à la cour un personnage très considérable; il fut trente-cinq ans confesseur du roi et maître absolu de ce qu'on appelait la feuille des bénéfices; il avait ainsi la haute main sur toutes les affaires ecclésiastiques de France. C'était un jésuite gentilhomme qui ne ressemblait pas du tout à ses prédécesseurs les Pères Annat et Ferrier, car il n'écrivait pas et ne se jetait pas à corps perdu dans la lutte; il n'avait rien du boutefeu comme le Père Bouhours. Bienveillant en apparence, poli, doucereux, il se servait du jansénisme, suivant le joli mot qu'on lui attribue, comme d'un pot au noir ou d'une éponge à noircir, et il pouvait admirablement s'entendre avec Harlay de Chanvallon, qui ne ressemblait pas plus à l'irascible Péréfixe que le Père La Chaise ne ressemblait au Père Annat. L'archevêque de Paris, qui avait été vingt ans archevêque de Rouen, et qui comme tel avait joué, sous Mazarin et depuis, un très grand rôle dans les affaires du jansénisme, était un homme vraiment extraordinaire; il avait tous les talents et toutes les grâces, mais aussi tous les vices; il avait été depuis 1655 d'une étonnante versatilité, tantôt pacificateur habile, tantôt persécuteur perfide et odieux. Il voulait être chancelier de France et cardinal, et c'est par ambition, sans haine, sans fanatisme, qu'il s'unit au Père Annat d'abord, sauf à l'abandonner en 1668, et au Père La Chaise ensuite. Il agit toujours avec une désinvolture de très grand seigneur et il sut être le plus poli et le plus aimable des persécuteurs.

Un plan d'attaque fut dressé ; il fut décidé que l'on ne contreviendrait pas à la paix de Clément IX et que l'on ne chercherait même pas à peser sur la cour de Rome pour obtenir des constitutions. C'était une affaire de pure politique et non de religion, l'hypocrisie n'était donc plus nécessaire. On pouvait reléguer à l'arrière-plan Saint Augustin, Molina et Jansénius. Port-Royal ne serait plus considéré comme un nid, comme un repaire d'hérétiques, mais comme un foyer d'agitation frondeuse. On agirait contre lui comme Mazarin avait agi contre la célèbre Compagnie du Saint-Sacrement ; le roi serait requis d'intervenir en personne, car on savait qu'il n'hésiterait jamais à mettre son absolutisme au service des jésuites.

Mais les grands politiques savent prendre leur temps : « Le temps et moi », disait Mazarin. Harlay et La Chaise ne se pressèrent donc pas de fondre sur Port-Royal, parce que Port-Royal avait des amis et des protecteurs jusque dans la famille royale, et parmi eux l'intrépide duchesse de Longueville, le prince de Condé dans une certaine mesure, le prince et la princesse de Conti ; peut-être même le duc d'Orléans et la grande Mademoiselle ; c'est pour cela qu'on attendit patiemment jusqu'en 1679, jusqu'à la mort de Mme de Longueville.

Anne-Geneviève de Bourbon mourut en effet, à l'âge de cinquante-neuf ans, le 15 avril 1679, quinze mois après Mme de Sablé, et Port-Royal perdit en elle la plus dévouée de ses protectrices, disons plus, sa grande et unique sauvegarde. On sait quelle était la nature de ses sentiments pour le saint monastère. Convertie sincèrement en 1653, elle se mit en 1660 sous la direction de Singlin, parce qu'elle voulait expier par une rude pénitence une vie d'aventures, de désordres et d'intrigues. Elle se tourna donc du côté des personnes qui pratiquaient la pénitence austère, les Carmélites du faubourg Saint-Jacques et leurs voisines les religieuses de Port-Royal. Les Carmélites n'avaient pas besoin d'être protégées; elle se contenta de venir en 1672 loger auprès d'elles et même chez elles, dans leur cour du dehors; elle alla prier dans leur église, elle y vit durant cinq ans Mlle de La Vallière, et c'est là qu'elle mourut, dans un petit hôtel qui subsiste encore; sa chambre mortuaire sert aujourd'hui d'atelier à des jeunes filles, élèves d'une école d'éducation artistique. Quant aux religieuses de Port-Royal, Mme de Longueville avait pour elles une estime et une amitié non moins vives, et elle prit leur défense avec un dévouement admirable. Elle s'entremit pour elles sans craindre de se commettre et de se compromettre; elle cacha Arnauld et Nicole dans son hôtel, à deux pas du Louvre, et elle prit une très grande part à la paix de Clément IX. Ensuite elle se fit construire à Port-Royal des Champs un vaste hôtel, et c'est dans l'église de Port-Royal qu'elle se serait fait enterrer si elle n'était pas morte à Paris. Du moins son cœur y fut déposé avant de revenir après 1711 à Saint-Jacques du Haut-Pas, où il doit être encore, non loin de la tombe de Saint-Cyran.

Mme de Longueville ne pouvait pas prévoir que son jeune frère le prince de Conti reposerait deux cents ans plus tard au milieu des ruines de son cher Port-Royal des Champs; il y est pourtant depuis 1905, et c'est

justice, car le prince et la princesse de Conti ont eu
pour Port-Royal des sentiments de profonde affection. Le prince, converti par Pavillon au cours d'une
jeunesse de débauches, est mort comme un saint en
1666, avant la paix de l'Église. La princesse sa veuve
fit élever ses fils par Claude Lancelot, elle se déclara
hautement pour Port-Royal, prit la défense de ses
doctrines contre Bourdaloue lui-même, et mourut à
trente-cinq ans, en 1672. Ses entrailles furent enterrées, comme elle l'avait demandé expressément, à
Port-Royal des Champs. Le prince son époux était
mort à Pézenas et avait voulu être enterré chez les
Chartreux, de Villeneuve-lès-Avignon. Une épitaphe,
composée par Nicole et gravée sur une grande pierre,
recouvrait sa tombe, placée au milieu du chœur des
Chartreux. C'est dans les ruines de la Chartreuse de
Villeneuve, que l'abbé Fuzet, curé de cette paroisse, a
découvert le squelette du prince, dont la tombe avait
été violée en 1793. Ce qui s'est retrouvé de ses ossements, notamment la tête, les gros os, les côtes et la
colonne vertébrale, qui est bien celle d'un bossu, a été
remis par M. Fuzet, devenu archevêque de Rouen, à
l'un des propriétaires actuels du domaine de Port-
Royal. Placés dans un petit cercueil de chêne, les
restes du cousin de Louis XIV ont été déposés dans
la crypte de l'Oratoire musée; un procès-verbal por-
tant différentes signatures et entre autres celles de
Mme Jules Lebaudy (Guillaume Dall) et de M. René
Vallery-Radot relate cette translation.

La mort de Mme de Longueville, que suivit de près
celle d'un autre protecteur de Port-Royal, le cardinal
de Retz, converti lui aussi et considéré par Arnauld
même et par Quesnel comme un prédestiné, fut le
signal d'une violente persécution dont Harlay de

Chanvallon, qui n'était jamais venu à Port-Royal, se fit l'exécuteur le 17 mai 1679, sans se laisser troubler par la présence de Racine, son confrère à l'Académie française. Les détails sont partout, et Sainte-Beuve les a résumés avec une grande exactitude, il n'y a donc pas lieu d'insister. On sait que l'archevêque fit sortir sans délai les postulantes, les jeunes pensionnaires, qui étaient au nombre de quarante-deux, les confesseurs et autres ecclésiastiques, qui étaient six en tout, et non pas cinquante comme il l'avait prétendu. Enfin il défendit aux religieuses, de la part du roi, de se recruter en recevant des novices tant qu'elles seraient cinquante professes de chœur. Les ordres furent exécutés à la rigueur, et cette fois les religieuses n'eurent point recours à la procédure comme jadis; elles adressèrent au roi une humble requête ou plutôt une supplique que l'archevêque renvoya à huit mois et ne remit finalement pas.

Tillemont, qui n'était pas confesseur, partit le 31 mai 1679, Ruth d'Ans le 7 juin, Boulanger le 8, Bourgeois le 9, Lemaître de Saci le 12, et Sainte-Marthe le 30. On laissa quelques serviteurs laïques, et Hamon ne fut pas chassé; il mourut paisiblement à Port-Royal, à soixante-neuf ans, le 22 février 1687, après avoir été trente-cinq années durant un médecin admirable et un chrétien plus admirable encore. Tillemont, ancien élève des Petites Écoles, vécut jusqu'en 1698, et on sait quel rang il occupe comme historien des six premiers siècles de l'Église. Sa polémique contre Rancé à la mort d'Arnauld le met au nombre des plus fermes défenseurs de Port-Royal. Ernest Ruth d'Ans, prêtre flamand et ami particulier d'Arnauld prolongea son existence jusqu'en 1728, malgré les exils et les persécutions dont il fut l'objet partout, sauf à Rome

auprès du pape Innocent XII. Borel et Bourgeois
moururent en 1687. Saci et Sainte Marthe en 1684 et
en 1690. La plupart de ces Messieurs, confesseurs ou
non, purent être inhumés à Port-Royal, car leur proscription et leur exil n'allaient pas jusqu'à l'interdire; on
ne redoutait pas les morts et on ne défendait pas aux
religieuses de les honorer comme des saints. C'est
précisément ce qui fait bien voir le caractère odieux
de cette nouvelle persécution. On reconnaissait très
volontiers que les filles de Port-Royal étaient d'une
orthodoxie parfaite, et que c'étaient des institutrices
admirables; la nouvelle guerre avait donc l'avantage
de ne pas troubler leurs consciences, de leur assurer
la paix intérieure et de leur réserver les ineffables
consolations de la 7ᵉ Béatitude : « Heureux ceux qui
souffrent persécution pour la vérité et pour la justice. »
C'est dans cet esprit de résignation que gouvernèrent
successivement, sous la férule de Harlay de Chanvallon, la Mère Angélique de Saint Jean, abbesse de
1678 à 1684, la Mère du Fargis de 1684 à 1690, la
Mère Agnès de Sainte Thècle Racine, qui vit le
pieux Noailles monter sur le siège de Paris en 1695.
La seconde Mère Angélique, dont on n'osera jamais
dire qu'elle a dégénéré ou décliné, prépara soigneusement ses filles à la persécution dès 1680, et elle
leur fit des conférences sur les célèbres avis que la
Mère Agnès Arnauld leur avait donnés jadis à ce
sujet. La Mère du Fargis vit sans émotion l'archevêque de Paris faire sa propre sœur abbesse au faubourg Saint-Jacques lorsqu'en 1685 l'abbesse intruse
de Paris vint à mourir. La Mère Racine eut la grande
consolation de voir son illustre neveu, pleinement
réconcilié avec les Messieurs de Port-Royal, témoigner à cette maison le plus grand dévouement. Mais

la mort enlevait à tout moment des religieuses et des amis, et on savait bien qu'il serait impossible de les remplacer ; c'est en cela, et en cela seul, que se marquait, n'en déplaise à Sainte-Beuve, l'irrémédiable décadence de Port-Royal.

Ici devrait peut-être trouver place la touchante histoire des Filles de l'Enfance, histoire qu'Arnauld avait esquissée en 1688 et qu'un magistrat contemporain [1] a reprise en 1900 sous le titre de *Port-Royal à Toulouse*. La congrégation des Filles de l'Enfance avait été érigée à Toulouse par Mme de Mondonville. Approuvée par Alexandre VII et par dix-huit évêques, et finalement autorisée par le roi, elle semblait pouvoir travailler en paix à l'instruction des jeunes filles pauvres. Mais les Jésuites, qui voyaient là une sorte de succursale de Port-Royal, s'appliquèrent à détruire l'Institut naissant. Ils y parvinrent, la Congrégation fut abolie en 1686 ; ses jeunes filles furent enlevées comme de simples pensionnaires de Port-Royal ; sa maison fut rasée, et Mme de Mondonville mourut exilée à Coutances en 1704.

Antoine Arnauld, plus menacé que tous les autres par la persécution de 1679, avait pris le parti de quitter Paris et même la France pour se retirer à l'étranger, en Belgique. Il y vécut encore quinze ans, jusqu'au 8 août 1694, plus laborieux, plus actif, plus ardent que jamais quand il s'agissait de défendre la vérité, toujours essentiellement catholique, royaliste et français, avec les qualités charmantes qui l'avaient toujours distingué, une simplicité d'enfant, une bonté exquise et une très grande modération de fond et de

---

(1) *Port-Royal à Toulouse*, discours de rentrée prononcé par M. H. Jaudon, avocat général (1900).

forme. Ce n'est certainement pas lui, c'est bien plutôt Pontchâteau, que Bourdaloue a représenté sous de si noires couleurs dans le fameux sermon sur la *Sévérité chrétienne*[1] « sévère, mais délicat sur le point d'honneur jusqu'à l'excès, cherchant l'éclat et l'ostentation dans les plus saintes œuvres.... possédé d'une ambition qui vise à tout et qui n'oublie rien pour y parvenir; bizarre dans ses volontés, chagrin dans ses humeurs, piquant dans ses paroles, impitoyable dans ses arrêts, impérieux dans ses ordres, emporté dans ses colères, fâcheux, et importun dans toute sa conduite. » Sainte-Beuve reconnaît dans ce portrait « la figure d'Arnauld »; je n'y vois pas un trait qui convienne au célèbre docteur. Il est vrai que je ne reconnais pas non plus, dans cette page si peu chrétienne et si profondément injuste, même appliquée à Pontchâteau, l'admirable jésuite dont Boileau parla un jour en ces termes :

Enfin, après Arnauld, ce fut l'illustre en France,
Que j'admirai le plus et qui m'aima le mieux.

On ne possède pas les autographes de Bourdaloue, et l'éditeur de 1707, son confrère Bretonneau, paraît les avoir détruits pour lui faire dire tout ce qu'il a voulu. En toute occasion Arnauld nous est apparu avant 1679 comme un modéré, et il n'a pas cessé de l'être dans l'exil, car la prudence lui en faisait une obligation ; mais sa vie tout entière était réglée d'avance par la recommandation suprême que lui avait faite sa mère mourante : « Ne se relâcher jamais de la défense de la Vérité, et la soutenir sans aucune crainte, quand il irait de mille vies. » C'est

(1) Cité par Sainte-Beuve, *Port-Royal*, II, 168-169.

pour cela qu'il est mort les armes à la main en 1694 ;
c'est ainsi qu'il a mérité la belle épitaphe que lui a
consacrée Boileau. Il est mort avec une sérénité parfaite, dans les sentiments de la piété la plus vive,
en condamnant la doctrine impie des cinq propositions, et en déclarant à nouveau que le jansénisme
était un fantôme.

Le plus fidèle des amis d'Arnauld avant 1679, ç'a été
Nicole. Né à Chartres en 1625, venu à Paris en 1642,
il avait étudié à fond saint Augustin, qu'il ne séparait
pas de saint Thomas ; il n'avait subi en aucune façon
l'influence de l'abbé de Saint-Cyran que sans doute il
n'avait jamais vu. Il fut appelé en 1654 au secours
d'Arnauld qui succombait sous le faix, et on a vu non
sans admiration quel fut son rôle dans l'affaire des
cinq propositions, au temps des *Provinciales*, et de
l'*Apologie des Casuistes* par le Père Pirot, enfin et
surtout lorsqu'il fit les *Imaginaires*, les *Visionnaires*
et la solide *Apologie des religieuses de Port-Royal*
contre le Père Annat et contre Péréfixe. C'est de
beaucoup la plus belle époque de sa vie, car nul
n'avait été plus dévoué, plus vif dans la défense et
dans l'attaque. Pendant la paix de l'Église, il ne s'était
pas démenti un seul instant, et l'amitié de Mme de Longueville, qui le préférait au grand Arnauld lui-même,
lui était un précieux encouragement. Après la mort
de la duchesse, il fut le premier à prendre peur et à
quitter la France pour la Belgique. Mais alors tout
son courage tomba ; rejoint par Arnauld, il refusa de
l'accompagner plus loin, et bientôt il fit parvenir à
l'archevêque persécuteur une promesse de ne plus
écrire qui fut considérée comme une lâcheté par ses
meilleurs amis. Le Roi de Haute Fontaine et Sainte-
Marthe écrivirent alors à son sujet des lettres très

sévères qui sont restées manuscrites et que l'on a bien fait de ne pas publier. Il souffrit beaucoup et il tâcha de se justifier; mais rien ne le fit revenir sur sa détermination, et il obtint en 1683 une permission écrite de reparaître à Paris sans danger pour sa liberté. Il se logea dans le faubourg Saint-Marceau, estimé de Bossuet et visité assidûment par Racine; il y composa un *Traité de la grâce générale* qu'Antoine Arnauld réfuta sans aigreur et dont on cherche aujourd'hui à tirer parti en faveur du molinisme. Nicole mourut trois mois après l'archevêque de Paris, en novembre 1695 ; il avait souhaité que son cœur pût être porté à Port-Royal, mais on le sut trop tard et ce vœu ne put être exaucé. Il témoigna son amour pour ce monastère d'une façon plus effective, car il fut en mourant le fondateur de ce qu'on appelle à tort la Boîte à Perrette. Il légua des fonds au Père Fouquet, de l'Oratoire, et à l'abbé d'Eau-bonne, mais non pas à sa servante. Ses héritiers firent un procès; ils le perdirent, et la petite société d'amis de Port-Royal que Nicole mourant avait constituée en 1695 subsiste encore.

On voit assez quelles conséquences pouvaient avoir pour Port-Royal la mort d'Arnauld et celle de Nicole, bien que la persécution les eût désarmés. Il y eut un moment d'agitation au sujet d'Arnauld; Racine eut le courage d'assister seul à son service auquel on avait prié tout Paris ; Rancé qui pourtant était aux trois quarts janséniste, poussa un malencontreux *Enfin !* qui dénaturait sa pensée, et qui lui attira de la part de Tillemont et de Quesnel des semonces très vives. Le déséquilibré Santeuil fit une épitaphe élogieuse qu'il désavoua piteusement pour complaire aux Jésuites, ce qui lui valut une bonne réprimande en vers latins, composée par Rollin. La mort de Nicole, enterré sans

bruit à Saint-Médard, où il repose auprès de Duguet,
ne souleva aucun incident fâcheux, et il en fut de
même des nombreuses morts que dom Clémencet et
Jérôme Besoigne ont enregistrées dans leurs histoires.
Outre celles qui ont été mentionnées déjà, on y relève
les morts du bon curé Grenet, le supérieur maintenu par
l'archevêque : il fut enterré au milieu du cimetière des
religieuses, comme autrefois Singlin dans le préau de
Paris (1684); de Thomas du Fossé, camarade de Racine
aux Petites Écoles, continuateur de la *Bible* de Saci,
et auteur de charmants Mémoires (1684); de la princesse de Guéméné, qni finit tristement ses jours loin
de Paris (1685). Le célèbre Le Tourneux, auquel
Sainte-Beuve a consacré un bon chapitre parce qu'il
retrouve en lui la pure tradition de Singlin et de Saci,
mourut très jeune en 1686. 'Harlay reconnut son mérite, le protégea, lui fit composer l'*Année chrétienne*
un excellent ouvrage, et ne tarda pas à le persécuter
comme les autres. Bourgeois mourut en 1687 et Sébastien du Cambout de Pontchâteau en 1690. Ce dernier,
un homme si original, mériterait une étude à part :
solitaire intermittent, agent d'affaires très habile,
grand voyageur, nouvelliste très bien informé et polémiste redoutable, il a laissé des écrits, et notamment
une sorte de journal qui pourraient être bien précieux
pour l'histoire. En 1692 mourut subitement, au retour
d'un pélerinage à Port-Royal, Godefroi Hermant,
chanoine de Beauvais et ami particulier des Lamoi-
gnons, celui-là même qui a laissé des Mémoires si
complets. Il les avait déposés à Port-Royal des Champs,
et la Mère Le Féron, archiviste et bibliothécaire modèle, en a tiré une belle copie en six gros volumes qui
fut utilisée par dom Gerberon, par Racine, et plus tard
par les savants éditeurs d'Arnauld; c'est elle qui a

rendu possible et même facile la publication intégrale de 1905-1910 [1].

Le duc de Luynes, marié trois fois et dont le zèle s'était bien affaibli, mourut aussi en 1690, et Claude de Sainte-Marthe le suivit de près. En 1692 Port-Royal perdit encore l'intrépide Henri Arnauld [2], évêque d'Angers, et Mlle de Vertus, laissée par grâce dans son petit hôtel. Mathieu Feydeau, prêtre très distingué auquel les religieuses avaient les plus grandes obligations, mourut en 1694; et cette année-là mourut à son tour, au moment où il méditait de nouvelles et plus terribles persécutions, l'archevêque de Paris. Il fut emporté par une attaque d'apoplexie, sur un canapé du château de Conflans, le 6 août, — jour anniversaire de la mort de la Mère Angélique, — et l'on sait les difficultés que présentait son oraison funèbre; il n'y avait que deux points délicats : sa vie — et sa mort. Port-Royal ne lui appliqua point la traité de Lactance sur la mort des persécuteurs, et le Père du Breuil, la plus touchante peut-être de ses victimes, pria pour lui du fond de son exil, et contraignit ceux qui l'entouraient à partager ses sentiments de généreuse pitié. Quinze jours après la mort de Harlay de Chanvallon, le roi nomma pour lui succéder le vertueux évêque de Châlons, Antoine de Noailles, et on put croire un moment que les affaires de Port-Royal allaient prendre une face nouvelle.

(1) Paris, Plon, 6 vol. in-8°, avec index général.
(2) Sur Henri Arnauld, Voir Claude Cochin. *Henri Arnauld, évêque d'Angers* (1597-1692). Paris. Picard, 1921. in-8°.

CHAPITRE XII

La mort de Harlay délivrait les religieuses de Port-
Royal de leur ennemi le plus perfide, mais il leur en
restait deux qui étaient irréconciliables, le Père La
Chaise et Louis XIV. En choisissant Noailles pour
complaire à Mme de Maintenon, le roi n'avait pas
exigé de lui la promesse qu'on avait jadis arrachée à
Péréfixe ; le nouvel archevêque ne s'était pas engagé
à exterminer le jansénisme. Il était vertueux, il écou-
tait volontiers Bossuet et Le Tellier, les évêques modérés, et il avait favorisé de tout son pouvoir une publication très port-royaliste, les *Réflexions morales*
du Père Quesnel ; il ne pouvait manquer de protéger
dans la mesure du possible le monastère persécuté.
Et de fait, il accueillit avec bonté les félicitations que
lui adressa au nom du monastère l'abbesse, la tante de
Racine, et sa réponse donna aux religieuses les plus
grandes espérances. On les avait accusées en cour
d'avoir contrevenu à la défense verbale de recevoir
des novices; il consentit à faire à Port-Royal une en-
quête officielle, et il rendit un témoignage authentique
de leur innocence, de la pureté de leur foi et de leur
éminente vertu. Néanmoins la défense ne fut point
levée, et le monastère demeura condamné à dispa-
raître bientôt, comme un feu qui s'éteint faute de

nourriture. Il lui donna pour supérieur un de ses anciens grands vicaires de Châlons, Louis Simon Roynette, homme très doux et très sage, qui ne fit malheureusement que passer, car il mourut en 1700. Il se concerta surtout avec Racine, le plus dévoué sans comparaison de tous les amis de Port-Royal. On sait aujourd'hui qu'*Esther* et *Athalie* sont au fond des plaidoyers, et quand on est prévenu, les allusions sautent aux yeux. A qui donc pensait le poète quand il disait dans *Athalie* (iii, 8) :

> Hélas ! dans une cour où l'on n'a d'autres lois
> Que la force et la violence....
> Ma sœur, pour la triste innocence
> Qui voudrait élever sa voix ?

et dans *Athalie* encore :

> Hélas ! ils ont des rois égaré le plus sage ?

On sait aussi que si *Athalie* n'a pas été représentée, ce fut pour cette unique raison, car les représentations théâtrales n'ont jamais cessé à Saint-Cyr du vivant de Mme de Maintenon. Racine seul en était banni. Le poète agissait avec prudence, mais avec fermeté, et il ne cachait pas ses sentiments ; aussi les ennemis de Port-Royal finirent-ils, en 1698, par le dénoncer au roi comme janséniste, c'est-à-dire suivant son expression, comme « un homme de cabale et un homme rebelle à l'Église [1]. » Il ne fut jamais complètement disgracié, mais on le considéra comme suspect, et ne pouvant détromper le roi, il s'efforça d'éclairer l'archevêque. C'est en effet pour Noailles qu'il a composé son *His-*

____

(1) « On me dit de tous les jansénistes qu'ils sont gens de bien, mais pour moi je ne crois pas qu'un janséniste puisse être un homme de bien », paroles de Louis XIV rapportées dans *La relation de délibérations de la Faculté de Paris*, 1714, p. 139.

toire de Port-Royal, afin de lui démontrer que le prétendu jansénisme des religieuses et de leurs directeurs était une abominable invention des Jésuites. On a vu par les citations empruntées à cet ouvrage avec quelle sévérité Racine jugeait la Compagnie de Jésus, avec quelle indignation il parlait des « turpitudes » du Père Annat et de l'archevêque Péréfixe. La mort l'empêcha de terminer cette histoire, et l'on ne saurait dire si Noailles en eut connaissance. S'il l'a lue en manuscrit, il n'a pu manquer d'être profondément troublé, quand il a consenti à parachever l'œuvre de destruction de Péréfixe.

Racine avait communiqué son *Histoire de Port-Royal* à Boileau, car il avait en lui un auxiliaire ; Boileau fut un des meilleurs entre les amis du dehors, et l'auteur d'Athalie persécutée s'étonnait qu'il ne fut point inquiété pour ses témérités jansénistes :

> La vertu n'était point sujette à l'ostracisme
> Et ne s'appelait point alors un j***.

En 1692, il osait vanter l'éducation des filles donnée à Port-Royal, supprimée par Harlay depuis 1679, et il disait :

> Mais fût-elle aux vertus dans Port-Royal instruite....

L'Épitre *sur l'Amour de Dieu*, si admirée par Bossuet, et la satire *sur l'Équivoque* sont des œuvres de polémique dirigées contre les Jésuites. Boileau avait mérité la haine des Révérends Pères, et il l'obtint avant même la destruction de Port-Royal : en 1710 il se vit refuser par le roi un privilège pour la publication de ses œuvres complètes. Louis XIV exigeait la suppression des pièces désagréables aux Jésuites ; Boileau sacrifia l'édition elle-même, et il s'entendit secrètement avec un libraire, ce qui nous a valu de bonnes éditions posthumes.

Il y avait dans le monde un courant de sympathie
pour Port-Royal ; on préférait les Oratoriens aux Jésuites dans les chaires, et c'est pour cela que les supérieurs de Bourdaloue le firent mourir à la peine ;
beaucoup d'évêques suivaient l'exemple de Bossuet et
observaient scrupuleusement la paix de Clément IX ;
Bourdaloue même passait pour correspondre secrètement avec une religieuse de Port-Royal, et il faisait autoriser dom Thierry de Viaixnes, un des coryphées du jansénisme, à dire la messe dans sa prison de Vincennes.
Jusqu'en 1704, année de la mort de Bourdaloue et de
Bossuet, Louise de la Vallière put lire chez les Carmélites les livres de Port-Royal ; on l'en priva ensuite et
on la fit beaucoup souffrir, car « elle y trouvait ses consolations [1]. » Noailles, éclairé par Racine et soutenu
par l'opinion publique, laissa quelque temps Port-Royal
en paix. On put y enterrer en 1698 Le Nain de Tillemont et Thomas Du Fossé, et Racine lui-même en
1699 ; Pomponne mourut ministre et ne fut point dis-
grâcié une seconde fois. La même année, on put encore élire une abbesse, la Mère Élisabeth de Sainte-
Anne Boulard, qui gouverna six ans une communauté
sans cesse diminuée.

Néanmoins la situation de l'archevêque était la plus
fausse et la plus embarrassante qui se pût imaginer.
Il estimait, il vénérait même les religieuses de Port-
Royal ; il aurait voulu les servir et les sauver ; mais il
savait de science certaine que le Père La Chaise avait
juré la ruine de leur maison, et que le roi était intrai-
table sur cette question ; qu'il en faisait son affaire et
qu'il était pressé d'en finir, car il se sentait vieillir, et

____

(1) V. sur le rôle de Bourdaloue : A. GAZIER. *Pascal et Escobar.* —
Paris, Champion, p. 63.

il voulait survivre à l'abbaye maudite. L'intervention
de l'archevêque était indispensable pour cette destruction ; mais les Jésuites, n'espérant pas l'obtenir tout
d'abord, temporisèrent et ils eurent recours à leur
procédé habituel, à celui qu'ils avaient employé en
1636 lors de l'élévation de Jansénius à l'évêché d'Ypres.
J'ai sous les yeux un tout petit volume, paru en 1696,
qui en dit bien long sur ce sujet ; il est fort curieux,
car c'est de lui que procède la fameuse Bulle *Unigenitus* [1]. C'est le texte d'une harangue en beau latin faite
au collège Louis-le-Grand par le célèbre Père Lejeay,
en présence de Noailles, au cours d'une fête splendide
donnée en son honneur. Tout ce que la flatterie la plus
outrée peut inventer pour louer un homme se trouve
dans cette harangue qui est un remerciement au roi,
et les Jésuites firent graver en tête de ce petit volume
un admirable portrait de Noailles. Mais ce beau feu
ne dura pas, car dès cette même année 1696 l'archevêque offensa mortellement les Jésuites en publiant une
instruction pastorale qui condamnait sans doute une
publication réputée janséniste, mais qui sapait le molinisme par la base. Noailles, inspiré par Bossuet, préconisait les dogmes fondamentaux de la Grâce toute
puissante de Jésus-Christ et de la prédestination gratuite et antérieure à tous les mérites. Or on a vu depuis
le commencement de cette histoire que Port-Royal et
les Jansénistes n'ont jamais demandé autre chose, et
que si ces dogmes intangibles n'avaient pas été attaqués par les Jésuites, l'Augustinus n'aurait même pas
été composé. Aussi le judicieux Duguet déclarait-il

---

(1) Ce petit volume de 86 pages, édité à Paris chez Simon Bernard, a pour titre : *Regi, ob delectum regiæ urbi novum præsulem
solemnis gratiarum actio, habita in collegio Ludovici magni a Gabriele
Francisco Lejeay, S. J., sacerdote.*

l'ordonnance de Noailles très avantageuse pour l'Église et pour la Vérité, « La censure de Mgr l'archevêque, disait-il dans une très belle lettre qu'il faut lire dans Sainte-Beuve [1], tire la Vérité de l'indigne servitude où on la tenait captive, et en proposant les livres de saint Augustin pour règles de la foi, principalement ceux dont les ennemis de la Grâce ont le plus murmuré, elle lui rend la qualité de juge et de maître, console ses disciples, apprend aux autres à le devenir, et termine ainsi toutes les disputes. »

Quant à la condamnation de Barcos, accordée aux Jésuites comme fiche de consolation, voici comment Duguet en parle : « Qu'importe ce qu'on pense d'une secte qui ne fut jamais... Quel intérêt ont les particuliers de se justifier, si c'est un fantôme qui est accusé ? Qu'on soit content de la seconde partie de la censure, et dès lors la première n'est plus d'usage ; car si l'on ne pense rien de plus, tout est en paix, ou doit y être. »

Les flagorneurs du collège Louis le Grand, qui croyaient avoir enlacé Noailles dans leurs filets, furent exaspérés ; ils le prirent de très haut avec le prélat, et s'attirèrent cette verte réplique : « Je veux bien être l'ami des Jésuites, mais non pas leur valet. » Ils répondirent à Noailles qu'ils lui feraient boire jusqu'à la lie le calice de leur colère. Pour atteindre leur nouvel ennemi en plein cœur, ils s'attaquèrent au livre qui avait toutes ses complaisances, aux *Réflexions morales* du Père Quesnel, qui se publiaient avec un prodigieux succès et sans contradiction depuis vingt-cinq ans, et c'est ainsi qu'une nouvelle affaire de jansénisme, beaucoup plus grave que celle de l'*Au-*

____

(1) *Port-Royal*, VI, p. 60.

gustinus, se greffa sur l'ancienne : l'histoire de la Bulle *Unigenitus* va commencer.

Si Noailles avait été un autre homme, il aurait relevé le gant et répondu à ce défi en protégeant ouvertement Port-Royal; il aurait fait comme son confrère Le Tellier, archevêque de Reims, qui n'hésita pas à tenir tête aux Jésuites. Ce dernier fit paraître en 1697 une ordonnance où il flétrissait le molinisme et établissait fortement la Grâce efficace par elle-même et la prédestination gratuite, qui sont, disait-il, les fondements de la doctrine de saint Augustin et de la foi de l'Église. Les Jésuites capitulèrent devant Le Tellier [1]; mais ils se dédommagèrent en fonçant sur l'archevêque de Paris. On vit paraître un *Problème ecclésiastique* demandant ironiquement qui l'on devait croire, ou de Noailles, évêque de Châlons, approbateur de Quesnel, ou de Noailles, archevêque de Paris, condamnant Barcos. L'archevêque se troubla; il recourut à Bossuet, qui prit franchement la défense des *Réflexions morales*, et déclara sans ambages qu'on trouvait dans cet ouvrage admirable, « avec le recueil des plus belles pensées des saints, tout ce qu'on peut désirer pour l'édification, pour l'instruction et pour la consolation des fidèles ». Mais Noailles tergiversa, il ne joignit pas à la nouvelle édition de 1699 la justification rédigée par Bossuet; la peur de passer pour janséniste et d'encourir ainsi la colère du roi l'amena peu à peu à persécuter et même à détruire Port-Royal. Une fois entré dans cette voie, il alla plus loin que Péréfixe et que Harlay [2].

---

(1) En 1703 ils le firent disgrâcier sous prétexte qu'il avait correspondu avec le P. Quesnel.

(2) Il y a aux archives du Vatican une apologie de Noailles par lui-même où on lit ces mots : « La destruction de Port-Royal est

La fâcheuse affaire du *Cas de conscience*, en 1702, eut pour effet de remettre à l'ordre du jour l'irritante question des signatures et de leur plus ou moins de sincérité. Noailles intervint pour condamner la décision prise, et les passions contraires se ranimèrent. En 1705, le nouveau pape Clément XI, successeur du pacifique Innocent XII, accorda aux sollicitations de l'impatient Louis XIV la bulle *Vineam Domini*, qui fait songer à la Révocation de l'édit de Nantes, car elle contredit et semble vouloir annihiler le Bref par lequel Clément IX avait pacifié l'Église. Le silence respectueux, qui suffisait en 1668 pour la question de fait, était déclaré insuffisant en 1705, mais d'une manière obscure et embrouillée sans doute à dessein, car dans le corps de la bulle le pape se répandait en invectives contre ceux qui, disait-il, cachaient sous le voile du silence respectueux une hérésie formelle et un véritable esprit de révolte. Les ennemis de Port-Royal s'emparèrent de cette arme nouvelle; Noailles entra dans leurs vues, et bien que le pape et les évêques acceptants n'eussent point parlé de signature, il exigea des religieuses une soumission pleine et entière. Les malheureuses femmes virent bien qu'elles étaient perdues sans ressource, et elles n'avaient plus personne pour les guider; la mort, l'exil ou la prison leur avaient enlevé tous ceux qui auraient pu leur donner un conseil. Elles s'inspirèrent du moins de leurs devancières et, ne voulant point donner une

---

une dernière preuve de ma disposition au sujet des Jansénistes. Si l'on dit que le roi y a plus de part que moi, personne n'ignore que j'ai fait pour cela tout ce qui était de mon ministère, et que je ne pouvais faire ce qu'a fait Sa Majesté dont l'autorité est plus souveraine et plus militaire, n'étant pas assujetti comme moi aux procédures toujours plus longues qu'il ne faudrait en pareil cas. »

signature pure et simple qui manquerait de loyauté, elles crurent pouvoir se retrancher prudemment derrière les clauses du bref de Clément IX. Elles signèrent donc, mais en ajoutant à la formule qui leur était prescrite la parenthèse suivante : « sans déroger à ce qui s'était passé à leur égard à la paix de l'Église sous le pape Clément IX ». Or c'était bel et bien d'une dérogation qu'il s'agissait, et le docteur Mabille, un ami véritable qui leur suggéra cette clause, ne leur faisait pas faire une fausse démarche. Sainte-Beuve, ici encore, est bien sévère et bien injuste pour la Mère Boulard et pour ses religieuses. « Il était singulier et ridicule, dit-il, que seules une vingtaine de filles, vieilles, infirmes, et sans connaissances suffisantes, qui se disaient avec cela les plus humbles et les plus soumises en matière de foi, vinssent faire acte de méfiance, et protester indirectement en interjetant une clause restrictive. Mais Port-Royal ne serait plus lui-même s'il n'était ainsi jusqu'au bout. C'est l'esprit d'Arnauld qui survit, même quand Arnauld est mort. Le Père Quesnel, consulté de loin, à Amsterdam, où il s'était réfugié après s'être échappé de sa prison de Bruxelles, approuva la résistance... Quesnel était alors l'oracle, il avait hérité du manteau d'Arnauld [2]. » Une démarche conseillée par Ar-

_____

(1) Tome VI, p. 184.

(2) Il n'est pas vrai que Quesnel ait été considéré comme l'Elisée d'Arnauld. La Gazette de Hollande l'ayant présenté comme le chef du parti janséniste, il protesta en ces termes ; « Comme il n'y a point de parti, il n'y a point de chef. Nous sommes tous soldats de J. C., obligés à combattre pour lui et pour son Eglise, et à défendre la vérité, chacun en sa manière et selon son talent. » Lettre à du Vaucel, 15 octobre 1694. — La clause « sans déroger » date du 21 mars 1706. Quesnel fut consulté le 5 avril, et il répondit en 1707.

nauld ne saurait être ridicule, et ainsi les religieuses
de 1706 sont pleinement justifiées par Sainte-Beuve
lui-même, malgré sa partialité. Elles ne sont pas in-
tervenues spontanément; on les a mises au pied du
mur en leur demandant un désaveu de tout leur
passé; elles ont eu raison de demeurer fidèles à ce
glorieux passé, dussent-elles signer ainsi leur arrêt de
mort. La Mère Angélique, la Mère Agnès et la Mère
Angélique de Saint-Jean ne les auraient pas désa-
vouées.

Les faits postérieurs peuvent être rapportés brièvement, car ils sont connus de tout le monde. Les
religieuses furent châtiées de ce qu'on appelait leur
désobéissance avec une rigueur extrême. Noailles ne
leur permit pas d'élire une abbesse pour remplacer la
Mère Boulard, morte en 1706. Il n'y eut point de vote;
la Mère Anastasie du Mesnil fut simplement nommée
prieure par l'abbesse agonisante, et elle en fit les fonctions jusqu'au dernier jour. C'était un beau et noble
caractère; et elle eut à cœur de continuer les traditions des sœurs Briquet et Brégy, qui étaient comme
elle de noble extraction. Le cardinal n'hésita même pas
à priver les religieuses de sacrements, tout comme Péréfixe en 1664. Il y eut une suite ininterrompue d'attaques violentes contre lesquelles le pauvre monastère
se défendit comme jadis, par des oppositions, des
protestations, des requêtes, des appels à la primatie
de Lyon, et des recours au Saint-Siège. Il peut même
sembler qu'il y ait eu trop de procédure, car les martyrs n'ont jamais cité leurs bourreaux devant les tribunaux. La seule pièce dont il y ait lieu de conserver
le souvenir, c'est l'acte capitulaire du 8 mai 1707, par
lequel toutes les religieuses protestaient à l'avance
contre les signatures qu'on pourrait leur extorquer

un jour par la violence ou autrement. C'était une sage précaution, car la plupart de ces infortunées n'ont pas eu l'indomptable énergie de la Mère Du Mesnil et de la Sœur du Valois. Toutes les oppositions des religieuses furent inutiles, non seulement on ne leur rendit jamais justice, mais on incarcéra Le Noir de Saint-Claude, un avocat qui venait à leur secours, et on entassa comme à plaisir illégalités sur illégalités. Les requêtes du monastère de Paris étaient au contraire admises sans difficulté, et l'on en vint même à annuler, pour favoriser leurs prétentions, la bulle de partage donnée en 1679 par Clément IX.

Pour couper court à toutes les réclamations, la cour fit encore intervenir le pape, mais, chose étrange, Clément XI semblait hésiter; il ne se pressait pas, et il envoya une première bulle qui ne fut pas acceptée parce qu'elle autorisait les religieuses de Port-Royal à terminer leurs jours dans l'abbaye supprimée. Louis XIV insista pour obtenir autre chose, et finalement le pape signa la bulle d'extinction qu'il accompagna de considérants très durs, « pour que le nid où l'hérésie jansénienne avait pris de si pernicieux accroissements fût entièrement ruiné et déraciné ». Noailles procéda à cette exécution comme commissaire du Saint-Siège et avec beaucoup de zèle. Le 11 juillet 1709, il rendit un décret par lequel il supprimait et éteignait à perpétuité l'abbaye et monastère de Port-Royal des Champs, dont tous les biens, droits et revenus étaient appliqués et dévolus à l'abbaye et monastère de Port-Royal de Paris. En vertu de ce décret, l'abbesse de Paris, Mme de Château-Renaud, prit officiellement possession de sa maison des Champs le 1er octobre, et le récit qu'elle a fait de cette expédition fait voir combien la Mère Anastasie du Mesnil sut être digne, comme autrefois la Mère Du Fargis.

Le 29 octobre, c'était d'Argenson lui-même qui faisait irruption dans le monastère avec deux cents archers et un grand nombre de carrosses ; il venait procéder, au nom du roi, à l'enlèvement et à la dispersion des religieuses : quinze professes de chœur et sept converses, dont la plus jeune avait cinquante ans. Le récit de cette dernière scène est partout, et Sainte-Beuve s'est contenté de transcrire sans commentaires une relation contemporaine ; il a bien fait. C'est dans Besoigne [1] qu'il faut le lire de préférence, car c'est là qu'il est à la fois le plus simple, le plus véridique et le plus émouvant. D'Argenson s'efforça de tempérer la rigueur des ordres qu'il avait reçus, et il fit partir les prisonnières pour leurs différentes destinations : Blois, Rouen, Autun, Chartres, Amiens, Compiègne, Meaux, Nantes et Nevers. Toutes étaient reléguées hors du diocèse de Paris, à l'exception de cinq converses qu'on envoya à Saint-Denis. Les unes et les autres partirent après avoir embrassé la Mère Du Mesnil ; elle leur fit ses adieux pour l'éternité avec une constance qui ne se démentit pas un seul instant. Le 1er novembre, le lieutenant de police alla dire au roi que tout s'était bien passé, et Louis XIV répondit qu'il était « content de l'obéissance des religieuses, mais fâché qu'elles ne fussent pas de sa religion ». Le roi très chrétien mettait sur la même ligne la révocation de l'Édit de Nantes et la destruction de Port-Royal.

Les religieuses parties, on procéda au déménagement, et l'abbesse de Port-Royal de Paris employa,

____

(1) *Hist. de Port-Royal*, tome III, p. 192 et suiv.

dit-on, cent cinquante charrettes pour transporter au faubourg Saint-Jacques ce qu'elle ne fit pas vendre sur place. Elle recueillit ainsi un très riche butin, car les religieuses des Champs étaient fort économes et elles faisaient d'avance leurs provisions. Hors le vin et le cidre, qui étaient en petite quantité, il y avait en abondance des grains, des légumes secs, des œufs, de l'huile, etc. On trouva dans les celliers huit cents livres de beurre fondu et cinq ou six tonneaux de pruneaux. On recueillit également une très grande quantité de hardes et beaucoup de linge. Les tableaux qui ornaient l'église, le chapitre, le réfectoire, les parloirs et les différentes « obéissances » furent emportés de même. La Cène de Philippe de Champaigne fut replacée sur l'autel de Paris, pour lequel elle avait été faite en 1648; l'admirable ex-voto intitulé au Louvre *les Religieuses* fut revendiqué par Noailles, qui le conserva sa vie durant dans sa résidence d'été de Conflans; après 1729 il reprit son ancienne place de 1662 dans le chapitre des religieuses. Les portraits furent relégués au grenier, car ils n'intéressaient personne à Port-Royal de Paris, et c'est là qu'un fervent ami de Port-Royal des Champs, le citoyen Camet de la Bonnardière, put les acquérir, sans doute à très bon compte, lors de la vente des biens nationaux, après que le Musée des monuments français eut enlevé la *Cène* et les *Religieuses*. En 1710, tout ce qui pouvait être utilisé par Mme de Château-Renaud fut transporté au faubourg Saint-Jacques; mais Port-Royal de Paris, administré de la manière la plus désordonnée, n'en devint pas plus riche; bien mal acquis ne profite jamais.

Restaient les bâtiments; après bien des tergiversations, on résolut de les détruire et de n'y pas laisser pierre sur pierre; ce fut l'occasion de scènes horribles dont on ne saurait lire le récit sans que le cœur se soulève d'indignation et de dégoût. Port-Royal était une vaste nécropole ; dans son église, dans le petit cimetière du dehors où furent enterrés Hamon et Racine, dans le cloître intérieur enfin, reposaient depuis le xiiie siècle deux ou trois mille morts. Puisque l'ordre était donné de tout raser et de faire passer la charrue sur l'emplacement du monastère, il fallait exhumer tous ces corps et les réinhumer en terre sainte, car il ne s'agissait pas de les jeter à la voirie. C'est ce que l'on fit en 1711. Les morts qui avaient une famille ou des amis furent transportés avec quelque décence en divers lieux, les Arnauld à Palaiseau ; Racine, Antoine Lemaître et Lemaître de Saci à Saint-Étienne du Mont, auprès de Pascal ; Tillemont à Saint-André des Arts ; Mlle de Vertus à l'abbaye de Malnoue. L'église de Magny en reçut un certain nombre, Pontchâteau entre autres, et à ce titre elle est aujourd'hui un très intéressant musée funèbre. Les autres corps, dans le petit cimetière et dans le cloître, furent déterrés par des fossoyeurs avinés qui les hachaient à coups de bêche pour les entasser pêle-mêle dans des tombereaux, et ils furent ainsi voiturés pour être enfouis dans ce qu'on appelle aujourd'hui au cimetière de Saint-Lambert le « carré de Port-Royal ». Quatre pierres placées aux quatre angles indiquaient l'endroit ; la piété des propriétaires actuels de Port-Royal a recouvert ce carré d'une pierre sépulcrale, avec une inscription commémorative. Les ruines de l'abbaye furent longtemps une sorte de carrière où l'on venait chercher des pierres à bâtir ; les buissons et les ronces finirent par les envahir, si bien qu'au début du xixe siècle il était impossible de retrouver la place exacte de l'église et du sanctuaire. Comme l'avait dit Racine, la rage des Jésuites avait anéanti Port-Royal jusque dans ses fondements.

La destruction d'une abbaye si célèbre ne fut point considérée sous Louis XIV comme un des grands événements de l'histoire de France; elle ne souleva aucune protestation, pas plus que les dragonnades et la démolition du prêche de Charenton. Ceux qui auraient pu témoigner leur indignation étaient morts ou prisonniers, ou fugitifs, ou réduits à l'impuissance. On ne citerait guère que des particuliers, comme Duguet, Quesnel, Rollin, Louail, l'abbé d'Étemare, et quelques amis comme Saint-Simon qui se réservait de parler à son heure. C'est à des femmes que revient l'honneur de s'être déclarées courageusement en faveur des victimes. Madeleine de Boulogne, une femme peintre, qui mourut en 1710, employa ses derniers jours à représenter d'une manière à la fois savante et naïve les différentes parties du monastère; et le burin de Madeleine Horte-mels a reproduit ses belles gouaches ; on a ainsi un précieux album dont les quinze planches font parfaitement connaître le Port-Royal de 1709. Cet album fut saisi comme séditieux, mais d'Argenson ne tarda pas à le rendre et il put être mis en vente. Marguerite de Joncoux, une amie particulièrement dévouée, se signala durant les derniers jours de Port-Royal. Elle avait ses entrées chez le cardinal de Noailles et chez le marquis d'Argenson ; elle correspondit secrètement avec la Mère du Mesnil et elle lui prodigua ses consolations; elle vint au secours des religieuses qui étaient dans le dénuement, et elle déclara fièrement à Noailles qu'elle n'hésiterait pas à vendre son cotillon pour secourir Port-Royal. Enfin, elle réussit à se faire remettre par d'Argenson une grande partie des manuscrits de Port-Royal. Grâce à elle, il en subsiste encore un certain nombre qui sont allés de Saint Germain-des-Prés à la Bibliothèque Nationale. D'autres ont été sauvés de même par différentes personnes ; et ils sont maintenant conservés à Paris, en province, à l'étranger, si bien que les différents historiens de Port-Royal ont eu à leur disposition une infinité de documents.

Ici doit s'arrêter la première partie de cette histoire du mouvement janséniste, et si je ne me trompe, il est clair que ce n'est point une histoire du jansénisme. A aucun moment les personnages que le lecteur a vus passer devant ses yeux n'ont professé les doctrines désolantes et impies qu'on attribue à la prétendue secte ; et s'ils ont péri, c'est parce qu'ils n'ont pas voulu abandonner la doctrine de saint Augustin, qui a toujours été celle des papes et des conciles, celle de l'Église catholique. Le jansénisme de Port-Royal est essentiellement et uniquement antimoliniste. On verra par la suite de ces études qu'il en a été de même, durant tout le XVIIIe siècle, du prétendu jansénisme de Quesnel.

CHAPITRE XIII

Le cardinal de Noailles croyait prouver en détruisant
Port-Royal qu'il n'était nullement janséniste ; mais la
haine des Jésuites s'était attachée à lui comme jadis à
la famille Arnauld. Il fallait donc qu'il fût hérétique
et fauteur d'hérésie, et les *Réflexions morales* du Père
Quesnel, approuvées par lui furent le nouvel *Augustinus* dont La Chaise et après lui Tellier se servirent pour
l'accabler. On a vu que la guerre commença en 1698 par
la publication de l'insolent *Problème ecclésiastique* ; elle
se continuera sans interruption jusqu'à la mort de Noailles en 1729 ; c'est une longue histoire qu'il faut étudier depuis son origine si l'on veut arriver à la bien comprendre.
Félix Vialart, évêque de Châlons de 1642 à 1680, était
un modéré, un véritable saint, et il fut le principal
médiateur de la paix de Clément IX. Animé d'un zèle
ardent pour le salut des âmes, il avait pris sous sa
protection en 1671 un livre de pure édification intitulé
Morale de l'Évangile, dont l'auteur était un prêtre de
l'Oratoire nommé Pasquier Quesnel, âgé pour lors
de trente-sept ans. La première édition de la *Morale
de l'Évangile,* un tout petit volume, contenait déjà dix
des propositions que le pape condamnera en 1713, deux
fois plus que l'énorme *Augustinus,* ce qui ne l'empêcha pas d'obtenir, au témoignage de Bossuet, un suc-

cès prodigieux [1]. Vialart l'avait présenté à son clergé comme un ouvrage lumineux et plein d'onction, comme un trésor ; Noailles, qui lui succéda en 1680, enchérit encore sur l'éloge de ce livre, qui pouvait, disait-il, tenir lieu d'une bibliothèque entière. Quinze années durant, l'ouvrage de Quesnel, sans cesse remanié et augmenté, ne rencontra pas la moindre opposition. Le Père La Chaise l'avait toujours sur sa table et il en faisait sa lecture quotidienne ; les Jésuites imitèrent Quesnel, le contrefirent et le copièrent enfin mot à mot. L'un d'entre eux, le Père d'Avril, approuvé par le Père Tellier et par les journalistes de Trévoux, bourra de phrases des *Réflexions* un livre intitulé *Saints et heureux retours sur soi-même*, qui eut ainsi beaucoup de succès. Mais comme il avait transcrit sans défiance tout ce qu'il rencontrait, il avait introduit dans son ouvrage des propositions que la Bulle *Unigenitus* condamna ; on en fit la remarque, et les Jésuites éperdus n'eurent d'autre ressource que d'anéantir la publication de l'imprudent plagiaire [2].

En 1698, lorsque l'affaire du *Problème* éclata, Noailles préparait une nouvelle édition qu'il faisait examiner avec un soin minutieux par des docteurs nettement antijansénistes ; on y introduisit, sans la participation de Quesnel, qui d'ailleurs ne réclama point, des adoucissements et des modifications ; et c'est alors que Bossuet prit si énergiquement la défense de l'ouvrage, attaqué, disait-il, par les enne-

(1) Au dire du cardinal de Rohan, il s'en était écoulé en 1713 plus de quarante éditions.

(2). On a publié en 1768, sous le titre de *Théologie versatile des Jésuites, ou Apologie du P. Quesnel par les Jésuites...*, un curieux rapprochement des *Réflexions morales* et des *Saints et heureux Retours ;* c'est bien un plagiat éhonté.

mis de saint Augustin. Le séditieux *Problème* fut condamné au feu par le Parlement, et le Saint-Office le proscrivit en 1700, sans vouloir censurer une soixantaine de propositions tirées des *Réflexions morales* (tel était le nouveau titre de l'ouvrage de Quesnel). C'était pour les Jésuites un échec, comme jadis, lors dé la *Fréquente Communion*; ils gardèrent quelque temps le silence; mais en 1702 ils renouvelèrent leurs attaques contre Quesnel et contre Noailles. Quesnel, arrêté à Bruxelles sur l'ordre du roi d'Espagne, fut incarcéré au mois de mai 1703; il parvint à s'évader en septembre, et se retira pour toujours en Hollande. La saisie de ses papiers ne prouva rien contre lui, non plus que celle des papiers de Saint-Cyran en 1638; c'est donc aux *Réflexions morales* seules que les Jésuites s'en prirent pour traiter Quesnel de séditieux et d'hérétique. En 1703, une de leurs créatures, l'évêque d'Apt, approbateur de Marie d'Agréda, s'avisa de condamner l'ouvrage de Quesnel comme « favorisant et fomentant le jansénisme », mais Noailles dédaigna cette attaque isolée. En 1705, après la Bulle *Vineam Domini*, le cardinal irrita profondément la cour de Rome par son attitude lors de l'assemblée du clergé, qui émit la prétention d'examiner et de juger les décrets du Saint-Siège, au lieu de se contenter de les recevoir avec respect et de les exécuter. Sa perte fut résolue dès lors, d'autant plus que le cardinal Albano, devenu pape sous le nom de Clément XI, avait à venger son ami le cardinal Sfondrate, dénoncé par Noailles, Bossuet et quelques autres au pape Innocent XII. En 1708, un Bref pontifical flétrit publiquement comme janséniste le livre de Quesnel approuvé par Noailles; mais ce Bref ne fut point reçu en France; il fut réfuté solidement, et le succès des *Réflexions mo-*

rales n'en fut point diminué. C'est alors que le fameux Père Tellier, successeur de La Chaise en 1709, prit l'affaire en mains. Il choisit deux évêques, ceux de Luçon et de la Rochelle, qui firent en 1710 une ordonnance contre le livre si admiré depuis quarante ans : « livre plein de dogmes impies, disaient-ils, où toutes les erreurs et toutes les maximes des jansénistes étaient enseignées presque à chaque page, etc. » Pour mieux insulter l'archevêque approbateur, les neveux de ces deux prélats, séminaristes à Saint-Sulpice, firent afficher l'ordonnance de leurs oncles à la porte de l'archevêché. A ce coup, Noailles sortit de sa torpeur habituelle ; il chassa de Saint-Sulpice les neveux des deux évêques, et il publia, le 28 avril 1711, un mandement pour condamner l'ordonnance de leurs oncles, auxquels s'était adjoint un troisième suppôt des Jésuites, l'évêque de Gap. A ce moment, Tellier ourdit contre le cardinal un véritable complot. Il rédigea une dénonciation destinée au roi, et il entreprit de la faire signer secrètement par une soixantaine de prélats à sa dévotion. Il avait déjà, dit-on, recueilli trente signatures, et il attendait les autres dans la huitaine, lorsque la mine fut éventée ; c'est ce qu'on appelle l'affaire Bochart de Saron. L'archevêque fut mis en possession d'une de ces lettres avec preuves à l'appui, et on publia le tout, à la grande confusion du Père Tellier ; mais il se contenta de changer ses batteries et de recourir au pape par l'entremise du roi. Noailles indigné ôta aux Jésuites de son diocèse le pouvoir de prêcher et de confesser, et dans une lettre ouverte à un de ses confrères, l'évêque d'Agen, il se déclara hautement partisan de l'augustinisme et du thomisme, dût-on l'appeler janséniste et fauteur de jansénisme. Mais il disait en même temps qu'il était prêt, si telle était la volonté du pape, dont il suivrait les instructions avec une parfaite soumission d'esprit et de cœur, et même avec joie, à condamner l'ouvrage du Père Quesnel, « un livre dont la religion peut se passer ».

C'est alors que le malheureux Quesnel se vit traiter, comme autrefois Jansénius, d'hérétique et d'hérésiarque, et il en souffrit cruellement, car c'était un saint prêtre qui avait les « partialités » en horreur ; il crut donc devoir se disculper et défendre son orthodoxie. Il avait publié en 1710 la justification de son livre par Bossuet lui-même, et cette publication aurait dû refréner l'ardeur de ses ennemis, car il est impossible de voir une apologie plus enthousiaste et plus complète. Quesnel, presque octogénaire, composa en 1712 deux ouvrages apologétiques, et il écrivit au pape une lettre très respectueuse ; il demandait que ses juges ne fussent point choisis parmi ses ennemis, que l'examen de son livre ne se fît point sur une mauvaise traduction latine, et enfin qu'il lui fût permis de présenter la défense d'un ouvrage si estimé depuis quarante ans de presque toute la France. Peine perdue, car la Bulle *Unigenitus* fut promulguée le 8 septembre 1713, et vingt jours plus tard Noailles révoqua l'approbation qu'il avait donnée, condamna le livre sans dire pourquoi, et en interdit la lecture. L'année précédente il avait déclaré au roi qu'une condamnation prononcée par lui serait inutile pour l'Église et déshonorante pour lui ; mais ce pauvre archevêque avait la tête faible et la mémoire courte ; l'homme qui avait détruit Port-Royal était digne d'abandonner Quesnel, ce que Bossuet n'aurait pas fait. C'est un grand bonheur pour Bossuet qu'il soit mort en 1704, au début de l'affaire Quesnel et près de dix ans avant la Bulle, car on ne saurait dire ce qui serait advenu. Les Jésuites le haïssaient

autant que Noailles, sinon plus ; mais, comme dit Saint-
Simon, ils n'osaient pas aboyer contre lui. Après la
Bulle, ils auraient osé, et il avaient un allié à la vie et
à la mort dans la personne de Fénelon. L'archevêque
de Cambrai n'avait pas pardonné à ceux qu'il appelait
ses ennemis la condamnation des *Maximes des Saints* ;
il était altéré de vengeance, et dans l'affaire de la Bulle
il déploya — les archives du Vatican en fournissent
des preuves multipliées et décisives — une activité
fébrile. Lorsque la Constitution parut, il exulta ; « Cent
une propositions condamnées ! s'écria-t-il ; quelle honte
pour les approbateurs d'un tel livre ! » Et il ajouta qu'il
fallait condamner également les approbateurs, c'est-à-
dire Noailles et surtout Bossuet. Il mourut en janvier
1715, à la porte de toutes ses espérances, dit Saint-
Simon, car les Jésuites l'avaient réconcilié avec le roi ;
il allait rentrer en grâce et devenir ou légat du pape
dans un concile national ou président d'un tribunal
ecclésiastique chargé de juger et de condamner Noailles,
dont le chapeau de cardinal lui serait attribué. « Il
nous manque bien au besoin », dit tristement Louis XIV
en apprenant la mort de l'auteur de *Télémaque* [1].

En demandant au pape une Bulle contre Quesnel,
on avait promis de la faire accepter sans opposition
d'aucune sorte ; le roi se hâta de tenir sa promesse, et

(1) Le docteur Gaillande, agent du pape et des Jésuites, écrivait
en septembre 1714 au sujet de Fénelon : « Il n'y a personne dans
tout le royaume à qui le Saint Père puisse confier plus sûrement
ses intérêts qu'à M. de Cambrai. » En janvier 1715, voici comment il
déplorait la mort du prélat : « C'était le seul du royaume qui pût
faire revenir les esprits, et dont la haute vertu, les grandes qualités
personnelles, le mérite et la science profonde pussent servir de rem-
part contre les ennemis de l'Église, *d'autant plus que le roi devait
le faire revenir en cour incessamment, et que tout était disposé pour
cela...* » — Archives du Vatican. — *Francia, Giansenismo*, 2258.
Transcription faite par M. Silvy aux Archives nationales en 1814.

il agit avec vigueur auprès du Parlement, des évêques
et de la Sorbonne. Mais il se heurta dès le premier
jour à des difficultés qu'il n'avait pas prévues, car la
Bulle ne lui avait pas été communiquée avant sa pro-
mulgation, comme c'était convenu, et elle contenait
des propositions que les ministres n'auraient pas tolé-
rées. Le roi voulait commencer par l'enregistrement
de lettres patentes acceptant la Bulle ; après quoi on
l'aurait communiquée aux évêques ; mais il ne fut pas
possible de procéder ainsi. La Bulle fut d'abord soumise
à une assemblée d'évêques, une « assemblée de rencontre », disait Pontchartrain, car on prit ceux qui se
trouvèrent à Paris, des prélats courtisans qui ne rési-
daient point, et on leur adjoignit des évêques dont on
était absolument sûr. Mais comme la Bulle trouvait,
au dire de Daguesseau, presque autant d'ennemis que
de lecteurs ; comme « on criait hautement qu'elle détrui-
sait la foi, rejetait la nécessité de la grâce, effaçait
l'Évangile et renversait la religion [1] », les évêques ne
purent l'accepter par acclamation comme on l'avait
espéré ; il fallut l'examiner en détail, tâcher de la justifier, et finalement les évêques l'acceptèrent, mais en
accompagnant leur acceptation d'une instruction pastorale bien compromettante pour elle, et dont on a pu
dire qu'elle sauvait la foi aux dépens de la bonne foi.
Un des acceptants alla même jusqu'à dire qu'il fallait
défendre aux fidèles de lire la Bulle sans les explications qui en étaient « le contrepoison ». C'est ce qu'on
appelle l'instruction des Quarante. Parmi les évêques
de l'assemblée, qui dura cinq mois, il s'en trouva huit
(et Noailles était à leur tête), qui ne voulurent pas con-

(1) Fragment inédit des Mémoires de Daguesseau. — *Bulletin
historique du Comité des travaux historiques*, année 1918.

tresigner cette acceptation par trop jésuitique. Ils réso-
lurent donc de s'adresser au papé pour lui demander
au préalable des explications, et ils écrivirent au roi
pour lui rendre compte de leur conduite. La réponse
du roi, dictée par le Père Tellier, ne se fît pas attendre. Il fut défendu aux huit évêques d'écrire à Rome;
Noailles eut ordre de ne plus paraître à la cour, et les
autres prélats furent renvoyés dans leurs diocèses par
des lettres de cachet. On fit recevoir la Bulle en Sorbonne, mais d'une manière irrégulière, et grâce à des
mesures de violence.

D'autres difficultés surgirent quand Louis XIV voulut faire enregistrer au Parlement une déclaration
relative à la Bulle dont il « enjoignait » l'acceptation à
tous les évêques du royaume. Le parquet s'y opposa,
car les évêques n'ont pas d'ordres à recevoir quand il
s'agit de religion ; et l'on peut voir par le récit encore
inédit de l'avocat général Joly de Fleury ce qui s'est
passé à cet égard. Le monarque absolu voulait être
obéi, et ce refus d'obéissance le mit plusieurs fois en
fureur. Il dit à propos de Daguesseau et de Joly de
Fleury qu'ils prissent garde à eux, qu'il avait le pied
levé sur eux et que, s'ils faisaient la moindre bron-
chade, il leur marcherait à deux pieds sur le ventre. Il
ajouta que le chemin n'était pas long de son cabinet à
la Bastille ; qu'il voulait être obéi, qu'il y avait assez
longtemps qu'il régnait pour savoir faire valoir son
autorité ; qu'il voulait s'en servir sur la fin de son règne
plus que jamais, dût-on dire que ce fût tyrannie [1]. Les
scènes de violence se multiplièrent, et l'on pourrait
dire sans exagération que Louis XIV n'est pas mort de
vieillesse ; il est mort de rage parce que le Parlement

____

(1) Mémoires inédits de Joly de Fleury, alors avocat général.

qu'il avait bridé dans sa jeunesse lui résistait en face.
Il allait être obligé de s'y transporter pour tenir un lit
de justice. Il mourut le 1ᵉʳ septembre 1715, près de
deux ans après l'arrivée de la Bulle, et sans avoir terminé cette grande affaire qu'il croyait si facile à régler.

Pour bien comprendre les difficultés auxquelles se
heurtait l'absolutisme d'un Louis XIV, il faut savoir ce
que c'était au juste que la Bulle *Unigenitus*, le plus
audacieux des coups d'État que la politique des Jésuites eût encore fait faire au Saint-Siège. La Bulle de
Clément XI présente avec les constitutions antérieures, celles d'Innocent X et d'Alexandre VII, des analo-
gies frappantes, car l'histoire religieuse, elle aussi, est
un perpétuel recommencement ; mais en même temps
cette Bulle diffère beaucoup de celles qui l'ont précédée.
Les Jésuites mirent à profit le conseil du fabuliste :

> Le trop d'expédients peut gâter une affaire ;
> N'en ayez qu'un, mais qu'il soit bon.

Ils jugèrent que ce qui leur avait réussi jadis pouvait
réussir encore, et ils se contentèrent d'élargir le champ
de leurs opérations en usant toujours du même procédé.
Institués pour combattre les hérétiques, ils ont de tout
temps accusé d'hérésie ceux qu'ils voulaient perdre, et
cela fait, ils les ont déférés au Saint-Siège. Ce n'est
jamais le pape qui a pris les devants, on lui a toujours
dénoncé des propositions que l'on disait tirées d'un
ouvrage déterminé, cinq quand il s'agissait de l'*Augustinus*, plus de cent quand il s'est agi des *Réflexions
morales*. La cour de Rome s'est toujours prêtée avec
docilité aux condamnations qui lui étaient demandées,
parce qu'elle y trouvait son intérêt. Elle travaillait
ainsi à établir sur des bases chaque fois plus solides
ses prétentions séculaires à l'infaillibilité doctrinale et

à la domination sur les églises particulières. C'est en
cela que la Bulle de 1713 est analogue aux Bulles antérieures, mais sous d'autres rapports elle en diffère
profondément. Ce n'était plus, comme en 1653, cinq
petites phrases latines à double sens ; on s'attaquait à
du Quesnel bien authentique, écrit en excellent français, et dont tout le monde pouvait vérifier l'exactitude.
Ici plus de distinction possible entre le fait et le droit,
la question de droit subsistait seule. Et quelle profusion d'erreurs condamnées ! Les Jésuites avaient tiré
des *Réflexions morales* cent cinquante-cinq propositions censurables. C'est le nombre de celles qui furent
examinées successivement, et dont la liste, copiée en
1814 par M. Silvy, est aux archives du Vatican. Ils
réclamèrent quand ils n'en trouvèrent que cent une.
Mais on dit que le pape leur répondit avec humeur ;
« Vous m'avez annoncé qu'il y en avait plus de cent :
je vous ai donné la bonne mesure, je n'en condamne-
rai pas une de plus. » Si ce propos est authentique, il
est profondément attristant, car il fait voir avec quelle
désinvolture on traitait à Rome les questions religieuses
les plus graves, et il justifierait le jugement très sévère
qui fut porté sur la Bulle dès 1713. Cette désinvolture
extraordinaire apparaît mieux encore si l'on se re-
porte à une note autographe de Clément XI qui est au
Vatican. Elle a été copiée par M. Silvy en 1814, au
temps où les archives de Rome, enlevées par Napoléon,
étaient encore à Paris. Le pape avait procédé à
l'examen de la douzième proposition, ainsi conçue :

> Quand Dieu veut sauver l'âme, en tout temps, en tout lieu,
> L'indubitable effet suit le vouloir d'un Dieu.

Et voici le jugement de Clément XI parlant comme
docteur particulier : *Suspecta de haeresi, nisi sint*

ipsissima verba Sancti Prosperi, ut dicit cardinalis Sancti Clementis in suo veto; *quod est videndum;* — « suspect d'hérésie, à moins que ce ne soient les propres paroles de saint Prosper, comme le prétend le cardinal de Saint-Clément; il faut vérifier. » Vérification faite, ce n'étaient pas les ipsissimes paroles de saint Prosper, puisqu'il écrivait en latin [1], et la douzième proposition fut condamnée sans hésitation. Ne serait-ce pas le cas de dire : *Ab uno disce omnes*, voilà comment la Bulle a condamné les vérités les plus éclatantes ?

Mais voyons la Bulle elle-même. Son auteur commençait par commenter un passage de l'Évangile de saint Matthieu, celui où Jésus-Christ parle des loups couverts de peaux de brebis. Il appliquait immédiatement cette comparaison à l'auteur des *Réflexions morales*, « qui attire agréablement le lecteur par de certaines apparences de piété, et par un style plus doux et plus coulant que l'huile ». Le malheureux Quesnel était traité dans ce préambule avec une extrême dureté. Quant à son livre, il était comparé à un abcès dont la pourriture ne peut sortir que si l'on y fait des incisions, et ces incisions c'étaient les cent une citations que le pape condamnait en leur appliquant respectivement, *in globo*, et sans vouloir entrer dans le détail, vingt-quatre qualifications différentes. Elles pouvaient être simplement fausses, captieuses, malsonnantes et capables d'offenser les oreilles pieu-

_____

(1) Voici les *ipsissima verba* de saint Prosper :
Haud dubie impletur quidquid vult summa potestas.
La 30ᵉ proposition, analogue à la 12ᵉ, est une traduction très fidèle de saint Fulgence. Clément XI, qui ne le savait pas, l'a jugée suspecte d'hérésie et très voisine de l'hérésie, *suspecta de hæresi et hæresi proxima.*

ses; mais elles pouvaient aussi être scandaleuses, ou enfin hérétiques et renouvelant diverses hérésies, et notamment le jansénisme. Un exemple précis montrera les avantages et les inconvénients de cette manière de procéder. La proposition qui a soulevé le plus de colère, c'est la 91ᵉ, ainsi conçue : « La crainte d'une excommunication injuste ne nous doit jamais empêcher de faire notre devoir. » Si cette proposition est condamnée en vertu de l'adverbe *respectivement* comme impie, blasphématoire et hérétique, les conséquences d'une telle condamnation peuvent être incalculables; mais il se pourrait aussi qu'elle fût simplement jugée offensante pour les oreilles pieuses, car un bon catholique ne devrait pas admettre qu'il puisse y avoir des excommunications injustes [1]. Il en serait de même sans doute pour beaucoup d'autres propositions si la *respective* n'était pas là pour leur faire appliquer les censures les plus fortes.

Cette façon de condamner en bloc, sans vouloir dire quelle flétrissure elles méritent, un si grand nombre de propositions différentes est véritablement étrange, et l'on s'explique d'autant moins le mutisme de Clément XI qu'il a fait déposer dans les archives du Vatican les 155 jugements qu'il avait portés lui-même, après les consulteurs, sur les 155 propositions dénoncées par les Jésuites. Il en a noté près de quarante comme « hérétiques, voisines de l'hérésie, suspectes d'hérésie ou sentant l'hérésie » — *haeretica, haeresi proxima, suspecta de haeresi, sapiens hæresim.* Et ce que les contemporains n'ont jamais pu savoir, nous le savons aujourd'hui ; ce n'est pas une des moindres

---

(1) Voici le jugement de Clément XI sur cette proposition : *periculosa, suspecta, scandalosa et favens schiismati.* C'était la 125ᵉ des 155 qui furent examinées et réduites à 101.

surprises que ménage aux historiens l'étude attentive de la Bulle *Unigenitus*. Nous apprenons même, grâce à ces précieuses archives du Vatican et aux copies qui en ont été faites en 1814, que plusieurs d s propositions condamnées, notamment la 12ᵉ et la 91ᵉ dont il vient d'être fait mention, ont été censurées quoique contenant, de l'aveu même des censeurs, des vérités constantes qu'il n'est pas permis de flétrir, mais dont on pourrait abuser. Comme si l'on ne pouvait pas abuser de toutes les vérités, et particulièrement de celles qui se trouvent à chaque page dans l'Évangile ! Il eût été bon de prévenir le lecteur, ou à tout le moins de ne pas taxer d'hérésie des propositions que l'on reconnaissait parfaitement orthodoxes [1]. Procéder comme a fait la Bulle c'était vraiment abuser du désir d'empêcher les abus.

Les cent une propositions n'étaient pas présentées au hasard ; on les avait groupées avec méthode, et elles se rapportaient à divers chefs ; les anciens historiens de la Bulle en comptaient cinq : Grâce et prédestination — Morale — Règles de la pénitence — Hiérarchie — Lecture des livres saints. Ce qui était anathématisé sous ces différents chefs, c'était la pure

---

(1) On voit dans une relation manuscrite du célèbre abbé Couet dont il sera fait mention dans le chapitre suivant, que le janséniste Hideux, curé des Saints-Innocents et syndic de Sorbonne en 1717, avait signalé à Quesnel lui-même cent cinquante propositions qui auraient besoin de correctif parce qu'elles étaient dures, peu correctes, et censurables. Quesnel lui avait promis de les corriger dans une prochaine édition. Il serait intéressant de savoir si quelques-unes de ces propositions ont été visées par Clément XI. — Au dire de Languet de Gergy, l'Église peut et doit même condamner des propositions vraies lorsqu'on en abuse ou qu'on pourrait en abuser. Il s'agissait de poursuivre le jansénisme jusque dans ses dernières retraites ; on pouvait donc recourir à des condamnations mensongères !

doctrine de Port-Royal et de Louvain, celle qui combattait Molina en lui opposant saint Augustin ; celle qui soutenait les vérités maintes fois proclamées par les Pères, par les papes, par les conciles, et en dernier lieu par le concile de Trente, celle que la liturgie romaine ne cesse d'enseigner aux fidèles en affirmant dans ses prières, dans ses hymnes et dans ses proses la toute-puissance de Dieu, la faiblesse de l'homme et la gratuité de la grâce et de la prédestination. Les Jésuites avaient bien raison de triompher en 1713, car la Bulle *Unigenitus* était une revanche éclatante de tous leurs anciens échecs. Elle annulait toutes les congrégations *de Auxiliis*, et la Bulle inédite de Paul V, et toutes les condamnations des papes contre les casuistes relâchés. Les Jésuites pouvaient désormais attaquer sans crainte saint Augustin, saint Prosper, saint Fulgence, saint Bernard, saint Thomas, et les autres défenseurs de la grâce efficace ; le Saint-Siège leur donnait carte blanche. Enfin tous les théologiens de Port-Royal, et avec eux Bossuet, leur étaient livrés pieds et poings liés en la personne de Quesnel, qui les résumait tous. Voici en effet le jugement de Nicole sur les *Réflexions morales*, il est trop important pour n'être pas rapporté ici textuellement : « Je suis si persuadé de la bonté de l'ouvrage total sur le Nouveau Testament, que je n'en trouve point de plus digne d'un prêtre, de plus utile à l'Église, de plus propre à tout le monde ; et si j'avais à choisir un livre avec le Nouveau Testament à l'exclusion de tout autre, je vous avoue que ce serait celui-là. Tout m'y paraît non seulement solide, mais ravissant. Les lumières y sont vives, profondes, et dans une abondance prodigieuse. Enfin c'est un livre à l'égard duquel je ne me saurais épuiser ; il remplit et

passe infiniment toutes mes idées ; et quand il n'y aurait que ce seul lien, je me croirais obligé d'avoir une
reconnaissance continuelle pour celui qui en est l'auteur, et de lui être inviolablement attaché [1]. » Quesnel
et Port-Royal étaient donc indissolublement unis ;
ajoutons que l'auteur des *Réflexions morales*, accusé
par le pape de « renouveler les hérésies contenues
dans les fameuses propositions de Jansénius », avait
été aussi soigneux que Pascal, Arnauld et tous les
théologiens réputés jansénistes de réfuter ces doctrines impies. Il serait aisé de tirer des *Réflexions
morales* cent une contre-propositions de Quesnel, car
il répète à satiété qu'on résiste à la grâce, qu'on la repousse, qu'on la rejette ; qu'il y a accord parfait de
la grâce et du libre arbitre ; que Dieu ne commande
point des choses impossibles, et enfin que Jésus est le
rédempteur de tous. Toutes les fois que l'occasion de
manifester ses sentiments se présente, Quesnel est
nettement antijanséniste. Il faut donc que l'auteur de
la Bulle *Unigenitus* ait condamné en aveugle les propositions qui lui avaient été transmises, et qu'il n'ait
pas même parcouru le livre qu'on lui faisait condamner comme un livre abominable.

Il y a plus ; Quesnel avait composé, tout comme
Jansénius, d'autres ouvrages de piété auxquels la fureur de ses ennemis ne s'est pas attaquée, et cependant toutes les productions d'un auteur aussi dangereux, d'un « vrai fils de l'ancien père du mensonge »,
comme dit la Bulle, doivent être infectées du « venin
des erreurs les plus criminelles ». Or, on n'a pas condamné, que je sache, car il n'y a pas lieu de tenir

____

(1) *Nouvelles lettres de M. Nicole..* Lettre 40, p. 164. Lettre à
Quesnel, écrite en 1689.

compte de la *Bibliothèque janséniste* des jésuites Colonia et Patouillet, le *Bonheur de la mort chrétienne* et les *Élévations sur la passion*, deux ouvrages ascétiques de Quesnel. Il s'est même produit au sujet des *Élévations* un fait curieux et très instructif; on les a réimprimées tout récemment à Lyon chez un libraire ultra-catholique[1], et on les a données comme étant l'ouvrage d'un saint prêtre de l'Oratoire, « formé à la piété par le cardinal de Bérulle lui-même ». Or ce saint prêtre c'est Pasquier Quesnel en personne; ignorance ou finasserie, le fait n'en est pas moins digne de remarque, et le livre est bien édifiant.

Pour revenir à la Bulle, l'effet qu'elle produisit en 1713 ne saurait être comparé à celui qu'avaient produit les Bulles antérieures. Celles-là ne s'adressaient guère qu'à des initiés, à des gens d'Église, et le commun des fidèles ne s'y intéressait pas beaucoup. La Bulle de Clément XI eut au contraire un très grand retentissement, car il s'agissait d'un livre qui avait obtenu durant quarante ans un prodigieux succès, et dont les innombrables exemplaires étaient entre les mains de tout le monde[2]. Les propositions condamnées n'étaient pas toutes relatives à des questions abstruses, et le bon sens populaire pouvait se faire une opinion sur la signification de la plupart d'entre elles. Il n'était pas besoin d'être grand clerc

(1) Lyon, imprimerie Mougin, Rusand, 1889, un vol. in-24 de 334 pages.

(2) « Il est peu de personnes qui par les soins affectés des gens du parti, qui s'attache de plus en plus à le distribuer, qui ne l'ait chez soi, tant chez les ecclésiastiques que chez les religieux et religieuses que chez les séculiers. Il y est le livre mignon et chéri. » *Lettre du P. Timothée au pape*, 8 août 1713. — Archives du Vatican. — J'ai sous les yeux l'exemplaire de la fille de Colbert, de la duchesse de Chevreuse, dont le mari n'était nullement janséniste.

pour juger par exemple la 25ᵉ : « Dieu éclaire l'âme et la guérit aussi bien que le corps par sa seule volonté. Il commande et il est obéi. » Si cette proposition est fausse, « suspecte d'hérésie », comme disait Clément XI, que faut-il penser du *Domine non sum dignus* qu'on récite tous les jours à la messe, et comment le prêtre ose-t-il dire à Dieu ; « Dites seulement une parole et mon âme sera guérie » ? Il en était de même de cinquante autres, si bien que la Bulle obtint, on peut le dire, un véritable succès de scandale. L'infaillibilité des papes n'était pas alors un dogme : il s'en fallait de beaucoup, et l'on était indigné en voyant un souverain pontife condamner, pour complaire aux Jésuites, les vérités les plus éclatantes. La Bulle *Unigenitus*, au dire d'un contemporain bien informé, a fait un million de jansénistes au sens que nous donnons à ce mot [1], elle a plus que toute autre chose ranimé le souvenir de Port-Royal et popularisé son culte, car ce sera désormais au nom des principes de Port-Royal que la France catholique protestera contre la Bulle. Si l'autorité civile et l'autorité religieuse ne s'étaient pas coalisées pour la faire recevoir de gré ou de force, elle aurait été rejetée dès le début. Mais Louis XIV avait conclu un pacte avec Clément XI ; il lui avait promis de considérer sa Bulle comme une loi de l'Église, et d'en faire une loi de l'État, puisque l'État

---

(1) Dans une longue lettre au pape, conservée au Vatican, le Père Timothée dénonçait les complices de Noailles : « Tous les Pères de l'Oratoire, les Bénédictins, presque tous les moines de Citeaux et de Saint-Bernard, les chanoines réguliers, les Dominicains, et grand nombre d'autres mauvais moines et religieux d'autres ordres, avec tout ce qu'il y a presque de prêtres séculiers pour révolter les fidèles contre les sacrés oracles de Sa Sainteté et leur inspirer du mépris pour elle et pour le Saint-Siège. » — Tout compte fait on arriverait au million.

c'était lui. En cela il avait trop présumé de son omnipotence, puisque le Parlement, qui avait enregistré la
Bulle avec des considérants fort désagréables à la
cour de Rome et aux molinistes, refusa nettement
d'accepter la Déclaration qui donnait des ordres aux
évêques. Louis XIV est mort sans avoir satisfait le
pape, qui le pressait d'agir contre Noailles et contre
les évêques récalcitrants, que la vieille gaîté française
appelait les évêques protestants. Ils étaient quinze, et
le roi ne put obtenir du Parlement qu'il l'aidât à
sévir contre eux. C'est dans ces conditions que s'ouvrit le nouveau règne, celui d'un enfant de cinq ans,
et l'on sait que le Régent, qui n'était pas précisé-
mant un dévot, ne se laissait pas mener par les Jésuites ; l'histoire de la Bulle sous la Régence sera
quelque peu mouvementée.

(1) V. aux pièces justificatives (Appendice n° II) la traduction
de la Bulle avec des remarques, éd. de 1741.
    Voir également le texte des jugements particuliers de Clément XI
emprunté aux Archives du Vatican (Appendice n° III).

CHAPITRE XIV

Les débuts de la Régence ne furent point favorables aux Jésuites et aux partisans de la Bulle *Unigenitus*, car le premier soin du duc d'Orléans fut de congédier le Père Tellier et de donner pour confesseur au jeune Louis XV le célèbre abbé Fleury, qui n'était sans doute point janséniste, mais qui s'était montré dans son Histoire ecclésiastique l'adversaire déclaré des prétentions romaines. Le cardinal de Noailles reparut à la cour et il fut mis à la tête du Conseil de conscience; les lettres de cachet adressées aux autres évêques opposants furent révoquées. Les prisons s'ouvrirent et une estampe du temps donne les portraits des jansénistes qui furent alors mis en liberté; les exilés furent tous rappelés. Enfin la Sorbonne et l'Université cessèrent d'être opprimées, et elles s'empressèrent de se prononcer contre la Bulle. Trente deux évêques qui l'avaient acceptée l'année précédente écrivirent au Régent que leur acceptation avait été subordonnée dans leur pensée à des explications dont ils reconnaissaient l'insuffisance, et ils supplièrent le duc d'Orléans de demander au pape lui-même des éclaircissements et des rectifications qui pussent rendre la Bulle inoffensive et par conséquent acceptable. C'était à leurs yeux le seul moyen de pacifier l'Église de France. Si Clément XI refusait, les trente-deux proposaient de réunir un concile national qui jugerait en dernier ressort. Le Régent fit droit à leur requête; il écrivit au pape une lettre que Louis XIV n'aurait pas signée, et il envoya à Rome deux ecclésiastiques pour appuyer sa demande. Mais Clément XI ne voulut rien entendre; il se disait infaillible et il croyait avoir écrit la Bulle sous la dictée de l'Esprit Saint; il répondit donc par un refus catégorique et par des menaces; il était, disait-il, résolu à se porter aux dernières extrémités. A ce coup, les velléités d'indépendance du Régent tombèrent, et il n'eut plus qu'un désir, transiger et négocier un accommodement, car il ne voulait à aucun prix se brouiller avec le pape. C'est qu'en effet le duc d'Orléans, qui n'était pas un croyant, subordonnait la religion à la politique. Il était imbu de cette idée que la royauté ne meurt jamais, et que par conséquent les rois sont condamnés à suivre les errements de leurs prédécesseurs; ils sont solidaires les uns des autres. Louis XIV ne s'était affranchi de cette règle qu'une seule fois, lors de la Révocation de l'Édit de Nantes, et cette exception unique ne tirait pas à conséquence. Il avait promis au pape de faire recevoir la Bulle *Unigenitus*, et le pape insistait pour que cette promesse fût tenue à la rigueur; Philippe d'Orléans se voyait donc dans la nécessité de satisfaire Clément XI et par conséquent d'amener à composition, si la chose n'était pas absolument impossible, les prélats récalcitrants. Il négocia donc: il assembla au Palais-Royal plusieurs évêques et on leur demanda de nouvelles explications de la Bulle,

comme si ce genre d'acceptation n'avait pas été irré-
vocablement condamné ; puis il mit sur pied un projet
d'accommodement. Il fit dresser par le procureur
général Daguesseau, qui devint chancelier très peu
de temps après, des mémoires demeurés inédits, qui
sont des chefs-d'œuvre de science juridique et de
haute raison ; il pesa de toutes ses forces sur Noailles,
dont on ne pouvait absolument pas se passer, et le
cardinal, qui n'a jamais pu se résoudre à marcher
droit, se serait sans doute prêté à cette combinaison.
Mais l'opinion publique se dressa devant lui avec une
force irrésistible ; il fut arrêté par les objurgations
des curés de Paris, du clergé des paroisses, des
communautés du diocèse. On lui déclara de toutes
parts que, les propositions condamnées par Clément XI
étant la pure doctrine de l'Écriture Sainte et des Pères
de l'Église, il était absolument impossible de recevoir la
Bulle *Unigenitus*. La Sorbonne même alla en corps,
le 12 janvier 1717, déclarer à l'archevêque qu'elle lui
serait inviolablement attachée tant qu'il serait attaché
lui-même, par son refus de recevoir la Bulle, « à la
vérité, à l'Église et à la patrie » ; c'est ce que vinrent
lui déclarer cent cinquante docteurs. On lui écrivit de
tous côtés des lettres qui sont imprimées et qui sont
d'une extrême vivacité[1]. Noailles tint ferme malgré
lui, et dans ces conditions le projet du Régent ne put
aboutir, les conférences furent rompues en février
1717, et c'est alors, le 5 mars, que se produisit l'appel
au futur concile interjeté par les quatre évêques de
Montpellier, de Boulogne, de Mirepoix et de Senez.
L'affaire de la Bulle entrait dans une phase toute

(1) V. les *Anecdotes* ou Mémoires secrets de Villefore, le *Journal
de Dorsanne*, et une infinité de publications du temps.

nouvelle, à laquelle la cour de Rome ne s'était ni attendue ni préparée.

Les quatre appelants n'étaient nullement des jansénistes de la première heure et aucun lien ne les rattachait à Port-Royal ; c'est la Bulle *Unigenitus* qui les a faits ce qu'ils ont été depuis 1713, des jansénistes selon la définition du cardinal Bona, c'est-à-dire des catholiques qui n'aiment pas les Jésuites. L'évêque de Montpellier, Joachim Colbert de Croissy (1667-1738), n'avait rien de l'austérité d'un Nicolas Pavillon ; il aimait le faste et la bonne chère, et on ne l'a jamais considéré comme un saint. Il avait fait preuve de zèle gallican en 1682, mais il avait certainement signé le Formulaire et souscrit la condamnation d'Arnauld, puisqu'il était docteur de Sorbonne, et depuis son élévation sur le siège de Montpellier, en 1696, il n'avait point fait parler de lui. L'excellent catéchisme qui porte son nom et qui parut en 1705 était l'œuvre d'un oratorien, le Père Pouget, celui-là même qui avait converti La Fontaine. Ami des Oratoriens, il était nécessairement mal vu des Jésuites et c'est peut-être parce que la Bulle était leur œuvre qu'elle lui fit horreur. Il revint ensuite en arrière et combattit le Formulaire au même titre que la Bulle et pour la même raison.

Jean Soanon (1647-1740) était un enfant de l'Auvergne, comme Pascal, ce qui ne prouve nullement qu'il soit né janséniste. Neveu du Père Sirmond, confesseur de Louis XIII, les Jésuites croyaient avoir des droits sur lui, mais il leur préféra l'Oratoire, et il étudia sous le Père Quesnel ; mais il avait signé purement et simplement le Formulaire, puisqu'il était encore oratorien lorsque Louis XIV le fit évêque de Senez en 1695. En 1688, il avait prêché devant le roi contre les spectacles, et le duc de La Feuillade l'avait accusé de rigorisme, mais Louis XIV avait pris sa défense en disant : « Le prédicateur a fait son devoir, à nous de faire le nôtre » ; et lorsqu'il fut promu évêque avec l'assentiment du Père La Chaise, le roi s'était porté garant de son talent pour la prédication, et aussi de sa piété exemplaire, ce qui prouve qu'il ne le soupçonnait pas de jansénisme. Rien ne faisait pressentir en lui l'adversaire irréductible et le martyr d'une Bulle pontificale.

L'évêque de Mirepoix, Pierre de la Broue (1643-1720), était un ami particulier de Bossuet. Après la mort de l'évêque de Meaux, il avait écrit au Père Quesnel qu'il reportait sur lui toute l'affection qu'il avait eue pour l'illustre prélat, cela prouve seulement qu'il partageait son admiration pour les *Réflexions morales* et on comprend que leur condamnation l'ait exaspéré en 1713 ; mais, par ailleurs, il était augustinien sans fanatisme, et son zèle le portait surtout à convertir les protestants.

Pierre de Langle enfin, évêque de Boulogne (1644-1724), avait été précepteur du comte de Toulouse, fils de Louis XIV et de Mme de Montespan ; il était, comme La Broue, particulièrement lié avec Bossuet. Il gouvernait saintement son diocèse depuis 1698 et ne se mêlait point aux querelles religieuses avant l'apparition de la Bulle.

Ainsi les quatre évêques de 1717 ne pourraient être mis en parallèle avec ceux qui ont, en 1668, amené la paix de Clément IX ; ce n'est point la cour de Rome qui leur a déclaré la guerre en les accusant de jansénisme ; ce sont eux qui ont incriminé le pape, et qui, lui refusant nettement le privilège de l'infaillibilité, ont cru pouvoir le déférer, en raison de ses erreurs, au jugement du seul tribunal infaillible, celui de l'Église universelle assemblée conciliairement. Une semblable démarche serait aujourd'hui impossible; en 1717 elle a pu contrister le souverain pontife et le résoudre même quelque temps à retirer la Bulle ainsi attaquée; elle n'avait rien de révolutionnaire, parce que c'était l'exercice d'un droit imprescriptible reconnu par les lois de l'Église. On avait eu recours à l'appel au futur concile lors des démêlés de Philippe le Bel avec Boniface VIII. Il était impossible à Clément XI de faire ce que ferait aujourd'hui son successeur, de répondre dans les vingt-quatre heures par une sentence d'excommunication majeure et par une déposition des évêques coupables. La canonicité de l'appel, qui était le contraire d'un acte schismatique, était absolue, puisque les appelants protestaient de leur profond respect pour l'autorité pontificale et de l'union indissoluble qu'ils conservaient avec elle. Jansénius n'aurait pas revendiqué l'exercice de ce droit. parce qu'il croyait à l'infaillibilité personnelle des papes; c'est une nouvelle preuve que les quatre appelants n'étaient point jansénistes; ils étaient simplement augustiniens et gallicans.

Ce fut le 5 mars 1717, dans la grande salle de la Sorbonne et en présence de la Faculté de théologie tout entière, que les quatre évêques notifièrent officiellement leur appel. L'évêque de Mirepoix, qui était le plus ancien, prit la parole au nom de tous, et il exposa les raisons qui avaient déterminé ses confrères et lui à recourir à la voie de l'appel; ensuite l'évêque de Senez donna lecture de l'acte qui avait été signé quatre jours auparavant chez l'évêque de Montpellier. La lecture de cet acte fut accueillie par des cris de joie; on alla promptement aux voix, et quatre-vingt-dix-sept docteurs, sur les cent dix qui composaient l'assemblée, donnèrent leur adhésion avec un enthousiasme indescriptible. Le clergé de Paris suivit en masse l'exemple de la Sorbonne; les évêques de Verdun et de Pamiers se joignirent aux quatre appelants; Noailles enfin, fidèle à ses habitudes de tergiversation, rédigea et signa un appel semblable, mais il le tint secret et ne se décida à le publier que l'année suivante.

Que pouvait faire le Régent en présence d'une telle levée de boucliers? Il était lié par les promesses de Louis XIV à Clément XI et, d'autre part, son bon sens et sa grande intelligence des affaires lui montraient qu'il ne pourrait jamais tenir de semblables promesses; il essaya pourtant de s'opposer au torrent. Clément XI consterné offrait déjà de laisser tomber sa Bulle sans même exiger en échange de cet abandon une renonciation des quatre évêques à leur appel; mais Philippe d'Orléans empêcha le pape de se laisser aller au découragement, et il vint à son secours. Il intima aux quatre appelants l'ordre de quitter Paris le jour même et de se retirer sans délai dans leurs diocèses respectifs. Le notaire qui avait reçu l'acte d'appel et l'adhésion de la Faculté fut mis à la Bastille; la Faculté reçut l'ordre de cesser entièrement ses assemblées, et le syndic Ravechet fut exilé à Saint-Brieuc, où il mourut le mois suivant (24 avril 1717). L'ère des persécutions recommençait.

La cour de Rome, un moment désemparée, ne tarda pas à se ressaisir en voyant que le Régent ne l'abandonnait pas; les Jésuites et leurs amis redoublèrent d'audace et l'affaire de la Bulle s'envenima de plus en plus. Il y avait trois partis en présence, ce que nous appellerions aujourd'hui la droite, la gauche et le centre ; ce qu'on appelait au xviii⁰ siècle les acceptants, les appelants et les accommodants. Les acceptants avaient à leur tête le Père Tellier, retiré à la Flèche, où il mourut en 1719, la même année que le Père Quesnel[1], les cardinaux de Bissy et de Rohan, et le fougueux évêque de Soissons, car il n'était pas encore archevêque de Sens, Languet de Gergy. Ils écrivirent force mandements, ils firent intervenir des évêques étrangers qui acceptaient la Bulle sans la lire parce qu'elle émanait du pape infaillible, et enfin ils firent parler le Saint-Père lui-même. Les lettres *Pastoralis officii*, 8 septembre 1718, déclaraient « séparés de la charité du souverain pontife et de l'Église romaine tous ceux qui ne rendraient pas à la Bulle une obéissance sans réserve (*omnimodam obedientiam*), « fussent-ils évêques, archevêques et cardinaux ». C'était bien là l'excommunication injuste visée par Quesnel dans la 91⁰ proposition, celle dont la crainte ne doit pas nous empêcher de faire notre devoir. Noailles répondit en commentant cette proposition par des actes ; il rendit public l'appel qu'il tenait secret depuis un an, et par la même occasion il appela au futur concile des lettres *Pastoralis officii* elles-mêmes (24 septembre 1718).

Un autre effet de ces malencontreuses Lettres, ce fut l'appel au pape mieux conseillé et au futur Concile que firent à l'unanimité les quatre Facultés de l'Université de Paris. Les évêques appelants appelèrent également de ces lettres, qu'ils déclaraient données au préjudice d'un appel canonique. C'est en cette occasion que, s'inspirant résolument des principes de Port-Royal, ils s'attaquèrent au molinisme, source

____

(1) Quesnel mourut avec une aussi grande sérénité qu'Arnauld lui-même, et il ne cessa pas de protester de sa parfaite orthodoxie et de son horreur du schisme.

première de toutes les erreurs qu'ils dénonçaient à l'Église universelle. Au moment où paraissait cet important mémoire des appelants, on réédita en sept gros volumes les *Hexaples*, ou Écrit à six colonnes, ouvrage d'une importance capitale pour l'intelligence de la Bulle. Il avait paru en un seul volume dès 1714, et il avait été composé, sous la direction de Quesnel lui-même, par l'élite de la société janséniste, par le docteur Boursier, par le chanoine Lefèvre d'Eaubonne, par Fouillou, d'Étemare et Nivelle, qui reparaîtront plus d'une fois dans cette histoire.

L'appel des quatre évêques, de la Faculté de théologie et de l'Université tout entière en suscita une infinité d'autres entre les années 1718 et 1720 ; ce fut comme une traînée de poudre. Il y eut environ trente évêques appelants, et dix ou douze autres, qui n'allèrent pas jusqu'à l'appel, manifestèrent par des déclarations variées leur opposition à la Bulle. Les Facultés de théologie de Reims et de Nantes, les Universités de Poitiers et de Caen, beaucoup de chapitres de cathédrales ou de collégiales, des milliers de curés, de vicaires et de simples prêtres adhérèrent de même, et l'on ne tarda pas à publier des listes où se trouvèrent les noms de quinze cents docteurs de Sorbonne. Enfin les communautés et les congrégations les plus célèbres crurent devoir adhérer à l'appel ; tels furent les Génovéfains, entraînés par leur abbé, les Bénédictins de Saint-Maur et de Saint-Vanne en très grand nombre, les Oratoriens en plus grand nombre encore, et avec eux le Père de la Tour, leur général, les Dominicains de Paris, les chanoines de Saint-Victor, excepté le Père Simon Gourdan, les Lazaristes, enfants de Saint-Vincent de Paul, les Feuillants et bien d'autres à leur suite. On ne voit guère que les Sulpiciens, les Eudistes et les Capucins qui n'aient pas alors abandonné les Jésuites. Le mouvement de protestation se communiqua aux monastères de filles, si profondément silencieux au temps de Port-Royal, et c'est par centaines que l'on pourra citer ces monastères durant tout le xviii⁰ siècle jusqu'à la veille de la Révolution. C'est alors que le cardinal de Noailles fit paraître une longue Instruction pastorale qui est en son genre un chef-d'œuvre [1]. Jamais il ne s'était expliqué avec plus de franchise et de clarté sur les rapports de l'épiscopat et de la papauté. L'approbateur des *Réflexions morales* reparaît, et l'on voit Noailles justifier, avec une vigueur extraordinaire, les propositions condamnées par la Bulle. Il se sentait alors très fort, parce qu'il était d'accord avec tout son clergé; aussi l'Instruction pastorale de 1719 est-elle le contraire des mandements fanatiques de Belsunce, de Languet de Gergy et du cardinal de Bissy. Noailles discutait et réfutait avec une sérénité relative les affirmations de ses contradicteurs; il prouvait avec évidence que la Bulle *Unigenitus* ne peut pas être proposée comme une règle de foi et qu'elle ne saurait être considérée comme un jugement irréformable de l'Église universelle. A la base de son argumentation, qui est très solide, se trouvait la négation catégorique et absolue du prétendu dogme de l'infaillibilité des papes. On n'arrive pas à comprendre comment l'auteur de cette Instruction pastorale n'a pas été excommunié immédiatement par Clément XI, par l'auteur des Lettres *Pastoralis officii.*

---

(1) Première instruction pastorale de S. Em. Mgr le cardinal de Noailles, archevêque de Paris, au clergé séculier et régulier de son diocèse sur la Constitution *Unigenitus*. — Un vol. in-8 de 286 pages, Paris, 14 janvier 1719.

L'Instruction pastorale fut simplement mise à l'index par un décret que le Parlement supprima le 6 septembre.

L'effet produit par cette publication fut considérable; elle fut reçue, dit Villefore, avec applaudissement, et elle mit dans le parti du cardinal quantité de personnes peu versées jusqu'alors dans la connaissance de cette affaire[1]. Les fanatiques de droite et de gauche s'élevèrent contre l'auteur de l'Instruction pastorale ; les modérés lui surent gré de ses dispositions conciliantes et de la conclusion qu'il donnait à son ouvrage : « Rendre la vérité victorieuse, et victorieuse par la charité. » Le pieux cardinal se faisait illusion, et il donnait ainsi des armes aux politiciens, comme la suite des événements ne tarda pas à le faire voir.

Si le gouvernement de Philippe d'Orléans avait favorisé l'appel, ou même s'il était demeuré neutre, on ne saurait dire jusqu'où se serait étendu ce mouvement de résistance orthodoxe qui ne voulait pas aller au schisme; mais le Régent avait déclaré qu'il ne se brouillerait pas avec le pape, et il revenait sans cesse à sa première idée d'arriver à une entente. Il essaya par deux fois, en octobre 1717 et en juin 1718, d'imposer aux deux partis un silence provisoire, et finalement il négocia, avec une ténacité qu'on n'aurait pas attendue de lui, ce qu'on appelle dans l'histoire du jansénisme l'accommodement de 1720. Elle est bien curieuse, cette histoire telle qu'elle a été racontée par le président Hénault dans un très beau mémoire

---

(1) *Mémoires secrets*, tome III, p. 234. Lamoignon de Baville écrivit au cardinal que sa savante instruction lui avait dessillé les yeux ; il jugeait que Bissy ne pardonnerait pas à Noailles d'avoir répandu une si grosse bouteille d'encre sur sa pourpre.

publié tout récemment, et par l'abbé Couet, grand
vicaire de Noailles, dans une relation qui est encore
inédite. Le Régent fit agir son ancien précepteur, le
fameux abbé Dubois, alors simple clerc tonsuré, qui
devint, au cours de cette négociation et grâce à elle,
sous-diacre, diacre, prêtre et archevêque de Cambrai.
Il était ministre des affaires étrangères, et il venait de
faire preuve d'une habileté merveilleuse. Le projet
que le Régent et Dubois mirent à exécution consistait
à faire recevoir la Bulle en l'accompagnant d'un corps
de doctrine élaboré par un très grand nombre d'évêques des deux partis. Noailles devait, sans révoquer
son appel, jouer le rôle principal dans cette affaire,
d'accord avec ses adversaires de la veille et du lendemain, les cardinaux de Bissy et de Rohan ; Massillon
servit d'intermédiaire, et Daguesseau, redevenu chancelier après deux ans de disgrâce, apporta le concours
de sa parfaite connaissance des affaires ecclésiastiques.
Le corps de doctrine fut mis sur pied sans trop de
difficulté grâce à des concessions réciproques, et on le
fit souscrire, après un examen plus ou moins sommaire,
par plus de cent évêques des deux partis. Ensuite
Noailles fit une nouvelle instruction pastorale dont
les parties essentielles avaient été corrigées ou même
entièrement rédigées par Daguesseau[1], et il fut
approuvé par Bissy et Rohan. Corps de doctrine et
instruction devaient paraître accompagnés d'une
déclaration du roi enregistrée au Parlement. Mais le
Parlement était exilé à Pontoise à cause de sa résistance aux expédients financiers de l'Écossais Law ; il
refusa d'enregistrer la déclaration. Le Régent se
rabattit sur le Grand Conseil, qui refusa de même et

(1) J'ai entre les mains le brouillon autographe de Daguesseau.

qui n'accepta que contraint et forcé, si bien que l'on
crut devoir recourir une seconde fois au Parlement.
Mais Noailles, de plus en plus perplexe, ne se décidait
pas à signer son instruction pastorale, qui était la clef
de voûte de toute la négociation : il lui fallait au préalable la certitude que la déclaration serait enregistrée,
et vingt séances chez le Régent ne le firent point
céder ; il en vint même à offrir sa démission d'archevêque. Il se rendit pourtant lorsqu'il vit le duc d'Orléans transférer à Blois le Parlement exilé à Pontoise.
On enregistra pour pouvoir revenir à Paris, mais on
introduisit dans l'arrêt des clauses qui laissaient
subsister l'appel au concile, et qui mettaient les appelants à l'abri des persécutions. Ainsi se termina, le
4 décembre, cette grande affaire de l'accommodement
de 1720 ; on va voir que ce ne fut pas du tout une paix
de l'Église comparable à celle de Clément IX. Les
plaisants appelèrent la déclaration une déclaration de
guerre en forme de publication de paix, et le corps de
doctrine un alphabet servant à écrire toutes sortes de
décisions à double sens. Les appelants renouvelèrent
leur appel et le pape n'attendit pas l'enregistrement
du 4 décembre, car dans un bref à l'archevêque d'Arles
(20 août 1720) il dit au sujet de l'accommodement qu'il
ne pouvait ni l'approuver, ni le tolérer, ni le dissi-
muler. On retombait dans le chaos et, comme l'écrivit
au roi en 1724 l'évêque de Bayeux, Armand de Lorraine, adversaire déclaré de la Bulle, « toutes les
conditions du traité de paix de 1720 furent aussitôt
violées et anéanties ».

Et cependant on pouvait appliquer à cette tentative
le dicton populaire : « Un mauvais accommodement
vaut mieux qu'un bon procès ». L'appel au concile,
parfaitement légitime en soi, était bien dangereux car

il ne décidait rien ; c'était une simple trêve qui pouvait durer des siècles et qui empêchait de conclure la paix. Comme le disaient alors même de très bons esprits, il ne remédiait pas aux maux de l'Église, et il ne mettait pas la vérité en sûreté. « La suspension que produit l'appel, disait un modéré, peut-être l'abbé Couet, le principal négociateur de 1720, aigrit le mal au lieu de l'adoucir ; les esprits n'en sont que plus agités, les ecclésiastiques et les communautés plus troublés, l'autorité épiscopale avilie, l'Église exposée aux insultes des hérétiques et la religion méprisée[1]. » Si la Bulle autorisait clairement l'erreur et condamnait clairement la vérité, il faudrait combattre à outrance et rejeter tout accommodement. Mais s'il peut être établi que, n'étant pas une règle de foi, elle n'est pas une règle d'erreur, la voie des explications serait peut-être un moyen d'arriver à une transaction qui donnerait la paix et qui sauverait la vérité. On comprend donc que l'honnête Noailles ait été en 1720 plus perplexe que jamais, et qu'il ait donné les mains à une tentative de pacification sans néanmoins renier son passé et sans révoquer son appel.

Clément XI mourut en 1721 et son successeur Innocent XIII, qui occupa le trône pontifical un peu moins de trois ans, ne se départit pas de l'intransigeance de son prédécesseur au sujet de la Bulle *Unigenitus*. Les appelants et leurs amis durent comprendre qu'il n'y avait rien à espérer de Rome, et à Paris la majorité du roi et la mort du duc d'Orléans ne rendirent pas leur situation meilleure. Le gouvernement faisait tout au monde pour autoriser la Bulle et pour intimider ou pour châtier ses adversaires.

(1) Lettre ms. du temps.

On put croire un moment qu'il n'en serait pas de même sous le pontificat de Benoît XIII (1724-1730). Né en 1649, il avait soixante-quinze ans et il appartenait à l'ordre de Saint-Dominique, dont il avait conservé l'habit et les traditions sous la mitre et sous la tiare. Il avait toujours vécu avec une simplicité et une austérité peu communes, il avait toute sa vie montré un grand attachement à la doctrine de saint Thomas sur la Grâce et la Prédestination et, sans être rigoriste, il était pour la morale sévère; il était donc plus qu'à demi janséniste, et s'il avait été français on peut croire que la vivacité de ses sentiments augustiniens lui aurait fait rejeter la Bulle. Italien et pape, il se trouva comme enlacé dans un filet dont rien ne pouvait le dégager. La papauté est à Rome ce qu'était la royauté en France, elle ne meurt jamais, et les papes sont esclaves-nés de la politique religieuse de leurs prédécesseurs. Benoît XIII donna donc au monde le spectacle de l'inconséquence la plus grande qui se pût voir. Il autorisa de plus en plus la Bulle de Clément XI, et en même temps il accrédita de tout son pouvoir les grandes vérités que condamne cette Bulle et les principes de la morale évangélique qu'elle détruit. Deux fois il chercha à s'émanciper et deux fois on le replaça sous le joug. Le 6 novembre 1724, il adressa aux Dominicains ses frères le Bref *Demissas preces* qui canonisait la doctrine de saint Thomas et de saint Augustin, et qui réprouvait celle de Molina; on aurait dit qu'il reprenait à son compte la Bulle de Paul V. « Méprisez, disait-il aux Dominicains, les calomnies qu'on a répandues pour noircir vos sentiments sur la grâce efficace par elle-même et par une vertu intrinsèque, sur la prédestination gratuite sans aucune prévision des mérites, sentiments que votre école se glorifie d'avoir puisés dans saint Augustin et dans saint Thomas, et qui sont conformes à la parole divine, aux décrets des conciles, aux décisions des souverains pontifes et à la doctrine des Pères de l'Église. » C'était parler d'or ; Port-Royal eût été ravi et Bossuet de même ; jamais pape ne s'était exprimé ainsi depuis Clément VIII et Paul V. Mais cette belle médaille avait pour revers la glorification de la Bulle, « un très sage et très salutaire jugement de Clément XI » ; Benoît XIII exaltait de même les Lettres *Pastoralis officii*, et il condamnait nommément Jansénius et Quesnel. Le bref *Demissas preces* était donc à double face. Les Jésuites et leurs amis étaient on ne peut plus mécontents, et les jansénistes n'avaient pas lieu d'être satisfaits. Aussi la guerre reprit-elle plus violente que jamais ; on le vit bien dans l'affaire des trente chartreux appelants qui, pour n'être pas excommuniés et condamnés à la prison perpétuelle au pain et à l'eau, durent quitter la France et se réfugier en Hollande. Plus de trois mille lettres de cachet furent expédiées en dix-huit mois par ordre de la Cour.

Encouragé par le Bref aux Dominicains, le cardinal de Noailles, qui n'avait pas révoqué son appel, crut pouvoir négocier directement avec un pape si peu moliniste et si franchement augustinien. Il lui écrivit, il reçut une réponse obligeante, et finalement il lui demanda d'approuver solennellement une sorte de corps de doctrine abrégé et dégagé des obscurités et des ambiguïtés qui déparaient celui de 1720. Benoît XIII accepta, et douze articles furent rédigés parmi lesquels on remarquait ceux-ci :

II. Personne ne résiste à la volonté *absolue* de Dieu.

VI. Le point capital et le plus important de la religion est le divin commandement de l'amour de

Dieu, et ce commandement est distingué des autres.

XII. Si quelque sentence d'excommunication défend clairement d'exercer l'acte d'une vraie vertu ou détourne d'un vrai précepte, elle doit être regardée tout à la fois comme nulle et injuste, et cela conformément aux doctrines de l'Église.

Le IVe article, le plus hardi de tous, ruinait absolument la fameuse théorie de l'Équilibre, clef de voûte du système de Molina [1].

Après avoir examiné à loisir les douze articles, Benoît XIII promit de les approuver sans réserve ; mais il avait compté sans les Jésuites. Il éprouva de leur part une telle résistance qu'il n'osa pas tenir sa promesse. On lui fit savoir, dit le cardinal de Polignac, qu'il allait déshonorer à tout jamais l'auteur et les défenseurs de la Bulle, le Saint-Siège et l'Église universelle, et que, s'il approuvait les douze articles, « on mettrait l'Église et l'État en combustion ». Il céda ; sa capitulation fut même plus complète que les Jésuites n'auraient osé l'espérer. Il laissa condamner les douze articles par deux prélats fanatiques, l'évêque de Saintes, neveu de Fénelon, et Belsunce, évêque de Marseille ; il ne protesta pas quand on falsifia les procès-verbaux du concile romain de 1725 pour présenter la Bulle comme une règle de foi ; en 1727, il renouvela dans la Bulle *Pretiosus* le jeu de bascule du Bref aux Dominicains ; il autorisa le concile d'Embrun contre l'évêque de Senez, il félicita Noailles lors

______

(1) Les Jésuites avouaient dans les *Mémoires de Trévoux* (février 1727, p. 384) que si ce quatrième article avait été autorisé c'eût été le triomphe du jansénisme. Voici le texte de cet article : « Dans l'état de nature tombée, afin que le libre arbitre de l'homme soit censé pécher ou mériter, il n'est pas nécessaire qu'il y ait une égale facilité pour le bien et pour le mal, ou un penchant égal des deux côtés, ni des forces égales dans sa volonté. »

de son acceptation si étrange et si suspecte de 1729, et il mourut en 1730 sans avoir pacifié l'Église, et même après avoir compliqué l'affaire déjà si embrouillée de la Bulle *Unigenitus*. C'était fatal, étant données les maximes de la papauté ; si Benoît XIII avait désavoué Clément XI, c'en était fait à tout jamais de l'infaillibilité des papes, on jugeait à Rome qu'il valait mieux lui sacrifier l'infaillibilité de l'Église, comme les molinistes sacrifiaient la toute-puissance de Dieu au libre arbitre de l'homme.

L'histoire de Benoît XIII nous a entraînés un peu loin ; il faut revenir de quelques années en arrière et considérer ce qui se passait en France relativement à la Bulle. L'accommodement de 1720 n'avait rien accommodé du tout ; la preuve en est que nous venons de voir Noailles négocier avec le pape, en 1724, pour tâcher de faire recevoir la Bulle au moyen des douze articles. Une nouvelle preuve de cet échec, c'est que les Constitutionnaires aux abois crurent devoir reprendre dans les arsenaux du Vatican de vieilles armes rouillées dont on ne se servait plus ; ils eurent recours au Formulaire de l'Assemblée de 1655, adopté dix ans plus tard par Alexandre VII. Il était tombé en désuétude et l'on n'osait plus exiger les signatures qui avaient si profondément troublé l'Église de France. Or, en 1722, le 11 juillet, la Cour enjoignit à tous les évêques et à toutes les universités d'exiger la signature du Formulaire de ceux qu'on admettrait aux ordres et aux degrés. Le Formulaire était appelé au secours de la Bulle en détresse ; on ne pouvait plus se contenter de condamner Quesnel, il fallait en même temps anathématiser Jansénius ; l'histoire de la Bulle était rattachée d'une manière plus étroite que jamais à l'histoire de Port-Royal.

L'évêque de Montpellier, Colbert, un des quatre appelants de 1717, répondit à l'ordre du roi comme les religieuses de Port-Royal l'avaient fait en 1705, lors de la Bulle *Vineam Domini* ; il introduisit à la suite de la signature la clause *sans déroger...*, qui avait amené la destruction du saint monastère, et il invoqua le bénéfice de la paix de Clément IX. Un arrêt du Conseil cassa le décret de la Faculté de théologie de Montpellier, mais Colbert protesta et adressa au roi des remontrances ; on lui répondit, le 21 septembre 1724, en saisissant son temporel et en déclarant ses bénéfices vacants et impétrables. La Cour cherchait à réduire ainsi par la famine un prélat qui aimait le faste ; mais Colbert ne faiblit pas : il restreignit ses dépenses, et il ne diminua rien de ses aumônes. Il fut approuvé par une infinité de personnes, et notamment par le célèbre Duguet, qui écrivit à cette occasion une fort belle lettre sur le Formulaire, et qui dut se cacher pour n'être pas emprisonné.

Beaucoup d'ecclésiastiques prirent également sa défense, et parmi eux se trouvait son coappelant Soanen, évêque de Senez, sur lequel se déchargea toute la colère de la Cour. L'assemblée du clergé avait en 1725 demandé au roi la permission de tenir des conciles provinciaux contre les évêques de Bayeux et de Montpellier ; mais ces deux prélats étaient, comme Noailles, de très noble race, un Colbert, un prince de la maison de Lorraine. Le roi, c'est-à-dire le cardinal Fleury, refusa l'autorisation demandée, et c'est alors que les défenseurs de la Bulle se rabattirent sur l'évêque de Senez, un roturier sans défense qui allait avoir quatre-vingts ans. Soanen publia le 28 août 1726, jour de la fête de saint Augustin, une Instruction pastorale qu'il considérait comme son testament spirituel et qui est à tous égards une œuvre très remarquable [1]. La première partie de cette Instruction est un excellent morceau d'histoire religieuse ; on y trouve tout ce qui vient d'être rapporté dans ce chapitre sur la Bulle et sur le Formulaire ressuscité, et Soanen prend ensuite contre l'évêque de Saintes la défense des douze articles de Noailles et de Benoît XIII, qui avaient, comme on l'a vu, éprouvé le triste sort de la Bulle de Paul V contre Molina en 1608. Enfin l'évêque de Senez saluait par avance le jour heureux qui verrait le triomphe de la Vérité et celui de l'Église. Cet opuscule n'avait rien de subversif ; il était plus modéré que les Instructions pastorales de Noailles et que les écrits de Colbert, et il ne ressemblait en rien aux libelles que publiaient les Bissy, les Rohan, les Languet de Gergy. Mais il fallait châtier en la personne du petit évêque de Senez les évêques de Montpellier et de Bayeux dont il était le complice ; les partisans de la Bulle n'y manquèrent pas. On obtint du roi l'ordre de tenir un concile provincial à Embrun, dont l'archevêque était alors l'odieux Tencin, digne émule de feu le cardinal Dubois. Soanen y fut convoqué comme ses comprovinciaux par une lettre officielle, et il apprit en route que le concile se réunissait pour le condamner. Il protesta, il récusa le tribunal comme incompétent et son président comme notoirement indigne. Naturellement on ne tint aucun compte de son opposition ; on fit venir pour compléter le tribunal des évêques voisins, et parmi eux le célèbre Belsunce, évêque de Marseille, dont ce n'était certainement pas la place, car il avait attaqué personnellement Soanen. En un mot toutes les règles de la justice et de l'équité furent

(1) Un petit volume in-12 de 140 pages.

foulées aux pieds et le 22 septembre 1727 le concile
d'Embrun déclara l'évêque de Senez suspendu de
toute fonction épiscopale et sacerdotale jusqu'à ce
qu'il eût rétracté et condamné son Instruction pastorale. Une lettre de cachet suivit aussitôt qui reléguait
l'évêque octogénaire à l'abbaye de la Chaise-Dieu,
dans les montagnes de l'Auvergne, à 1.200 mètres
d'altitude, sur un plateau glacé balayé par les vents.
Il y fut bien reçu par les moines, et l'on sait qu'il y
vécut quatorze ans avec une grande sérénité, car il
s'appliquait à lui-même le *vinctus in Christo* de saint
Paul, et il s'intitulait prisonnier de Jésus-Christ. Il
mourut à quatre-vingt-treize ans en 1740 et il devint
aussitôt une sorte de héros légendaire.

La condamnation de l'évêque de Senez par le concile
d'Embrun causa un soulèvement général. Le barreau
de Paris s'émut, et cinquante de ses meilleurs avocats
publièrent une consultation juridique qui fit grand
bruit et qui fut admirablement accueillie. Douze évêques, et à leur tête le cardinal archevêque de Paris,
écrivirent au roi une lettre indignée dans laquelle ils
se plaignaient qu'on « renversât les lois les plus sa-
crées et les plus saintes libertés du royaume ». Trente-
deux curés de Paris, trois cents curés du diocèse, qui
était alors très vaste, cinq cents prêtres séculiers,
quatorze cents protestataires de tout ordre s'élevèrent
contre ce qu'on appelait le brigandage d'Embrun.
Rien n'a plus contribué à rendre le jansénisme populaire et à le faire pénétrer, ce qui n'était jamais arrivé au temps de Port-Royal, dans les couches profondes de la société française. La lettre au roi fut
renvoyée dédaigneusement aux évêques qui l'avaient
signée, et dix d'entre eux répondirent à cette insulte
par une remontrance imprimée dans laquelle ils re-

grettaient que l'on prétendît finir par des voies de
rigueur une des plus grandes affaires de l'Église. Enfin
le 7 mai 1728 Noailles se joignit encore à Colbert et à
quelques autres prélats pour signifier au procureur
général du Parlement de Paris un acte d'opposition
contre tout enregistrement de ce qui était relatif au
concile d'Embrun. Les opposants dénonçaient en même
temps le Bref de Benoît XIII qui avait autorisé le concile. Mais douze jours plus tard le cardinal de Noailles
révoqua la procuration qu'il avait donnée, et ce fut le
prélude de ses défaillances finales. Il était alors sous
la domination de sa nièce, la marquise de Grammont,
dominée elle-même par les Jésuites, et cette femme avait
pour allié le chancelier Daguesseau en personne. Daguesseau était père d'une nombreuse famille, et sa com-
pagne ne lui disait plus ce qu'elle lui avait dit jadis,
en 1713, lors de l'arrivée de la Bulle, qu'il avait en
horreur : « Allez, monsieur, agissez comme si vous
n'aviez ni femme ni enfants; j'aime infiniment mieux
vous voir conduire à la Bastille avec honneur que de
vous voir revenir ici déshonoré. » Il ne voulait pas
compromettre l'avenir de ses fils; il accepta finalement la Bulle sans aucune réserve, et il ne négligea
rien pour la faire accepter de même. Daguesseau ma-
nœuvra si bien que le 11 octobre 1728 les Parisiens
stupéfaits purent voir sur les murs une affiche en
caractères minuscules [1] qui contenait un mandement
très sec et très court, et au dessous, en latin seulement, le texte complet de la Bulle *Unigenitus*. Quelques jours plus tard le Mandement parut imprimé
in 4° à la manière ordinaire; l'archevêque annonçait

____

(1) Je l'ai sous les yeux, on dirait qu'elle a été imprimée de ma-
nièreà ne pouvoir pas être lue.

qu'il acceptait la Bulle « avec un respect et une soumission très sincères » et qu'il condamnait Quesnel et les cent une propositions. Il ajoutait en deux lignes qu'il révoquait « de cœur et d'esprit » son Instruction pastorale de 1719 et ses autres écrits contraires à la Bulle. C'était une acceptation sans phrases ; pas une allusion à l'acceptation conditionnelle de 1720, pas de révocation de l'appel de 1718, pas un signe de repentir pour une si longue résistance ; on dirait un coup de désespoir, et cet étrange document donne singulièrement à réfléchir quand on songe que l'évêque de Senez, prisonnier à la Chaise-Dieu, avait en sa possession le désaveu autographe du cardinal de Noailles, postérieur de quatre mois à son acceptation, et signé par lui le 26 février 1729. Ce désaveu fut publié aussitôt avec force attestations de curés qui l'avaient lu, et c'est bien timidement qu'on l'accusa de faux. Le principal négociateur de cette rétractation d'un vieillard de soixante-dix-sept ans, ce fut le chancelier Daguesseau ; cela résulte clairement d'une lettre autographe du cardinal Fleury adressée au chancelier et qui commence par ces mots : « M. le garde des sceaux vient d'arriver, Monsieur, *ovans* et presque triomphant, il m'a porté *Votre* mandement bien signé et avec la plus grande joie du monde. Gloire en soit rendue à Dieu premièrement, à *vous*, et à madame la marquise de Grammont [1]. »

En se rétractant de la sorte, Noailles allait à l'encontre des sentiments bien connus de presque tout le clergé de son diocèse ; mais on ne récrimina pas, parce qu'on avait pitié d'un malheureux prélat que l'on

____

(1) Cette lettre autographe est conservée dans les collections d'Adrien Le Paige avec beaucoup d'autographes de Daguesseau et de plusieurs autres grands personnages.

vénérait, Il put donc mourir paisiblement le 4 mai
1729, après avoir occupé durant trente-quatre ans le
siège archiépiscopal de Paris. Il n'eut point d'oraison
funèbre, parce qu'il avait demandé à n'en pas avoir ;
« elle embarrasserait trop l'orateur », avait-il écrit
dans son testament de 1720. Ce que le panégyriste offi-
ciel aurait pu dire sans être contredit par personne,
c'est que Noailles était foncièrement honnête et bon,
d'une piété très vive et suffisamment éclairée, gallican
déterminé et franchement augustinien. Il aurait pu
dire surtout que son désintéressement était sans bornes et qu'il avait dépensé des millions pour secourir les pauvres et pour restaurer Notre-Dame, dont il
avait refait à ses frais la grande rose du portail sud et
la toiture de plomb tout entière. Sa mort est une date
dans l'histoire de la Bulle *Unigenitus* et du mouvement janséniste, car il était évident *a priori* que le
cardinal Fleury lui donnerait un successeur qui ne lui
ressemblerait en rien. C'est ce qui est arrivé le jour
où l'on éleva sur le trône archiépiscopal de Paris
l'archevêque d'Aix, Charles-Gaspard de Vintimille du
Luc, qui était à peine plus jeune que Noailles, car il
était né quatre ans après lui, en 1655, et il avait alors
soixante-quatorze ans ; Fleury pouvait compter sur sa
docilité.

CHAPITRE XV

Le merveilleux janséniste : miracles et convulsions. Mme Lafosse,
Sainte-Marguerite et Saint-Médard — Le diacre Paris ; Carré de
Montgeron. — Jugement sur les convulsions.

On a vu dans la première partie de cette histoire ce
qui s'est produit à Port-Royal au mois de mars 1656,
alors que la persécution était d'une violence extrême
et que l'on considérait la situation comme désespérée.
La guérison soudaine et parfaite de la nièce de Pascal,
guérison qui fut considérée par les médecins comme
absolument inexplicable, et jugée miraculeuse par
Pascal, par Racine et par beaucoup d'autres, sauva
Port-Royal d'une ruine imminente. Les jansénistes de
1725 crurent qu'il en pourrait être de même, parce
que le bras de Dieu ne s'était pas raccourci, et la
guérison non moins soudaine de Mme Lafosse mit en
éveil ceux qui espéraient des miracles. Ce qui se produisit alors sur la paroisse Sainte-Marguerite est en
effet très extraordinaire. Anne Charlier, âgée pour
lors de quarante-cinq ans, et femme du sieur Lafosse,
ébéniste au faubourg Saint-Antoine, fut guérie instantanément, le 31 mai 1725, en se traînant derrière la
procession de la Fête-Dieu, d'une perte de sang dont
elle souffrait depuis vingt ans et qui l'avait réduite à
l'extrémité. L'effet produit par cette guérison, comparable à celle de Marguerite Périer qui vivait encore[1],

(1) Elle est morte à Clermont en 1733, âgée de 87 ans.

fut d'autant plus considérable que le curé qui avait consacré l'hostie et qui portait l'ostensoir, messire Jean-
Baptiste Goy (1666-1738), était un appelant de la Bulle
Unigenitus, c'est-à-dire, aux yeux des Jésuites, un
janséniste avéré et un hérétique notoire. Si l'on en
croyait l'auteur du *Siècle de Louis XIV*, « le Saint
Sacrement guérit en vain la femme Lafosse, au bout
de trois mois, et en la rendant aveugle ». C'est un des
innombrables mensonges de Voltaire, un des plus
audacieux et des plus cyniques, car la femme Lafosse
vivait encore en 1751 lorsque parut le *Siècle de
Louis XIV;* elle était en parfaite santé, et si elle ne
savait pas un mot d'orthographe, son écriture n'était
pas celle d'une aveugle, comme j'en puis juger
d'après ses lettres autographes. Voltaire en 1725 avait
vu de ses yeux la femme Lafosse ; il avait cru à la
soudaineté de sa guérison, il avait offert à l'ébéniste
une somme d'argent, qui fut généreusement refusée, et
son témoignage fut invoqué en termes transparents
dans le mandement imprimé du cardinal de Noailles.
Enfin « la femme au miracle » était venue en personne l'inviter au *Te Deum* de Notre-Dame, chanté
le 25 août. La correspondance de Voltaire avec la pré-
sidente de Bernières [1] prouve avec la dernière évidence qu'il a menti effrontément vingt-cinq ans plus
tard. Quant à Mme Lafosse, sa guérison fut considérée
comme une preuve de la présence réelle, et la paroisse
Sainte-Marguerite l'a commémorée durant plus d'un
siècle; elle mourut obscurément le 3 juin 1760.

Deux ans après la guérison de Mme Lafosse, au mois
de mai 1727, moururent à quelques jours d'intervalle

(1) Lettre du 20 août 1725. — Édit. Moland, tome XXXIII,
p. 144.

deux appelants, un prêtre et un simple diacre. Le prêtre se nommait Gérard Rousse, chanoine d'Avenay, au diocèse de Reims ; il est devenu célèbre par les guérisons opérées sur son tombeau, notamment celle d'Anne Augier et de la dame Stapart, popularisées l'une et l'autre par les admirables gravures de Jean Restout, qui ont illustré le livre de Carré de Montgeron ; il en sera parlé longuement dans la suite.

Le diacre François de Paris est bien autrement célèbre, quoi qu'il ait cherché toute sa vie l'ombre èt le mystère, et son histoire posthume mérite une attention toute particulière. Sainte-Beuve a déclaré que pour tout l'or du monde et pour toutes les promesses du ciel il ne voudrait pas aborder ce chapitre de l'histoire du jansénisme ; mais on peut aborder les chapitres les plus scabreux quand on a conscience de chercher uniquement la vérité et de se tenir à égale distance des exagérations contraires qui la défigurent ; c'est dans cet esprit que je crois pouvoir étudier l'histoire si mal connue du diacre Paris et du petit cimetière de Saint-Médard. François de Paris était le fils aîné d'un riche conseiller au Parlement de Paris, il naquit dans cette ville en 1690, et l'on ne voit pas que sa famille ait eu des relations particulières avec Port-Royal. Il ne voulut pas entrer dans la magistrature ; il préféra la carrière ecclésiastique, mais sans oser s'élever jusqu'à la prêtrise. Il fit avec succès des catéchismes et des conférences ; il étudia l'Écriture et en particulier saint Paul ; on a publié ses *Explications des Épîtres*, qui sont de bons livres ; on en pourrait publier d'autres qui sont demeurés inédits. Mais surtout il s'adonna, seul ou avec quelques compagnons, aux exercices de la pénitence la plus austère ; son rigorisme alla même trop loin, car il demeura près de

deux ans sans communier, et son directeur fut obligé
de le ramener de force dans le droit chemin. Sa charité était sans bornes. et, pour mieux soulager les pauvres il acheta un métier et se mit à faire des bas.
Après une vie très sainte, il mourut le 1ᵉʳ mai 1727 de
la manière la plus édifiante, à l'âge de trente-sept ans,
appelant et réappelant comme son archevêque. Il fut
enterré très simplement dans le petit cimetière de
Saint-Médard, sa paroisse. Sa tombe se trouvait dans
l'axe de l'église, à l'extrémité d'un carré qui avait
tout juste vingt-sept pieds, (neuf mètres) de côté [1].
C'est ce petit coin de terre qui est devenu presque
aussitôt le théâtre de phénomènes qui ont étonné le
monde.

Le jour même de l'enterrement du diacre Paris, une
vieille femme dont le bras était paralysé depuis vingt-
cinq ans fut guérie en touchant la bière de celui que
la foule considérait comme un saint. Anne Le Franc
fut guérie le 3 novembre 1730 ; mais les guérisons
soudaines commencèrent à se multiplier à dater du
mois de juin 1731, et c'est alors que certains malades
éprouvèrent des mouvements convulsifs dans le petit
cimetière. Les almanachs jansénistes, si précieux pour
l'histoire, relatent le 7 août 1731 ce qu'ils appellent la
punition miraculeuse de la veuve Delorme, venue à
Saint-Médard par dérision et frappée sur le tombeau
même de paralysie soudaine. Transportée à l'Hôtel-
Dieu, elle avoua sa faute par-devant notaire en présence
de vingt-sept témoins, et elle fut emprisonnée pour
avoir fait cette déclaration. L'opinion publique commença dès lors à s'émouvoir ; vingt-quatre curés de Paris

---

(1) Je l'ai mesuré exactement avant que l'on n'ait construit sur
son emplacement une chapelle des catéchismes. Il reste encore,
entre cette chapelle et l'église, une des arcades de l'ancien charnier.

adressèrent des requêtes au nouvel archevêque pour le prier de continuer les informations juridiques commencées par le cardinal de Noailles, qui avait fait constater quatre miracles. Vintimille n'en fit rien, et le 27 janvier 1732 parut une ordonnance du roi disant que l'on cherchait à surprendre la crédulité du peuple. En conséquence le petit cimetière de Saint-Médard fut fermé, et un plaisant composa le distique célèbre :

De par le roi, défense à Dieu
De faire miracle en ce lieu.

Les miracles émigrèrent en province ; les convulsions et les secours dits meurtriers se propagèrent chez les particuliers, « dans les greniers, dit Voltaire, et chez des énergumènes de la lie du peuple », — c'est-à-dire en réalité dans les presbytères, dans les hôtels de parlementaires et de membres de la noblesse, tels que le comte de Labédoyère, le marquis d'Arbois, le comte de Tilly, le chevalier de Folard, etc. Finalement, le théâtre de ces convulsions, ce fut en plein Palais, l'appartement du propre frère de Voltaire [1].

Le plus célèbre de ces convulsionnistes, dont quelques-uns étaient en même temps des convulsionnaires, c'est le conseiller Carré de Montgeron, dont il faut étudier brièvement la vie et les œuvres, car rien ne donne une idée plus exacte de ce que fut Saint-Médard en 1731 et durant les années qui suivirent. Louis-Baptiste Carré de Montgeron est né à Paris en 1686, et il était le fils unique d'un magistrat devenu veuf de très bonne heure. Ii fut mal élevé par un père qui avait des sentiments très nobles ; et il devint, c'est lui-même

(1) **V.** dans la *Revue des Deux Mondes*, 1er avril 1906, l'article intitulé : « Le frère de Voltaire ».

qui le dit à la manière de saint Augustin, mais avec
une candeur parfois cynique, un libertin dans tous
les sens de ce mot, un franc débauché et un homme
profondément irréligieux. Il avait eu parfois des velléités de conversion mais il était retombé dans le vice
et, dit il, dans le crime, lorsque la curiosité et le désir
de faire lui-même des enquêtes le conduisirent au petit
cimetière de Saint-Médard le 7 septembre 1731. Là, il
fut tout d'abord ému en voyant « le recueillement, la
componction, la ferveur qui étaient peints sur le visage
de la plupart des assistants », et il se prit à adresser
au diacre Paris une prière empreinte de scepticisme
comme celle de Voltaire aux mânes de Genonville :

S'il est vrai que tu sois et si tu peux m'entendre....

Après cette courte prière, il demeura quatre heures
au pied de la tombe, abîmé dans ses réflexions et insensible à tout ce qui se passait autour de lui. Restout
l'a représenté dans cette attitude au milieu d'une foule
considérable dans laquelle on reconnaît beaucoup de
portraits.

Montgeron était converti, à la manière de Pascal
dans la nuit du 23 novembre 1654. Ses quatre heures
de méditations sur une tombe furent le point de départ
d'une série de raisonnements comme ceux de Pascal
et de Duguet apologistes, et quelques-unes de ses
déductions, notamment celles qui sont relatives au
peuple juif, aux prophéties, à l'authenticité des évangiles et aux miracles sont tout à fait remarquables. Il
rentra chez lui, « touché, gémissant, abattu », et
comme Pascal il nota ce qui lui était arrivé. A dater

____

(1) C'est un peu la prière du capitaine suisse, toujours d'après
Voltaire : « Mon Dieu, s'il y en a un, ayez pitié de mon âme, si j'en
ai une. »

de ce jour sa vie fut exemplaire. Son vieux père, ravi, quitta sur-le-champ son confesseur antijanséniste et mourut quelques mois plus tard entre les bras de Firmin Tournus, l'ami intime et le confesseur du « bienheureux diacre Paris ».

A dater de ce jour, Montgeron n'eut plus qu'une pensée, démontrer à tout l'univers la vérité des miracles de François de Paris, et réfuter celui qui s'acharnait à les représenter comme faux, le nouvel archevêque de Sens Languet de Gergy. Il fut exilé en Auvergne avec la plupart de ses confrères du Parlement au mois de septembre 1732, et c'est là qu'il commença tout de bon à mettre en œuvre les matériaux d'un travail si considérable. Il dépensa sans compter des sommes immenses, plus de cent mille francs sans doute, pour rassembler les certificats, les actes notariés, les mémoires, les rapports, les pièces justificatives qui lui étaient nécessaires ; il fit dessiner par le grand peintre Jean Restout les admirables planches qui devaient illustrer son ouvrage, et il les fit graver par un artiste inconnu [1]. On peut affirmer que la plupart de ces beaux dessins ont été faits d'après nature et qu'il s'y trouve des portraits en grand nombre. Il fallut quatre ans pour imprimer secrètement, car Montgeron n'avait pas demandé un privilège ou une permission, qui lui auraient été refusés, pour dessiner et pour graver, et finalement pour relier très richement les exemplaires destinés au roi, au duc d'Orléans, et au premier président. Lorsque tout fut prêt, au mois de juillet 1737, Montgeron se prépara à faire le voyage de Versailles, persuadé qu'une démarche si hardie lui coûterait la liberté, et il s'y disposa par la pénitence

---

(1) Quelques-unes de ces gravures sont signées Yver sc. 1737.

et par une communion fervente. Le lundi 29 juillet il
se rendit en carrosse à Versailles, et trois estampes du
temps le représentent remettant son livre à Louis XV,
mais elles sont inexactes ; voici d'après Montgeron lui-
même [1] comment les choses se sont passées. Il était
venu à Versailles au petit bonheur, sans savoir comment il pourrait parler au roi, mais une convulsion-
naire lui avait prédit qu'il y parviendrait. Il pénétra
dans le château et gravit l'escalier sans difficultés. On
lui dit que le roi dînait dans sa chambre, à son petit
couvert. Il se colla contre la porte, le dos tourné pour
n'être pas remarqué, et, il fit intérieurement une prière
fervente. Un grand seigneur, un cordon bleu, lui
demanda ce qu'il faisait là, et sur sa bonne mine, sans
plus de cérémonie, il lui ouvrit la porte, dont il avait
la clef. Dès que Louis XV se fut levé de table, Montgeron alla vers lui, se mit à genoux et lui présenta son
livre en récitant un petit discours qu'il avait appris par
cœur. Le roi écouta le discours « avec attention », prit
le livre « avec un air fort gracieux » et le fit remettre
aussitôt au cardinal Fleury [2]. Ensuite Montgeron se
retira au milieu des courtisans ébahis qui ne lui dirent
pas un mot, comme le lui avait prédit la convulsion-
naire, il ouvrit la porte, passa tranquillement au
milieu des gardes et remonta dans son carrosse en

---

(1) *La vérité des miracles...*, tome III, p. 347.

(2) En écrivant ces lignes, j'ai sous les yeux l'exemplaire même
qui fut remis à Louis XV par Montgeron ; c'est un des chefs-d'œuvre
de la reliure française, et les gravures de Restout sont de toute
fraîcheur. Ce beau volume avait été légué par Fleury à l'évêque de
Chartres, son neveu. Lorsque ce dernier mourut, en 1783, on vendit
ses livres, et le libraire qui les avait achetés revendit le volume en
question, pour la somme de trois livres douze sous, à Louis Adrien
Le Paige. C'est parmi les livres de Le Paige qu'il se trouve encore
aujourd'hui.

donnant au cocher l'ordre de se rendre à Saint-Cloud chez le duc d'Orléans. Mais le cocher se trompa de chemin, et il s'engagea sur la route de Paris ; il ne tarda pas à s'apercevoir de son erreur et il revint sur ses pas jusqu'à Versailles. Bien lui en prit, car le cardinal Fleury, sur le seul vu du titre du livre, donna l'ordre d'arrêter immédiatement Montgeron ; mais les cavaliers croisèrent son carrosse et continuèrent à le chercher sur la route de Paris. Il put donc aller à Saint-Cloud, il vit longuement le duc d'Orléans, un prince qui devait mourir en 1752 janséniste et privé de sacrements, et il revint tranquillement à Paris. Il eut encore le temps d'offrir son livre et même d'en lire une partie au premier président, au procureur général et à l'avocat Gilbert. Puis il rentra chez lui, dans son hôtel de la rue du cimetière Saint-André des Arts (aujourd'hui rue Suger), et à minuit et demie on le réveilla pour lui remettre une lettre de cachet qui l'envoyait à la Bastille. Il reçut cette lettre avec respect, il la baisa même avec joie, et le lendemain matin il était prisonnier du roi pour le reste de ses jours. Ses confrères du Parlement firent une démarche collective pour demander sa mise en liberté ; leur députation fut reçue par le roi ; mais il déclara que Montgeron lui avait manqué de respect en pénétrant ainsi dans sa chambre, et il refusa la grâce demandée.

Il est certain que Montgeron avait agi avec une audace singulière. Dans l'Épître au roi qui sert de préface à son livre, il attaquait vivement l'archevêque de Sens, le coryphée des constitutionnaires, et la cour de Rome, et les Jésuites, Il peignait sous des couleurs très sombres l'état de l'Église de France ; en un mot c'était un long plaidoyer pour les Appelants et un violent réquisitoire contre la Bulle. Montgeron dut paraître infiniment plus coupable que ne l'avait été Soanen, le prisonnier de la Chaise-Dieu. Il y avait dans cette Épître du souffle, une éloquence un peu déclamatoire, et des qualités littéraires. La bonne foi de l'auteur et sa parfaite loyauté étaient indéniables, mais ces choses-là n'entraient pas en ligne de compte en 1737. Montgeron séjourna deux mois et demi à la Bastille, et le lieutenant de police Hérault fit brûler sous ses fenêtres, dans les fossés de cette citadelle, toute la première édition de son livre. 5.000 exemplaires qu'il avait fait saisir. Mais l'auteur avait pris ses précautions ; il en parut la même année, à Utrecht, une nouvelle édition vendue à très bas prix quoique fort belle, car les planches avaient été sauvées, et l'ouvrage fut aussitôt traduit en plusieurs langues.

De la Bastille, Montgeron fut transféré à Villeneuve-les-Avignon, dans une abbaye de Bénédictins ; il était là comme exilé et non comme prisonnier, il put donc continuer son ouvrage interrompu et correspondre plus ou moins librement avec ses amis. Il profita de cette situation pour fonder à Villeneuve des écoles gratuites dont il payait généreusement les maîtres et les maîtresses, et c'était lui qui fournissait les livres. L'archevêque d'Avignon s'émut, et Montgeron fut transféré à Viviers ; cette translation fut même présentée au Parlement comme un adoucissement notable. Mais l'intolérance de l'évêque, qui lui refusa plusieurs fois la communion, fut dénoncée au Parlement, qui crut devoir encore intervenir, et la cour expédia une dernière lettre de cachet, qui exilait purement et simplement Montgeron à Valence (29 juin 1738). Le major de cette place avait sans doute des ordres secrets, car il interna l'exilé dans la citadelle, en lui faisant payer sa nourriture et son logement, et il ne lui laissa de liberté que celle de communier tous les dimanches dans la chapelle du château. Montgeron vieillit dans cette prison sans proférer une plainte ; il y travailla beaucoup, car il lui fut donné de publier en 1741 et en 1747, à l'étranger, cela va sans dire, la deuxième et la troisième parties de son grand ouvrage. Ces deux derniers volumes sont aussi richement documentés que le premier, avec des gravures aussi belles, et même avec une grande planche reproduisant d'après nature des scènes de convulsions bien troublantes. Montgeron mourut saintement en 1754, dans la citadelle de Valence, à l'âge de soixante-deux ans, après dix-sept années d'une captivité quelquefois très dure, et on l'enterra dans le cimetière des pauvres [1].

Le premier volume de la *Vérité des miracles* est de beaucoup le plus important des trois, et le plus intéressant. Il est consacré à la démonstration juridique de huit guérisons réputées miraculeuses, et on voit en le lisant que Montgeron magistrat devait avoir des qualités de premier ordre ; il eût été de nos jours un admirable juge d'instruction. J'ai vu des médecins très savants étudier de près les rapports médicaux qui sont transcrits dans son livre, notamment pour les guérisons Palacios et Thibault ; ils ont déclaré que l'on était en présence de faits très bien établis et absolument inexplicables. Le premier volume de Carré de Montgeron a donc une grande valeur ; et l'histoire impartiale est obligée d'en tenir compte. Les contemporains faisaient moins de cas des deux autres, et la postérité est de leur avis, parce que l'auteur a relégué

(1) On lui a consacré en 1755 un éloge funèbre historique et poétique dont l'auteur est inconnu. — Valence, 48 p. in-4. Ce poème en sept chants n'est pas un chef-d'œuvre, mais il n'est pas aussi nul que l'ensemble des poésies jansénistes du xviii° siècle.

à l'arrière-plan les miracles proprement dits ; il s'est
attaché de préférence aux convulsions, guérissantes ou
non guérissantes. Il ne s'est plus contenté d'établir
avec une rigueur scientifique la réalité de certains
phénomènes extraordinaires ; il a raisonné à perte de
vue, et il a prétendu traiter des questions de théologie
mystique ; il a voulu parler une langue qu'il n'avait
pas apprise. Ceux mêmes qui admiraient le plus son
premier volume et qui le considéraient comme « parfait en son genre » [1] ont dû reconnaître que Montgeron s'était parfois égaré dans les deux autres, principalement dans le dernier, où il se trouve des « idées
dangereuses ». Les meilleurs amis du prisonnier, Colbert, Soanen, le docteur Boursier, le rédacteur des
Nouvelles ecclésiastiques et quelques autres se sont
même crus obligés de le réfuter de son vivant. Trente
docteurs de Sorbonne, de ceux qu'on avait chassés
pour leur opposition à la Bulle *Unigenitus*, donnèrent une consultation à ce sujet, ils décidèrent « que
l'événement des convulsions, renfermant incontesta-
blement des choses répréhensibles, devait être rejeté
dans sa totalité comme un objet d'horreur et de mépris ». Les jansénistes Petitpied, d'Asfeld étaient à
leur tête, et l'illustre Duguet partageait leur opinion.
Mais il convient d'ajouter que Colbert, Soanen et
Caylus n'allaient pas si loin dans leur réprobation.
Ce furent des querelles intestines très vives, que les
partisans de la Bulle mirent à profit pour accabler
leurs adversaires et pour tâcher de les déshonorer.
On distingua parmi les appelants les Secouristes et
les Antisecouristes, les Discernants, les Consultants,
sans compter ceux que Montgeron lui-même anathé-

---

(1) Fourquevaux, *Catéchisme Historique.*

matisait comme scandaleux, les Augustinistes, les Vaillantistes, les Margouillistes, etc.

On a fait un tableau très chargé des turpitudes de certains convulsionnaires, et il faut convenir que ce qui est rapporté dans l'ouvrage de Mathieu intitulé : *Histoire des miraculés et des convulsionnaires de Saint-Médard*[1] serait de nature à justifier dans une certaine mesure les sarcasmes de Voltaire et les hauts de cœur de Sainte-Beuve. Mais M. Mathieu a pris pour épigraphe un vers de Phèdre le fabuliste : « Il est dangereux de croire et de ne pas croire », et il aurait été confirmé dans son attitude réservée s'il avait connu les choses comme on commence à les connaître aujourd'hui. Le sage Rollin, le fils de Racine, auteur du beau poème de *La Religion*, Louis-Adrien Le Paige, et beaucoup d'autres très bons esprits, ont été partisans des convulsions parce qu'ils n'ont jamais été témoins de scènes indécentes. Le crayon de Restout, qui a si heureusement mêlé en illustrant Montgeron le réalisme et l'idéalisme, n'a rien représenté qui pût offusquer ou scandaliser, et la belle planche où l'on voit Montgeron à genoux devant la tombe du diacre Paris confirme de tout point ce que Montgeron lui-même a dit du profond recueillement des assistants[2]. Les *Discours de piété* extraits en 1822 par Louis Silvy de l'énorme fatras des convulsionnaires sont très édifiants, et il s'y trouve, parmi les discours de la célèbre Sœur Holda, quelques pages d'une grande beauté. C'est autre chose que le bégaiement enfantin et le parler nègre qui se trouvent également dans les œuvres des illuminés de Saint-Médard.

(1) 2ᵉ édition. — Paris, 1864.
(2) Il en est de même de la célèbre gravure de Picart le Romain, bien que l'on y voie une jeune femme qui tire la barbe à un capucin.

Pour ramener à ses véritables proportions un chapitre qui pourrait être démesurément long, je crois
devoir reproduire ici ce que j'ai dit autrefois dans *La
Revue des Deux Mondes*[1] à propos du frère de Voltaire. Il était, comme l'on sait, janséniste, convulsion-
naire, partisan des grands secours ou secours meurtriers. Il a signé, en très bonne compagnie du reste,
des procès-verbaux d'invulnérabilité et d'incombusti-
bilité insérés dans le troisième volume de Montgeron.
Rien n'y manque, et cependant Voltaire, qui détestait
son frère n'a pas osé le traiter de fou. Il ne l'était pas
davantage, l'avocat au Parlement Olivier Pinault, qui
a publié des ouvrages estimés, notamment une bonne
édition des *Lois ecclésiastiques* du célèbre juriscon-
sulte de Héricourt[2], et qui fut jusqu'à la Révolution,
sous le nom de Frère Pierre, le plus qualifié des convulsionnaires. Il a joué dans ce qu'on appelle l'Œuvre
des convulsions, à titre d'acteur, de témoin et d'orateur, un rôle de tout premier ordre, bien plus important que celui du chevalier de Folard. Il a même, au
dire de quelques-uns, été crucifié un certain nombre
de fois, ce qui ne l'empêchait point d'exercer sa profession d'avocat, de plaider avec succès et d'être très
considéré de ses confrères. Or voici, transcrit fidèlement sur l'autographe d'Olivier Pinault, le récit d'un
entretien que le lieutenant de police Bertin eut en
octobre 1758 avec un médecin parisien nommé Dubourg; c'est manifestement un document historique
de la plus haute valeur.

« M. le Lieutenant de police commença par lui

(1) Numéro du 1ᵉʳ avril 1906.
(2) Un vol. in-fᵒ 1771 ; on lui doit également quelques ouvrages
contre les Jésuites et contre les philosophes. Olivier Pinault est
mort octogénaire à Wissous, en 1787.

témoigner le plaisir qu'il avait de savoir qu'il avait vu
des convulsions, parce qu'il était fort aise d'apprendre
d'un homme tel que lui ce qu'il avait vu, et le jugement qu'il en portait. Mais il ne fut question de la
part du magistrat de savoir ni où, ni qui, ni avec qui.
M. Dubourg lui répondit qu'il était facile de le satisfaire. Il déclara qu'il avait vu des convulsions trois
fois, et que, pour lui en rendre un compte exact, il
partagerait en cinq classes tout ce qu'il avait vu.
Première classe : Coups de poings et de pieds,
foulement de pieds sur le corps, tirement de membres.
— Deuxième classe : Pressions violentes. — Troisième
classe : Coups de bûches. — Quatrième classe : Secours
d'épées perçantes et non perçantes, et clous enfoncés
dans les diverses parties du corps à coups de marteau.
— Cinquième classe : Crucifiement. Il reprit chacune
de ces classes en particulier et rendit compte de tout
le détail de ces différentes opérations dans plusieurs
desquelles il avait été non seulement spectateur, mais
acteur. Grande surprise de la part du magistrat qui
vit bien qu'il n'y avait aucun moyen de nier la vérité
de ces faits.

« Mais, Monsieur, ajouta-t-il, vous paraît-il impos
sible de les expliquer par la physique ?

R. — Il y a quelques-unes de ces opérations que je
ne crois pas supérieures aux forces de la nature ; mais
il y en a plusieurs autres que je regarde comme absolument inexplicables : tels sont les violents coups de
bûches sur l'estomac et la poitrine, les pressions des
côtes avec les pieds, dans lesquelles on ne sait et l'on
ne peut dire ce que devient le sternum ; l'impossibilité
de faire percer les épées, quelque force que l'on
emploie à les pousser ; la guérison subite et sans
aucun remède des blessures que font les épées qui

percent et des clous dans le crucifiement; enfin la paix, la tranquillité du pouls, du visage, de l'esprit des personnes sur lesquelles se font ces terribles opérations. Tout cela est inexplicable et au-dessus de toutes les connaissances de la nature et de l'art.

D. — Y a-t-il dans tout cela quelque chose qui vous paraisse évidemment miraculeux ?

R. — Vous m'en demandez trop. Je ne connais pas assez toutes les forces de la nature, et il ne m'appartient pas de décider de ce qui est miraculeux et de ce qui ne l'est pas. Tout ce que je peux vous dire, c'est que ces faits sont absolument inexplicables à toutes les connaissances que nous avons de la nature et de l'art.

D. — Ce spectacle se passe-t-il avec décence, et n'y a-t-il rien de capable d'offenser les bonnes mœurs ?

R. — Tout s'y passe avec la plus grande décence, et il ne s'y passe pas la moindre chose qui puisse blesser la pudeur, la modestie et la bienséance. Les personnes sur lesquelles se font les opérations que j'ai vues sont pleines de sagesse, et ceux qui y assistent sont d'honnêtes gens qui sont aussi attentifs à ne point tromper qu'à n'être point trompés. Ils étaient tous charmés de ma présence, et à chaque opération l'on m'avertissait afin que je pusse tout examiner ; et quand je rabaissais ce qu'ils croyaient trop merveilleux, ma décision était reçue aussi agréablement que si j'avais parlé le plus conformément à leurs idées ; en un mot, je n'ai vu dans toutes ces personnes-là que candeur, droiture, simplicité et bonne foi.

D. — Qui est-ce qui préside à ces opérations ?

R. — Les deux premières fois, c'étaient des particuliers comme moi, gens d'honneur et en place. Les uns priaient, les autres agissaient. La troisième fois, c'était un ecclésiastique qui paraissait présider à tout.

D. — N'est-ce point un de ces abbés câlins, à tête penchée sur l'épaule ?

R. — Point du tout. C'est un ecclésiastique qui paraît bon sans façon, fort gai et tout comme un autre. Il était l'un des plus empressés à me faire tout examiner, et des plus attentifs à écouter docilement mes décisions.

D. — Mais je sais de très bonne part qu'il se mêle dans les convulsions des impostures et des friponneries. Il y en a qui ont été convaincus et qui l'ont avoué.

R. — Cela peut être. Mais je suis très sûr qu'il n'y avait ni imposture, ni friponnerie, ni supercherie dans ce que j'ai vu. Et quand il y aurait dans les convulsions mille fois plus que vous ne dites, cela n'empêrait [pas] que tout ce que j'ai vu et tout ce qui y ressemble ne soit très réel, très vrai et très extraordinaire.

D. — Que pensez-vous maintenant du personnage que je dois faire au sujet de cet événement?

R. — Puisque vous m'honorez assez de votre confiance pour me demander mon avis sur un point si important, je vous le dirai avec candeur et simplicité.

D. — Je vous en prie.

R. — Le personnage le plus raisonnable et le plus sage que vous ayez à faire, le seul même qui le soit, c'est celui de Gamaliel. Si cette œuvre est de Dieu, vous aurez beau faire, vous ne viendrez jamais à bout de la détruire. Si elle est des hommes elle se dissipera d'elle-même.

Le Magistrat. — C'est aussi le plan que je me suis proposé, et je suis charmé que vous en pensiez comme moi. Je me souviens qu'il y a vingt ou trente ans il s'éleva en Angleterre une troupe de gens qui s'assemblaient aux portes de Londres pour y faire de prétendus prodiges. On délibéra dans le Gouvernement si on les réprimerait. Les plus sages furent d'avis de les mépriser et de jeter sur eux du ridicule. Il fit son effet, et en peu de temps cette cabale se dissipa. Je crois qu'il en faut faire autant ici. J'ai même dit que je leur donnerais volontiers une salle à la foire.

M. Dubourg. — Un tel propos est bon pour la plaisanterie; mais permettez-moi de vous représenter que l'événement dont il s'agit est trop sérieux et trop important pour en plaisanter. Mais sans parler de foire, ni de rien de semblable, laissez-leur une honnête liberté. Alors cet événement sera vu de tout ce qu'il y a de gens sages et éclairés à Paris; médecins, philosophes, académiciens, savants, gens du monde et de la cour s'empresseront de les voir, et ce sera le moyen le plus infaillible pour découvrir l'imposture et la supercherie, s'il y en a. Elles ne pourront se soustraire à tant d'yeux habiles et clairvoyants. Si, au contraire, vous jetez dessus un vernis de persécution, les convulsionnaires se cacheront; ils refuseront de se laisser voir pour ne pas s'exposer, et quantité d'honnêtes gens s'abstiendront de les voir pour ne pas se faire des affaires; au moyen de quoi il ne sera plus possible de démasquer l'imposture et la friponnerie, s'il y en a. »

« Cette réflexion fut fort applaudie du magistrat, qui ajouta : Vous me ferez un grand plaisir de continuer de les voir et d'y engager aussi messieurs vos confrères. Je serai charmé en particulier que M. Ferrein en voie.

R. — J'en ai déjà fait voir à M. Petit, médecin de M. le duc d'Orléans, et je compte en faire voir à plusieurs autres, suivant que j'en trouverai l'occasion.

Le Magistrat. — Je pourrais vous en procurer moi-même de plusieurs bureaux. Mais j'aime mieux que vous vous passiez de moi.

« Après cette conversation, dont je suis persuadé, Monsieur, que le détail vous aura fait plaisir, l'on se sépara fort satisfait l'un de l'autre. Notre médecin continue de voir, et se propose, à ce qu'il m'a dit, de faire avec ses confrères des rapports en forme. »

Ce mémorable entretien met bien au point la question si complexe des convulsions dites de Saint-Médard, et leur histoire n'est pas aussi répugnante qu'on voudrait nous le faire croire. L'auteur du *Tableau de Paris*, Sébastien Mercier, a pu dire en 1782 que « les contorsions des convulsionnaires ont le droit d'étonner et même d'effrayer les regards les plus intrépides, et les esprits les plus en garde contre le merveilleux. Si quelqu'un a cru y reconnaître quelque chose de surnaturel, il est très excusable. » Les appelants de la Bulle *Unigenitus* qui souffraient pour ce qu'ils croyaient être la vérité, et qui ne pouvaient compter pour la faire triompher que sur des miracles, sont donc aussi très excusables. Quant aux choses qui soulèvent le cœur, ceux qui connaissent l'histoire de l'Église à travers les siècles savent très bien qu'il s'est produit des phénomènes aussi troublants dans les déserts de la Thébaïde, et sur les tombeaux des martyrs, et dans les cellules des plus saintes religieuses. Un philosophe chrétien[1] étudiant tout récemment, dans un ouvrage très remarquable, *la Psychologie des mystiques catholiques orthodoxes*, a pu dire, sans crainte d'être contredit, que beau-

____

(1) De Montmorand, Paris, Alcan, 1921, in-8°, p. 77.

coup d'ascètes chrétiens sont des *scatophages*[1], et il cite l'exemple d'une Agnès de Jésus, d'une Marguerite-Marie, d'une Mme Guyon. Il résulte de là qu'on ne saurait être trop circonspect quand on est forcé d'aborder des questions de cette nature. Ce sera la conclusion de ce chapitre ; il est impossible de se prononcer d'une manière absolue et de prendre parti pour **ou** **contre**. Le plus sage est d'attendre en silence que la science ait dit son dernier mot, si jamais elle parvient à pouvoir le dire.

(1) Le mot *scatophage* pourrait, à vrai dire, prêter à de fausses interprétations. Les animaux dits scatophages se nourrissent d'excréments, et le font par goût. Or, l'ascète chrétien n'est pas atteint de perversion du goût. Son acte, tout exceptionnel qu'il soit, est un acte de mortification héroïque, un cas particulier, comme on l'a fort bien dit, « de la folie de la croix ».

CHAPITRE XVI

Les phénomènes connus sous le nom général de
miracles et de convulsions nous ont fait pénétrer dans
un monde mystérieux où l'on n'ose pas s'aventurer de
peur d'y perdre la raison ; il est temps d'en sortir pour
n'y jamais revenir, et de voir ce que furent les relations
des jansénistes et des Parlements dans la première moitié du xviiie siècle, depuis l'origine des troubles jusqu'à
la fameuse loi du silence promulguée par Louis XV, en
septembre 1754. Là encore il y aura matière à des révé-
lations intéressantes, à des rectifications et à des mises
au point nécessaires, car l'histoire vraie du mouve-
ment janséniste au xviiie siècle n'a pas encore été faite.

On sait que le Parlement de Paris a cassé, en 1715,
le testament de Louis XIV et qu'il a donné au duc
d'Orléans le titre de régent que le testateur lui refusait.
Il reprenait donc ainsi une importance que l'absolutisme des Bourbons et de leurs ministres lui avait systématiquement enlevée. Il avait eu des velléités d'indépendance en 1713, à propos de la Bulle *Unigenitus*, et
le roi était mort sans avoir pu vaincre sa résistance ;
il devait à plus forte raison être tenté d'intervenir sous
un nouveau règne et sous un roi mineur. On l'a vu, en
1720, refuser d'enregistrer une Déclaration qui accep-

tait la Bulle en l'associant à un corps de doctrine dressé par cent évêques ; s'il avait cédé finalement pour rentrer en grâce, il avait, dans la mesure du possible, favorisé les appelants. Comme en 1714, il subordonnait son enregistrement à l'acceptation unanime des évêques de France ; c'était pour ainsi dire un enregistrement conditionnel, accordé sans enthousiasme et même à contre-cœur. Ce n'était pas que le Parlement fût le moins du monde inféodé aux doctrines jansénistes ; il s'en faut de beaucoup, car la plupart des parlementaires avaient des prétentions nobiliaires, et leurs enfants étudiaient chez les Jésuites ; on a vu dans un des chapitres précédents que c'était le cas de l'illustre famille des Lamoignon. C'était la même chose sous Louis XV ; il y avait parmi les parlementaires beaucoup d'incrédules à la façon du président de Montesquieu, beaucoup d'hommes de plaisir et même de débauche, comme Montgeron, avant sa conversion de 1731 ; on y trouvait très peu de jansénistes au sens propre de ce mot ; très peu d'amis de la Vérité, comme on disait alors. Dans le *Petit Nécrologe* de Cerveau et dans les ouvrages similaires on n'en compterait pas une demi-douzaine en tout ; Daguesseau n'y figure pas et Joly de Fleury non plus ; les seuls membres du Parlement de Paris qui aient trouvé place dans cette espèce de tableau d'honneur sont les abbés Guilbaud et Pucelle, conseillers-clercs, Montgeron et Jérôme Paris, le frère du diacre, et finalement le président de Lesseville, mort en 1737, à quatre-vingt-quinze ans [1]. Les

***

(1) Il y a dans la belle estampe de Restout qui représente Montgeron dans le cimetière de Saint-Médard trois autres parlementaires, l'abbé Pucelle, le conseiller Titon, et un troisième que je ne parviens pas à identifier, il est trop jeune pour être le président de Lesseville, mais c'est très certainement un portrait.

avocats au Parlement sont encore moins nombreux, et d'une façon générale on peut affirmer hardiment qu'il n'y a jamais eu entre le monde janséniste et le monde parlementaire rien qui ressemble à une alliance, à une entente secrète, ou, si l'on veut, à une conspiration.

Le Parlement de Paris était ce qu'il avait toujours été, foncièrement gallican, d'un gallicanisme bien plus ferme et bien plus intransigeant que celui des évêques. En 1682, si Bossuet n'avait pas réfréné son ardeur, il serait allé jusqu'au schisme, et, en 1713, les 91ᵉ et 92ᵉ propositions condamnées par la Bulle lui avaient paru porter une atteinte mortelle aux libertés de l'É-glise de France et à ce qu'il appelait les maximes du royaume ; son jansénisme n'est jamais allé plus loin ; c'était un jansénisme laïque et, comme nous dirions, anticlérical. Tous les actes émanés du Parlement de Paris et des autres Parlements du royaume établissent que la Bulle *Unigenitus* n'a pas et ne peut jamais avoir la qualification et les effets de jugement de l'Église, et la preuve en est qu'en 1720 l'enregistrement de la Déclaration du roi se fit « sans préjudice de l'appel au futur concile ». Son attitude n'a pas varié de 1720 à 1730, et durant ces dix années on ne signale pas d'affaires graves, pas de conflit entre l'autorité royale et la magistrature ; la modération du cardinal de Noailles était pour beaucoup dans cette sorte d'accalmie. Mais le 24 mars 1730, à la sollicitation du nouvel archevêque de Paris, Charles-Gaspard de Vintimille, prélat sep-tuagénaire qui aimait fort la bonne chère[1], qui désirait

(1) On lit dans une chanson manuscrite du temps :

      Que l'archevêque de Paris,

      Mangeur, buveur impitoyable,

      Nous fasse voir par ses écrits

      Que quelquefois il sort de table...

ardemment le chapeau de cardinal et qui s'était vanté
de mettre à la raison, dans l'espace de quatre mois,
tous les jansénistes de son diocèse, le cardinal Fleury
présenta au Parlement une nouvelle déclaration du
roi qui exigeait la signature pure et simple du vieux
formulaire d'Alexandre VII, et qui faisait de la Bulle
Unigenitus une loi de l'Église et de l'État; c'était le
chancelier Daguesseau, pleinement réconcilié avec la
Bulle, qui conduisait cette affaire. Le Parlement se
serait contredit d'une façon grossière et ridicule, et
même il se serait déshonoré aux yeux de toute la
France s'il avait enregistré spontanément une semblable déclaration. Aussi les Chambres assemblées
élevèrent-elles des difficultés qui annonçaient un refus
catégorique, et le roi, renonçant pour un jour à la
chasse, qui était alors sa grande passion[1], tint le lit de
justice du 3 avril; la Déclaration y fut enregistrée par
ordre, contrairement au vote de la grande majorité du
Parlement. Jamais l'invincible répulsion des magistrats
pour la Bulle ne parut avec plus d'évidence, et ils n'en
continuèrent pas moins à protéger les appelants persécutés, et même à considérer comme non avenue la
loi que l'autorité royale avait promulguée malgré eux.
Ils y étaient d'ailleurs autorisés par ce fait que Fleury
et Daguesseau avaient promis, au nom du roi, qu'il ne
serait jamais fait usage de la Déclaration du 24 mars,
déclaration toute platonique, et que des ordres avaient
été donnés pour qu'il en fût ainsi dans toutes les provinces. Il y a plus, le gouvernement ne tarda pas à
désavouer cette déclaration; et il supprima par un
arrêt du Conseil la lettre de plainte que lui adressèrent

(1)   On lit dans une chanson du temps :
          Roi né pour la chasse du cerf...

neuf évêques acceptants. C'était le chaos, et rien ne le prouve mieux que cet étrange aveu du cardinal Fleury au premier président Portail, en 1732 : « Je sais mieux que vous que la Bulle ne vaut rien ; mais Louis XIV l'a demandée ; le roi l'a reçue ; son autorité serait compromise si elle était rejetée, il faut donc qu'elle soit reçue [1]. » C'était donc entre la Cour et le Parlement une lutte de principes, le conflit aigu des maximes secrètes de la royauté et des maximes déclarées du royaume ; il était impossible d'arriver à une entente.

Aussi les années qui suivirent furent-elles profondément troublées, car, si la Cour entendait ne pas faire usage de sa Déclaration du 24 mars, les prélats fougueux, et Vintimille à leur tête, s'en prévalaient pour persécuter les appelants soumis à leur autorité. C'est ainsi que furent détruites, en octobre 1730, les célèbres communautés de Sainte-Barbe, où l'on élevait la jeunesse dans les principes de Port-Royal ; et l'année suivante le séminaire des Trente-trois. Le lieutenant de police Hérault, tout dévoué aux Jésuites, était à la tête de toutes les expéditions armées que lui demandait l'archevêque de Paris. D'autres évêques non moins zélés, ceux de Boulogne, d'Amiens, de Reims, de Soissons, de Marseille interdisaient, en vertu de la Déclaration, les curés et les prêtres les plus estimables. En vain les Parlements protégeaient ces ecclésiastiques ; on cassait leurs arrêts, on évoquait les affaires au conseil du roi, et les lettres de cachet, expédiées par centaines et ensuite par milliers, rendaient l'exercice de la justice absolument impossible. L'affaire des quarante avocats en fut la preuve en 1731.

---

(1) Lettre d'un magistrat à Morénas, p. 117. — Opuscule du temps.

Ces avocats avaient pris fait et cause, au mois de septembre 1730, pour quelques ecclésiastiques du diocèse d'Orléans ; leur Mémoire fut supprimé comme séditieux, le 30 octobre, par un arrêt du Conseil. Alors deux cent cinquante-deux avocats et maître Tartarin, leur bâtonnier, prirent la défense de leurs confrères, et l'affaire fut arrangée à l'amiable, grâce à l'intervention du chancelier Daguesseau. Mais certains évêques se déchaînèrent contre la consultation des quarante ; il parut des mandements venus d'Embrun, de Laon, de Cambrai, de Paris enfin. Les avocats, indignés de se voir traités d'hérétiques par leur archevêque demandèrent justice, mais en vain ; un nouvel arrêt du Conseil donna raison à Vintimille. Désespérés, ils cessèrent de paraître au Palais ; ce fut une grève générale. Dix d'entre eux furent exilés, mais ce coup d'autorité n'intimida pas les autres ; on ne vit pas un avocat dans les tribunaux depuis le 27 août 1731 jusqu'au 26 novembre. Ils rentrèrent alors, parce qu'on leur annonça qu'ils allaient avoir pleine satisfaction. En effet, les dix exilés furent immédiatement rappelés, et le 1er décembre parut un arrêt du Conseil que l'on a pu qualifier de bizarre ; on y disait que les imputations de l'archevêque avaient été causées par un simple malentendu, et sans faire la moindre allusion à l'éclatante protestation des avocats on passait à l'ordre du jour. Ce fut alors, durant près d'une année, jusqu'au mois de mai 1732, un enchevêtrement inextricable d'arrêts du Parlement cassés par des arrêts du Conseil, de remontrances inutiles, de lettres de cachet défendant au Parlement de délibérer sur les affaires de la Bulle, d'audiences demandées au roi et refusées par lui, etc.

Il y avait beaucoup d'électricité dans l'air, mais l'o-

rage n'éclatait pas ; un nouveau mandement de Vintimille fit crever la nue au commencement de mai 1732.
Il n'était pas bien long, ce mandement du 27 avril, car
il avait en tout sept pages d'impression, et il était intitulé : *Mandement de Mgr l'archevêque de Paris, por-
tant condamnation de plusieurs libelles qui ont pour
titre* : NOUVELLES ECCLÉSIASTIQUES. La vraie raison
d'être de cette condamnation, c'était que les *Nouvelles
ecclésiastiques*, « cet infâme libelle », attaquaient vigoureusement la Bulle *Unigenitus*, que Vintimille désignait clairement sans oser l'appeler par son nom.
Aussi le mandement fut-il très mal accueilli ; vingt et
un curés de Paris appelants, demeurés en fonctions
parce qu'on n'avait pas osé les immoler, refusèrent de
le publier et donnèrent aux fidèles les raisons de leur
refus. Parmi eux se trouvaient les curés de Saint-Ger-
vais, de Saint-Germain-l'Auxerrois, de Saint-Séverin,
et même celui de Conflans, paroisse d'été des archevêques de Paris. Dans une foule de paroisses pour-
vues de curés bien pensants, les fidèles sortaient en
masse pendant qu'on lisait le mandement, et à Saint-
Merry le vieux président de Lesseville assista aux
deux grand'messes et sortit deux fois par manière de
protestation. Vintimille, qui s'était flatté de détruire
le jansénisme en un moment, vit combien il était loin
de compte ; il eut donc recours au cardinal Fleury, et
le 10 mai 1732, le roi défendit au Parlement, protecteur des vingt et un curés, de prendre connaissance
des affaires relatives à la Bulle, de faire aucunes
remontrances sur cette défense, et même d'en délibérer.
C'était défendre aux magistrats de faire leur devoir ;
ils jugèrent qu'il ne leur était pas permis d'obéir, et,
séance tenante, le vertueux Titon dénonça le mandement de Vintimille. Aussitôt le roi fit venir à Compiè-

gne une députation du Parlement; le premier président présenta timidement quelques observations, mais le roi furieux lui cria : « Silence ! » et il fit déchirer par Maurepas le papier que lui présentait le conseiller Pucelle. Pucelle fut arrêté au sortir de cette entrevue, et Titon la nuit suivante.

A cette nouvelle, les magistrats cessèrent de juger, et les avocats cessèrent de plaider ; mais le gouvernement leur intima l'ordre de reprendre leurs fonctions, et il fallut les reprendre. Mais le premier acte du Parlement, ce fut un arrêt du 13 juin contre le mandement de Vintimille, et trois jours plus tard un arrêt du Conseil, presque aussi laconique [1], cassait et mettait au néant l'arrêt du 13 juin. Quatre nouveaux conseillers étaient enlevés et exilés [2]; les autres étaient invités à se montrer dociles, « à peine de désobéissance, d'encourir l'indignation de Sa Majesté, et de privation de charges ». Le vendredi 20 juin, les magistrats des sept Chambres des Enquêtes et des Requêtes, au nombre de cent cinquante-huit, allèrent au-devant de la punition annoncée ; ils se privèrent eux-mêmes de leurs charges par une démission générale. La cour étonnée parut céder un moment; elle fit au Parlement de belles promesses ; elle l'autorisa même à présenter des remontrances, et dans ces conditions les cent cinquante-huit démissions furent retirées.

On a le texte des remontrances de 1732, et le texte beaucoup plus étendu du projet de remontrances qui fut élaboré alors avec grand soin : c'est une œuvre très remarquable que les historiens devraient étudier

---

(1) Le premier a 2 pages, et l'autre 3.

(2) Ils se nommaient Robert, de Vrévin, Ogier et David de la Fautrière ; il ne semble pas qu'ils aient été aussi jansénistes que Pucelle et Titon.

de très près afin de pouvoir juger avec équité, ce qu'ils n'ont pas fait, la conduite du Parlement de Paris. On accusait, en 1732, les Parlements et les jansénistes en général de ne vouloir ni roi ni pape, et Louis XV a cru qu'il en était ainsi ; on peut se convaincre en lisant le Projet de remontrances et les Remontrances elles-mêmes que les parlementaires étaient alors des patriotes éclairés, très dévoués au roi, dont ils soutenaient les véritables intérêts avec un zèle, un dévouement et un désintéressement absolus. Le Projet fait bien connaître la déplorable situation où se trouvait alors l'Église de France ; il résume tous les faits qui ont été relatés ici-même, et il en révèle la cause. « Tout cela, dit-il, en vertu d'une Bulle, pour une Bulle et quelle Bulle ! la Bulle *Unigenitus*. La Cour de Rome pouvait elle être jamais mieux servie ? »

Mais voici le passage relatif aux tribulations toutes récentes du Parlement : « On casse nos arrêts, on flétrit nos jugements, on biffe nos registres ; on nous prive de nos plus augustes, nos plus importantes, nos plus nécessaires fonctions. Nous nous plaignons, on ne daigne pas nous entendre ; nous nous présentons, on refuse de nous voir ; nous essayons d'ouvrir la bouche, on nous ordonne de nous taire. Nos députés et notre chef à leur tête portent aux pieds du trône le résultat d'une de nos assemblées et le vœu unanime de la compagnie, et on le fait déchirer, trait unique dans notre histoire. Nous témoignons notre juste douleur, on sévit par l'exil, l'enlèvement, la prison. Que Rome est bien vengée ! Mais que la France est humiliée ! »

Les remontrances dont la Cour avait autorisé la rédaction furent très mal accueillies par elle ; le roi y répondit par la Déclaration du 18 août, dont il exigeait l'enregistrement pur et simple, dans les vingt-quatre heures. C'est une des plus dures et des plus brutales qui aient jamais paru; le roi y flattait la Grand'Chambre, dont les membres n'avaient pas donné leur démission, et il y traitait comme des écoliers indisciplinés les membres des Enquêtes et des Requêtes. Le Parlement refusa d'enregistrer une Déclaration si outrageante; elle fut enregistrée par force au Lit de justice tenu à Versailles le 1ᵉʳ septembre: mais le Parlement protesta aussitôt contre tout ce qui avait été fait, et, le 3 septembre, 140 de ses membres furent exilés aux quatre coins de la France. Ainsi se termina la grande lutte dont le mandement de Vintimille avait été la cause; mais le gouvernement ne paraît pas avoir été bien fier de sa victoire, qui n'eut pas de lendemain. Aussitôt après les vacances des tribunaux, le 1ᵉʳ décembre 1732, on rappela sans conditions tous les magistrats exilés. On saisit même un prétexte, la mort du roi de Sardaigne, pour négocier secrètement avec le Parlement; il fut convenu que l'odieuse Déclaration du 18 août serait abandonnée à tout jamais; le mandement de Vintimille fut mis en oubli et les vingt et un curés qui avaient refusé de le publier au prône restèrent en place [1]. Vintimille désavoué en fut pour sa courte honte, et le zèle du cardinal Fleury se ralentit un peu. Quant au Parlement, il n'abusa pas de ses avantages, car il ne faisait pas alors au gouvernement une opposition systématique, et l'on vit des escarmouches sans importance succéder pendant quelques années à la lutte de 1730 à 1732, en attendant la grande bataille de 1754.

---

(1) Le curé de Saint-Germain-l'Auxerrois, Étienne La Brue, appelant et réappelant, est mort dans son presbytère en 1747, après son archevêque.

Si le gouvernement du cardinal Fleury n'eut pas raison du Parlement dans l'affaire de la Bulle considérée comme loi de l'État, il eut la satisfaction de prendre sa revanche sur la Sorbonne en la lui faisant accepter comme loi de l'Église. Le projet de remontrances de 1732 s'exprimait en ces termes au sujet de la Faculté de théologie : « La première et la plus illustre de toutes les Facultés [est] traitée avec la dernière rigueur et le dernier mépris, asservie contre ses statuts depuis onze ans consécutifs au gouvernement d'un syndic établi par la Cour ; privée depuis trois ans, et cela d'un seul coup, de plus de cent de ses docteurs qui étaient l'âme de ce corps et la force de ses assemblées (page 9). » On se souvient de ce qui s'était passé à la Sorbonne en 1717, lorsque les quatre évêques, Colbert en tête, vinrent y faire leur appel au milieu de l'enthousiasme général ; ce fut alors une véritable levée de boucliers contre la Bulle *Unigenitus*. Au syndic Ravechet, exilé par la Cour et mort en exil, avait succédé un autre appelant, Louis Hideux, curé des Saints-Innocents. On possède les manuscrits authentiques des thèses de doctorat soutenues durant son syndicat [1] ; on voit en parcourant ces thèses que, si la Sorbonne de 1718 n'avait pas recouvré son ancienne splendeur, elle recommençait du moins à jeter un assez vif éclat. Le docteur Boursier, auteur de la *Prémotion physique*, était alors son bibliothécaire, et c'est à ce titre qu'il reçut Pierre le Grand, qu'il conduisit devant le mausolée de Richelieu. Il profita de cette occasion pour suggérer au tsar l'idée d'une réconciliation des Églises grecque et latine. On y travailla sérieusement à Saint-Pétersbourg et à

____

(1) Deux gros volumes in-4° de la collection Adrien Lepaige.

Paris, et l'affaire marchait bien ; mais les Jésuites s'en mêlèrent, et tout fut rompu. Il ne fallait pas que la Sorbonne redevînt, grâce à l'appel, ce qu'elle avait été jadis ; aussi les partisans de la Bulle s'appliquèrent-ils à la réduire de nouveau en esclavage. La Cour destitua en 1720 le syndic Jollain, élu par la Faculté lorsque Hideux sortit de charge, et ce poste si important, celui de Nicolas Cornet, fut donné par une simple lettre de cachet au docteur Romigny, moliniste fougueux, qui l'occupa sans interruption durant seize ans, En 1721, une autre lettre de cachet rétablit avec honneur les vingt-deux docteurs molinistes que la Faculté avait exclus de ses assemblées, et par contre quarante-cinq docteurs appelants furent exclus à leur tour et même exilés. On n'osa pourtant pas contraindre la Sorbonne à révoquer son appel de 1717 ; tant que Noailles vécut, il ne fut même pas question de lui infliger cette palinodie. Mais le 4 novembre 1729, aussitôt après l'installation de Vintimille, le syndic Romigny lut en séance une lettre de cachet qui interdisait de toutes fonctions et privait de tous droits et prérogatives tous les docteurs qui avaient appelé de la Bulle depuis l'accommodement de 1720, tous ceux qui avaient signé le formulaire à la façon des religieuses de Port-Royal en 1705, c'est-à-dire sans déroger à la paix de Clément IX, tous ceux enfin qui avaient protesté contre la condamnation de l'évêque de Senez en 1727. C'était un coup d'État, car on chassait ainsi de la Sorbonne plus de cent docteurs, et les meilleurs sans comparaison. Dans ces conditions, l'affaire de l'appel au concile fut bientôt réglée ; on ne le révoqua même pas, il fut considéré comme inexistant, et c'est alors que l'abbé Pucelle s'écria en plein Parlement qu'il ne restait plus de la

Sorbonne qu'une *carcasse*. Les docteurs exclus protestèrent contre tout ce qui s'était fait d'illégal ; quatre-vingt-quatre d'entr'eux, et bientôt après il s'en trouva cent, adressèrent au Parlement une requête que l'abbé Pucelle soutint avec sa vigueur ordinaire. On allait aboutir et obtenir un arrêt favorable, mais la Sorbonne « carcassienne » fit agir ses amis ; l'affaire fut évoquée au Conseil du roi le 12 juin 1730, et elle y demeura sans avoir jamais été jugée. La Faculté n'était plus que l'ombre d'elle-même et sa décadence était irrémédiable. Elle était devenue si sage, ou pour mieux dire si insignifiante et si veule que Fleury put lui rendre à la fin de 1737 le droit de se donner librement un syndic ; elle fit un choix qui répondit à la confiance du ministre, et en 1741 elle procéda à une nouvelle et dernière épuration ; elle se débarrassa de tout ce qui pouvait lui rester de docteurs modérés et elle ne conserva que des « acceptants décidés ». La Sorbonne moliniste et ultramontaine vécut ainsi sans gloire durant quelques années ; nous la retrouverons en 1751 lors de l'affaire de l'abbé de Prades, quand on vit un bachelier en théologie, collaborateur de l'Encyclopédie, faire applaudir en pleine Faculté de théologie les plus fortes impiétés de Diderot.

La Sorbonne faisait partie de l'Université comme les Facultés de droit et de médecine et la Faculté des arts, et l'on a vu avec quel enthousiasme, en 1717 et en 1718, les quatre Facultés s'étaient jointes aux quatre évêques appelants ; c'est à rompre cet accord que s'appliqua le cardinal Fleury. Dans la pratique, la Faculté des arts, celle qui englobait tous les collèges, était désignée sous le nom d'Université parce que les principaux dignitaires, et notamment le recteur, étaient toujours choisis parmi ses membres.

Après avoir subjugué la Faculté de théologie, on s'attaqua donc à la Faculté des arts. Le procédé auquel on
eut recours consista à faire entrer dans son sein beaucoup de jeunes maîtres dont on était sûr, afin de
pouvoir, comme on disait, « noyer la Faculté par le
nombre ». Les anciens, justement inquiets, s'adressèrent au Parlement en 1738 pour obtenir de lui
que les règlements fussent observés, mais l'affaire
fut évoquée au Conseil du roi. En conséquence, contrairement aux statuts, une assemblée tumultueuse
élut recteur un maître ès arts de vingt-deux ans, l'abbé
de Rohan-Vantadour, fils du prince de Soubise et
neveu du fanatique cardinal de Rohan. Le nouveau
recteur s'empressa de proposer, le 11 mai 1739, la
révocation de l'appel de 1717-1718 et l'acceptation
pure et simple de la Bulle *Unigenitus*. En vain les
professeurs émérites, au nombre de quatre-vingts, et
parmi eux les anciens recteurs Gibert, Rollin et Coffin,
protestèrent hautement et signifièrent une opposition
en règle ; Rollin fut conspué, et la révocation de
l'appel fut acceptée au milieu des vociférations des
jeunes. Ensuite on fit jouer à l'ordinaire les arrêts du
Conseil et les lettres de cachet ; on exclut des assemblées tous les opposants, et on exila Gibert, un vieillard de soixante-dix-neuf ans. C'est ainsi que l'on mit
l'Université à la raison ; toutefois on ne put vaincre
la résistance des deux Facultés de médecine et de
droit, qui furent attaquées moins vivement, et qui
n'ont jamais consenti à révoquer leur appel et à recevoir officiellement la Bulle.

L'affaire de la Bulle *Unigenitus* n'intéressait pas
seulement au XVIIIᵉ siècle les gens de loi, les hommes
d'Église et les membres de l'enseignement ; elle a eu
le privilège de passionner la France tout entière ;

cette seconde forme de la querelle du jansénisme a été beaucoup plus populaire que la précédente. Au temps de Port-Royal, le nombre de ceux qui prenaient parti pour ou contre les religieuses et les Messieurs était peu considérable ; au temps de la Bulle, c'était tout le monde qui se déclarait pour ou contre la « Constitution » ; les fidèles de toutes les paroisses, les marchands et les artisans qui entendaient parler de miracles, les désœuvrés et les curieux. Il n'est donc pas étonnant que l'opinion publique se soit émue, et que la presse sous toutes ses formes se soit mise en mouvement. On était loin du temps où l'insignifiante *Gazette de France* était le seul journal qui parut régulièrement une fois par semaine, où l'on avait pour organes d'information quelques « nouvelles à la main » et des lettres écrites par les banquiers à leurs correspondants étrangers. Les défenseurs de Port-Royal s'étaient adressés à l'opinion publique, et le prodigieux succès des Provinciales les y avait fortement encouragés. Il en fut de même au siècle suivant, et c'est par milliers que l'on comptait les feuilles volantes, les piqûres, les plaquettes, les brochures, les livres, petits et gros, auxquels la Bulle *Unigenitus* a donné naissance.

Au premier rang de ces publications doivent figurer les *Nouvelles ecclésiastiques*, journal hebdomadaire qui a paru sans interruption de 1728 à 1803, et dont l'histoire, assez peu connue, est infiniment curieuse. C'est la Bulle *Unigenitus* qui a donné naissance à cette feuille de combat, dont le premier numéro parut en février 1728 ; et c'est le concile ou comme on disait alors, le brigandage d'Embrun qui en fut l'occasion. Le public s'intéressait vivement à cette affaire ; les partisans de l'évêque de Senez firent d'abord circuler

quelques feuilles manuscrites, puis on eut recours à
l'impression; il parut d'abord 4 pages par semaine et
bientôt 8.; le journal était fondé. Son premier rédacteur en chef fut un simple diacre nommé Boucher
(1691-1768), qui eut pour principal collaborateur un
prêtre nommé de Troya. Ce dernier fut bientôt incarcéré, et Boucher s'adjoignit un curé tourangeau, Fontaine de la Roche (1688-1771) qui fut, durant trente ans,
le véritable « auteur » des *Nouvelles ecclésiastiques.*
Secondé par les frères Desessarts, qui firent sans doute
les premiers frais de l'entreprise, Fontaine reçut les
conseils du célèbre Duguet et de l'abbé d'Étemare;
Duguet lui traça le plan de son journal et lui indiqua
la méthode à suivre. Mais bientôt, entraîné par son
indigne nièce, Mme Mol, Duguet octogénaire écrivit
contre les *Nouvelles* une lettre très sévère, qui eut
heureusement pour contrepoids une lettre d'encouragement signée de Soanen, prisonnier à la Chaise-Dieu;
si bien que Fontaine continua jusqu'à sa mort comme
il avait commencé. Très réservé quand il s'agissait
des affaires politiques, il traitait avec une vigueur
extrême les questions relatives à la Bulle *Unigenitus,*
à laquelle il faisait une guerre sans trève ni merci[1].
Rédigées par un homme de talent, avec une grande
exactitude et une sûreté d'informations extraordinaire,
pour le temps, les *Nouvelles ecclésiastiques,* dont les
collections complètes sont aujourd'hui très rares, ont
enrichi l'histoire d'une infinité de noms et de faits qui
sans elles seraient complètement inconnus. Il faut les
lire avec précaution, car elles sont plus passionnées
que les Provinciales, sans comparaison possible; mais

____

(1) Les *Nouvelles ecclésiastiques* ont eu pour sous-titre jusqu'en
1803 *Mémoires pour servir à l'histoire de la Bulle Unigenitus.*

elles n'en sont pas moins une source de renseignements très précieuse. Les deux gros volumes de
tables que l'abbé Bonnemare a publiés en 1767 pour
les années 1728-1760 ont également une très grande
valeur; elles sont tellement développées que le plus
souvent elles dispensent de recourir au texte lui-
même[1].

L'organisation de cette publication hebdomadaire,
que le Gouvernement aurait voulu détruire, était un
chef-d'œuvre d'ingéniosité. Fontaine de la Roche,
entouré d'espions et harcelé sans cesse par la police,
est demeuré trente ans introuvable et insaisissable, et
je ne sache pas qu'il manque un numéro à la collection
des *Nouvelles*. L'auteur s'est même donné maintes-
fois le malin plaisir de narguer les agents qu'on
envoyait à sa poursuite. Un jour, le lieutenant de
police bouleversa de fond en comble une maison où
l'on croyait trouver une imprimerie clandestine; il ne
put rien découvrir, mais en remontant dans son carrosse il trouva sur la banquette un ballot de feuilles
encore humides qui sortaient de dessous la presse.
Une autre fois, il fut averti que le porteur du manuscrit entrerait dans Paris à midi précis par la porte du
quai Saint-Bernard. On exerça une surveillance rigoureuse, on arrêta les passants et on les fouilla; peine
perdue : le porteur était passé à l'heure dite; c'était
un chien à double peau, un faux caniche. Le lieutenant
de police était le mieux servi des abonnés. Une très
curieuse estampe, publiée vers 1735 par les soins de

[1]) Le seul article consacré au Parlement de Paris occupe
160 pages in-4° à 2 colonnes en petit texte. Celui des Jésuites en a
plus de 200. Il existe pour les années 1761-1790 une autre table
beaucoup plus courte, à peine suffisante, et l'on a des tables manuscrites pour les années 1791-1803.

Fontaine de la Roche, fait bien comprendre le mécanisme de cette organisation. L'auteur n'était connu que de trois personnes, des correspondants attitrés qui venaient chez lui séparément, à sept heures, à sept heures et demie et à huit heures. Ces trois personnes avaient affaire à des sous correspondants, cinq en tout, qui venaient chez elles à une demi-heure d'intervalle. Les sous correspondants recevaient de la même façon la visite des imprimeurs, au nombre de sept, et enfin les colporteurs, au nombre de neuf, se rendaient dans les mêmes conditions chez les imprimeurs. Chacune de ces personnes ne connaissait que le correspondant auquel elle avait affaire. Si dans la demi-heure indiquée on n'avait pas vu paraître la personne qu'on attendait, on se rendait en toute hâte dans une maison de refuge, et de là on donnait de ses nouvelles à qui de droit. De cette façon les coups de filet étaient absolument impossibles, et les arrestations isolées ne pouvaient pas avoir de conséquences graves. Il n'y avait évidemment ni bureaux de rédaction, ni bureaux de vente ni abonnements réguliers quoiqu'une estampe fort jolie représente en 1732 une sorte de bureau où se pressent des acheteurs et des lecteurs en habits de marquis. Avec nos habitudes modernes, nous ne pouvons rien comprendre à cette organisation qui finit par être une source de profits puisque les *Nouvelles ecclésiastiques* parurent quelquefois, notamment en 1731, 1735, 1742 et 1762, avec des frontispices gravés dont plusieurs sont de véritables œuvres d'art. Qui faisait les frais d'une publication si importante, et comment parvenait-on à la répandre à profusion à Paris et dans les provinces les plus éloignées ? On ne pénétrera sans doute jamais ce mystère ; mais c'est une nouvelle preuve que les jansénistes étaient légion au xviiie siècle, et qu'ils avaient des adeptes fervents dans toutes les classes de la société française.

Un journal aussi agressif ne pouvait manquer d'être très attaqué ; il le fut, mais les attaques souvent maladroites que l'on dirigea contre lui contribuèrent plutôt à sa prospérité. Un arrêt du Parlement, en date du 9 février 1731, condamna les *Nouvelles ecclésiastiques* avec des qualifications très sévères. Gilbert de Voisins, dans son réquisitoire, les accusait de « ramasser les faits au hasard, de propager des soupçons atroces et des imputations calomnieuses » ; mais c'étaient des clauses de style qui ne tiraient pas à conséquence. Vers le même temps parut la lettre non moins sévère de Duguet ; elle put attrister Fontaine de la Roche, elle n'était pas de nature à le décourager, Soanen ayant mis du baume sur la blessure.

En avril 1732, ce fut l'archevêque de Paris, Vintimille, qui dirigea en personne l'attaque contre « le libelle infâme », et l'on a vu au commencement de ce chapitre, qu'il fit aux *Nouvelles ecclésiastiques* la plus belle réclame que l'auteur pût désirer. Il leur consacra un mandement tout entier qui devait être lu au prône devant un demi-million de fidèles dont la plus grande partie ignorait certainement l'existence de l'ouvrage incriminé. Ce fut bien autre chose quand on vit le roi tenir un lit de justice et exiler 140 membres du Parlement à cause de ce même mandement ; l'auteur des *Nouvelles* dut se croire alors un très grand personnage. C'est à dater de ce moment que son journal s'est appliqué à rendre compte avec force citations des séances du Parlement, si bien que ce sont des Mémoires aussi précieux pour l'histoire parlementaire de la France que pour l'histoire religieuse du xviiie siècle. Les *Nouvelles ecclésiastiques* ont donné au public un avant-goût du *Moniteur* de 1789, avec cette différence qu'elles n'ont jamais cessé de batailler, de rendre compte des livres nouveaux ; de donner des articles nécrologiques, d'attaquer enfin avec la même vigueur les Jésuites hétérodoxes, Hardouin, Berruyer, Pichon, et les philosophes tels que Montesquieu, Buffon, Voltaire et Rousseau. Aucune publication n'a contribué avec plus d'efficacité à déconsidérer le molinisme et à faire pénétrer les doctrines de Port-Royal, c'est-à-dire le jansénisme orthodoxe et l'augustinisme pur dans les couches profondes de la nation [1].

A côté des *Nouvelles ecclésiastiques*, il se publia une infinité de livres qui ont un caractère historique très nettement marqué, notamment les *Anecdotes ou Mémoires secrets sur la constitution Unigenitus* (1730-1733), ouvrage de l'académicien Villefore, réédité malicieusement en 1744, sous la rubrique de Trévoux, aux dépens de la Société. En 1753, on publia le précieux *Journal de Dorsanne*, dont Villefore avait eu connaissance, et ces deux publications, faites à l'aide des papiers du cardinal de Noailles, mirent au jour bien des secrets et dévoilèrent bien des intrigues.

On fit également paraître, surtout après 1730, une multitude de tout petits livres intitulés : *Abrégé historique et chronologique....* — *Le véritable Almanach nouveau pour l'année 1733, ou le nouveau calendrier jésuitique, à Trévoux, pour la plus grande gloire de la Société,* avec figures. — *Almanach de Dieu, pour l'année 1738, dédié à M. Carré de Montgeron,* avec

---

(1) J'ai encore vu en 1900 des personnes qui faisaient leurs délices de la lecture quotidienne des *Nouvelles ecclésiastiques*.

figures. — *Annales pour servir aux amis de la vérité*, etc. L'un de ces ouvrages intitulé : *Étrennes jansénistes, ou Journal des principaux faits de l'histoire du prétendu jansénisme* (1733), fut aussitôt désavoué par l'auteur des *Nouvelles ecclésiastiques*. « Jamais, disait le *Nouvelliste*, les vrais défenseurs de la vérité ne se reconnaîtront dans de pareils libelles. » Il parut de même, à différentes époques, une infinité de couplets sur des airs connus et même des pièces de poésie, ou soi-disant telles, qui sont en général d'une rare platitude, comme le *Philotanus* du sieur Gricourt, les *Enluminures du jeu de la Constitution*, et les *Sarcelades*, en patois des environs de Paris. Enfin, on fit graver des estampes satiriques aujourd'hui très rares et très recherchées par les collectionneurs. Tout cela se faisait au hasard, sans discernement et sans goût, comme la plupart des gravures relatives au diacre Paris, c'était vraiment de l'imagerie populaire. Les auteurs de ces différentes productions étaient des enfants perdus qui agissaient pour leur propre compte et sans s'être concertés ; car ce qui paraît caractériser essentiellement le jansénisme du xviiie siècle, c'est l'individualisme de ses innombrables adeptes. Il semble qu'ils aient pris pour devise : Chacun pour soi et Dieu pour tous. Ils étaient d'accord pour rejeter la Bulle *Unigenitus*, mais ils ne s'entendaient pas sur l'emploi des moyens destinés à la combattre. Rien chez eux qui rappelât, même de loin, l'admirable organisation des Jésuites, la milice par excellence, une franc-maçonnerie bien plus redoutable que l'autre. Soutenir comme on le fait tous les jours que les Jansénistes se sont alliés avec les parlementaires, avec les philosophes et plus tard avec les constituants pour combattre la papauté et la royauté, c'est une erreur manifeste ou même une pure calomnie. S'ils avaient agi de la sorte à dater de 1730, on n'aurait pas vu le molinisme triompher successivement de l'épiscopat, du clergé séculier et régulier, et finalement de l'opinion publique ; la Révolution française aurait pu se produire cinquante ans plus tôt, et probablement sur la question du Formulaire et de la Bulle, car le xviiiᵉ siècle mieux connu, ce n'est pas le siècle des petits maîtres, de la Régence et des encyclopédistes, c'est avant tout, comme Brunetière avait fini par le reconnaître, le siècle de la Bulle *Unigenitus*.

On ne saurait imaginer en effet ce que cette Bulle a fait de jansénistes au commencement du règne de Louis XV ; il s'en rencontre partout dans la société française. La propre fille du Régent, devenue abbesse de Chelles, et son frère le duc d'Orléans y figurent au premier rang. On y voit de très grands seigneurs comme le duc de Saint-Simon et le duc de Mortemart, comme le fils de Fouquet, frère du maréchal de Belle-Isle, comme le fils de Mme de Sévigné, qui mourut saintement sur la paroisse Saint-Jacques. Les fils de Racine avaient les sentiments de leur père ; la Bulle leur donna une nouvelle vigueur. L'aîné, Jean-Baptiste, gentilhomme de la chambre, se retira du monde et vécut dans une retraite studieuse ; il est mort à soixante-neuf ans en 1747. Il avait beaucoup écrit sur les questions du temps, mais il brûlait tous les samedis ce qu'il avait composé durant la semaine. Louis Racine, auteur du poème sur la *Grâce* (1720) qui mit en vers souvent bien frappés les vérités augustiniennes, et du beau poème de *la Religion* (1742), tout imprégné de l'esprit de Pascal, de Bossuet et de Port-Royal, n'est pas entré à l'Académie française en raison de son jansénisme. Il est mort en 1763, laissant des Mémoires dans lesquels il est beaucoup question de Saint-Médard et des convulsions [1].

Je ne puis que mentionner au hasard d'autres « amis de la vérité », tels que le savant Goujet (1697-1767), qui a écrit la *Vie de Nicole* et dont les suppléments au dictionnaire de Moréni sont si précieux pour l'histoire religieuse ; les médécins Dodart (1664-1730), et Hecquet (1661-1737); Rollin (1661-1741), qui allait à Saint-Médard et qui faillit être persécuté par le cardinal Fleury ; Crevier son disciple (1693-1761), et une multitude de professeurs de collèges, entre autres le bon Lhomond (1727-1794), l'abbé Pluche, auteur du *Spectacle de la nature* (1688-1661), et l'abbé Guénée, l'auteur des *Lettres de quelques juifs à M. de Voltaire* (1747-1803). Parmi les adversaires de la Bulle se trouvaient des magistrats, des militaires, des avocats, des notaires, tels que Sylvestre et Rendu, peu ou point de financiers ou de gens de lettres, mais des artistes, voire d'excellents peintres, tels que Jean Restout (1692-1768), qui a beaucoup travaillé pour les jansénistes, et le neveu de Jouvenet (1665-1749), et Madeleine Hortemels, la mère du graveur Cochin, et Lépicié converti à la fin de sa vie, et Beauvais, et des graveurs comme Simon Duvivier, qui nous a conservé le masque mortuaire de Pascal (1731-1819). Il y avait enfin des femmes telles que Mlle de Théméricourt, la marquise de Vieuxpont, la duchesse de Rochechouart, Mme Le Guerchois, propre sœur du chancelier Daguesseau, la comtesse d'Harcourt, et beaucoup d'autres encore. C'est tout un monde ; mais, comme nous l'avons déjà remarqué à différentes époques, il n'y avait pas de

______

(1) J'en ai vu les originaux chez son arrière-neveu M. Jacobé de Naurois ; ils sont entrés récemment à la Bibliothèque nationale.

lien commun entre ces amis de la vérité ; ils ne se connaissaient même pas ; ils ne prenaient pas parti à l'occasion les uns pour les autres ; ils prouvaient ainsi une fois de plus que l'esprit de cabale n'a jamais, quoi que l'on en dise, animé les jansénistes, même lorsqu'ils étaient légion.

CHAPITRE XVII

On a pu remarquer maintes fois, au cours des chapitres précédents, la différence essentielle qui existe entre l'affaire de Port-Royal et l'affaire de la Bulle *Unigenitus*. La première n'a jamais passionné les foules, et l'autre est devenue immédiatement populaire; et ce qui est vrai pour la société civile ne l'est pas moins quand il s'agit du monde ecclésiastique. Le mouvement janséniste, si intense à Port-Royal de Paris jusqu'en 1668, n'a pas traversé la rue de la Bourbe, où se trouvait le jardin des Carmélites; il n'a pas gagné les Visitandines, les Ursulines, les Feuillantines du faubourg Saint-Jacques. Les Chartreux, les Capucins, les Oratoriens, qui avaient des maisons dans le voisinage, se sont désintéressés de la question, et leur tranquillité n'a pas été troublée. Il n'en est pas de même au temps de la Bulle; les ordres religieux sont tous en ébullition, et l'histoire de leurs tribulations mérite d'être étudiée dans un chapitre spécial : elle est très instructive, et quelquefois poignante, car nous y verrons des milliers de religieux, et surtout de religieuses, qui ont beaucoup plus souffert que les Messieurs et les religieuses de Port-Royal.

Au xviiᵉ siècle, les congrégations d'hommes avaient
subi plus ou moins le joug des Jésuites. Les Dominicains, qui avaient osé dénoncer Molina, avaient été
asservis les premiers, et la seconde *Provinciale* a fait
en quelque sorte leur oraison funèbre. Les Oratoriens
furent domptés un peu plus tard, sous le généralat du
Père Bourgoing, l'ancien ami personnel de Jansénius,
mais ils gardèrent quelque chose de leur indépendance, puisque Quesnel et Duguet purent entrer à
l'Oratoire et y séjourner un certain nombre d'années.
Les Bénédictins, hommes d'étude, se tinrent à l'écart,
et ne furent guère inquiétés que comme éditeurs de saint
Augustin. Quant à l'abbé de Rancé, il avait signé le
Formulaire avant même de réformer la Trappe, et
plusieurs fois il fit des déclarations antijansénistes
plus ou moins fâcheuses. Il sauva ainsi son abbaye,
mais les Jésuites savaient bien qu'il n'était d'accord
avec eux, ni sur le dogme ni sur la morale — ce
sont ses propres expressions — et son augustinisme,
analogue à celui de Bossuet, était irréductible [1]. Il y
avait à la Trappe des jansénistes militants, comme dom
Le Nain, que leur abbé laissait en paix. Les Chartreux creusaient paisiblement leur fosse, comme la
règle l'exige ; les Capucins et les Sulpiciens secon-
daient les Jésuites de tout leur pouvoir, et d'une façon
générale les moines et les nonnes n'attiraient pas
l'attention sur leurs maisons respectives lorsque la
Bulle *Unigenitus* vint modifier du tout au tout cet état
de choses.

Il n'est pas malaisé de faire l'histoire des ordres
religieux français au temps de la Bulle, car un certain
nombre de contemporains ont défriché le terrain et

---

(1) Il va dans ses écrits beaucoup plus loin que le P. Quesnel.

préparé le travail avec un soin minutieux et avec une
grande munificence. Nous avons en effet le *Petit Nécrologe* de René Cerveau, recueil d'articles nécrologiques dont le septième et dernier volume s'arrête à
l'année 1778. On a de plus en deux énormes volumes
in-4º la *Table des Nouvelles ecclésiastiques* de 1728
à 1760, dressée par l'abbé Bonnemare. Enfin et surtout on a le grand ouvrage de l'infatigable abbé Nivelle (1687-1761), qui a pour titre : *La constitution*
Unigenitus *déférée à l'Église universelle, ou Recueil
général des actes d'appel interjetés au Concile général de cette constitution et des lettres Pastoralis officii; avec les arrêts et autres actes des Parlements
du royaume qui ont rapport à ces objets;* 4 volumes
in-folio, Cologne, aux dépens de la compagnie, 1757.
Cette admirable publication donne les noms de plus
de dix mille appelants, et elle transcrit par centaines
des actes que l'on irait chercher bien loin. Parmi les
sources modernes, il faut placer au premier rang les
archives de la Bastille, conservées à la Bibliothèque
de l'Arsenal; c'est un véritable martyrologe, et l'on
voit en les lisant quelle était la cruauté de l'ancien
régime, et combien il faisait peu de cas du droit des
citoyens à la liberté.

Les ordres religieux français, délivrés par la mort
de Louis XIV de l'insupportable joug des Jésuites, protestèrent contre la Bulle *Unigenitus* avec un ensemble extraordinaire; mais Rome et le gouvernement,
d'abord étonnés et comme étourdis, ne tardèrent pas à
se ressaisir. Après l'accommodement de 1720, et surtout après la déclaration si peu sincère de 1730, le
cardinal Fleury et les Constitutionnaires mirent tout
en œuvre pour contraindre les religieux à se rétracter
et à révoquer leur appel à l'exemple de la Sorbonne

et de l'Université; ils y parvinrent en recourant aux mêmes moyens, parce qu'ils avaient pour eux ce qui manquait aux adversaires de la Bulle, la ténacité, l'esprit de suite, la cohésion et la force brutale.

Les Bénédictins de Saint-Maur et ceux de Saint-Vannes avaient été les premiers à rejeter la Bulle *Unigenitus* parce qu'elle ruinait l'autorité des Pères de l'Église; et quand il fut possible de protester officiellement ils entrèrent en foule dans la voie de l'appel au concile. A leur tête se trouvaient leurs supérieurs et les plus savants de leurs confrères. Le *Petit Nécrologe* nous a transmis les noms de plus de cinquante d'entre eux, parmi lesquels se trouvent dom Rivet, et dom Louvard, en attendant ceux qui suivirent, dom Clémencet, dom Prudent Marant, dom Simon, dom Deforis et beaucoup d'autres. Plus de quatre cents bénédictins figurent dans le Recueil de Nivelle parmi les adhérents à la cause de l'évêque de Senez. Il y avait parmi eux quelques transfuges, dom Vincent Thuillier et dom La Taste; ils s'unirent aux persécuteurs, et les procédés qui avaient si bien réussi quand il s'agissait de la Sorbonne furent employés avec une inflexible rigueur; exclusion de plus de cinq cents religieux, lettres de cachet à discrétion, ordres d'exil, internements, incarcérations, tout fut mis en œuvre. On arriva ainsi dès 1736 au but que l'on poursuivait; les moines de Saint-Germain-des-Prés, dont l'abbé était le cardinal de Bissy, ceux de Saint-Denis, ceux de Marmoutiers dans le diocèse de Tours, tous enfin capitulèrent successivement quand ils virent que les opposants, ou, comme on disait, les mutins, étaient en exil ou sous les verroux.

Les Bénédictins de Saint-Vannes, qui étaient beaucoup moins nombreux, puisque leur congrégation n'avait de maisons qu'en Champagne, en Lorraine et en Franche-Comté, avaient été domptés plus tôt, lors du chapitre ou du « brigandage » de Toul, en 1730, trois ans avant le chapitre de Marmoutiers, tenu en 1733. Pour faciliter leur soumission, on leur avait garanti que les doctrines de saint Augustin et de saint Thomas sur la grâce efficace par elle-même et sur la prédestination gratuite ne subiraient aucune atteinte. Ils feignirent de le croire, et ainsi fut asservie, pour le malheur de la science française, l'admirable congrégation des Bénédictins. Toutefois, en raison de leur augustinisme latent, ils ont été, ils sont encore aujourd'hui, considérés comme des acceptants un peu tièdes et par conséquent suspects, au même titre que les Oratoriens et les Dominicains; le beau zèle de quelques Bénédictins du xix° siècle, des Piolin et des Guéranger, n'a pas suffi à rassurer complètement les Jésuites et la cour de Rome.

Après les Bénédictins, ce fut le tour des Oratoriens. On a vu au commencement de cette histoire comment les Jésuites traitèrent Bérulle et ses premiers auxiliaires; ils n'ont jamais cessé d'avoir pour le nouvel Institut, dont ils redoutaient à bon droit la concurrence, une haine implacable. Au xvii° siècle, ils les ont persécutés et profondément humiliés; Bossuet s'en indignait et reprochait aux Oratoriens leur lâche condescendance. A la fin du règne de Louis XIV le Père Tellier chercha à les anéantir. Un document manuscrit conservé dans les papiers de Daguesseau et publié il y a quarante ans dans une petite revue parisienne [1] le prouve avec la dernière évidence. C'est

<hr>

(1) Elle s'appelait *La Réforme catholique*, et avait pour rédacteur en chef M. Léon Séché que patronnaient MM. Jean Wallon et Garcin de Tassy. C'est moi-même qui ai communiqué à M. Séché le manus-

une lettre que le Père Tellier se fit adresser par un de ses confrères pour la montrer au roi, et dont il avait lui-même dicté quelques parties.

Dans cette lettre qui est tout à fait digne du Père Tellier, les Oratoriens sont considérés comme les ennemis déclarés des Jésuites ; ils sont représentés comme des séditieux qu'il faut abattre car ils en veulent au roi et au pape. Ce sont en un mot des républicains dangereux, et on trouve sous la plume du fameux confesseur des phrases comme celles-ci : « La religion romaine ne convient pas à l'état républiquain (*sic*), mais elle semble faite exprès pour soutenir et pour fonder un état monarchique. Son esprit est un esprit d'unité, de soumission et de dépendance. La voie par laquelle elle nous prescrit ses dogmes est une voie d'empire et d'autorité, etc. (*sic*). L'esprit de l'Oratoire est entièrement opposé à la religion romaine, et surtout au centre de l'unité ; ennemis de l'autorité, voulant tout soumettre à la voie d'examen, etc., demandant sans cesse un concile et un concile pour déposer le pape. Enfin ils sont toujours pour les jugements des hommes assemblés ; tout ce qui a l'air de républiquo les enchante ; tout ce qui vient de l'autorité d'un seul leur déplaît, ils ne peuvent s'y soumettre etc. Dans le temps qu'ils ôtent de la religion le libre arbitre, ils nourrissent les peuples dans un esprit de liberté ; liberté, vérité, voilà leur cri de guerre ; liberté de l'Église gallicane, liberté du joug du pape, liberté du joug des Jésuites ; ils n'osent encore rien dire de plus, etc…. Les Jésuites connaissent parfaitement la politique des

---

crit autographe, après avoir reçu de lui l'assurance que son *Credo* était celui de Bossuet et qu'il ne tomberait jamais dans le schisme. Ce document vient d'être réimprimé dans un opuscule de M. de Recalde intitulé : *Lettres de l'abbé Margon.*

rois, ils rapportent tout à l'autorité royale ; très nécessaires dans un état monarchique, mais mauvais républicains. Les Pères de l'Oratoire au contraire sont très
instruits de la politique du peuple ; ils rapportent tout
au peuple, excellents personnages dans une république
mais mauvais sujets des rois. » En conséquence le correspondant du Père Tellier ne voulait pas que l'on
contraignît les Oratoriens à faire des vœux comme le
proposaient quelques-uns de ses confrères ; il se pro-
nonçait pour la destruction immédiate et radicale d'un
ordre aussi dangereux pour l'État et pour la Compagnie de Jésus. La lecture de ces quelques phrases
éclaire d'un jour absolument nouveau le rôle des Oratoriens en face de la Bulle, et celui des Jésuites en face
de l'Oratoire dans la première moitié du xviiie siècle.

Les Oratoriens, que le Père Tellier traitait de jansénistes incorrigibles et impénitents, bien qu'ils eussent à plusieurs reprises signé le Formulaire, appelèrent pour ainsi dire en masse à la suite de leur ancien
confrère Soanen, et si l'on voulait dénombrer les
membres de l'Oratoire à la date de 1718, il suffirait de
se reporter dans le Recueil de Nivelle aux listes des
appelants. Le Père de la Tour, leur général, était à
leur tête, car il avait jugé dès 1714, que l'appel au
Concile était d'une nécessité absolue. Mais avec le
temps, surtout à dater de 1720, son zèle s'était refroidi.
Il se disait qu'il n'y a pas dans l'Église d'affaire inter-
minable, et que, puisqu'il fallait en finir, l'acceptation
de la Bulle était à son tour une nécessité inéluctable.
Il comparait l'appel au Concile à l'emploi de l'émétique
en médecine, un remède énergique, mais dangereux,
et ce fut lui qui travailla le plus à affaiblir ses confrères. Il conseillait même, ce qui n'est peut-être pas à sa
louange, une acceptation formelle et tout extérieure

qui garantirait des persécutions, et qui permettrait aux Oratoriens d'enseigner et de défendre sans danger la bonne doctrine. Sa conduite fut conforme à ses principes, et comme dit un historien du xviiie siècle, Pavie de Fourquevaux, « de peur qu'on ne détruisît sa Congrégation, il commença par la détruire insensiblement lui-même [1] ». Dès 1723, d'accord avec le général, on se mit à exclure des assemblées les appelants et les réappelants ; ce fut la même chose en 1726 ; et en 1729 un ordre du roi proscrivit tous ceux qui n'auraient pas signé purement et simplement le vieux Formulaire d'Alexandre VII, et tous ceux qui ne recevraient pas la Bulle *Unigenitus*. Il y avait une infinité d'Oratoriens dans tous les diocèses de France ; on lâcha la bride aux évêques amis des Jésuites et par conséquent ennemis de l'Oratoire, notamment à l'intolérant Belsunce, qui accusa les Oratoriens de Marseille d'avoir attiré la peste de 1720 par leur appel de 1718.

Le Père de la Tour, général inamovible, mourut en 1733, et on lui donna pour successeur le Père de la Valette, un acceptant modéré, qui ne persécuta pas ses confrères récalcitrants, mais qui laissa la Congrégation dépérir parce qu'elle ne parvenait plus à se recruter. En 1746 enfin, après la mort du cardinal Fleury, le théatin Boyer, ancien évêque de Mirepoix et successeur de Fleury, donna l'ordre de tenir une assemblée générale qui ne recevrait que des Oratoriens acceptants. Cette assemblée se trouva finalement composée de dix-huit sujets qui acceptèrent la Bulle avec si peu d'enthousiasme et dans des conditions telles que l'archevêque de Sens, Languet de Gergy, s'écria : « Quel

____

(1) Suite du *Catéchisme historique et dogmatique*, 1768, tome II,I p. 184.

soufflet pour la Constitution ! » C'en était fait de l'Oratoire considéré comme foyer d'opposition et de résistance à la Bulle. Et cependant, comme le dit encore l'historien cité plus haut : « le public ne pouvait pas se résoudre à regarder un oratorien comme constitutionnaire [1] ».

L'histoire des autres congrégations françaises qui ont appelé en 1718 et qui ensuite ont été amenées à révoquer leur appel serait une répétition fastidieuse de ce qui vient d'être dit ; il faut donc glisser et se contenter de recueillir quelques détails caractéristiques. Les Dominicains, ou comme on disait en France les Jacobins, avaient appelé en 1718 ; mais ils se trouvèrent dans une situation particulièrement délicate sous le pontificat de Benoît XIII, un des leurs, dont on a vu les déclarations si franchement thomistes et augustiniennes, et si contraires au molinisme. Mais ce pape si nettement augustinien préconisait la Bulle *Unigenitus* et il voulait qu'elle fût acceptée. Le nombre des dominicains appelants et réappelants diminua donc graduellement ; ils étaient cinq au grand couvent de la rue Saint-Jacques en 1728. On eut recours pour les réduire aux procédés ordinaires, et on y parvint sans trop de peine, car l'ordre de saint Dominique ne sut pas mettre à profit les bonnes intentions du dominicain Benoît XIII ; il avait peu de crédit à Rome, et il était obligé de recourir aux Jésuites pour obtenir les grâces qu'il sollicitait.

Les Doctrinaires avaient pour fondateur César de Bus, qu'ils auraient bien voulu voir canonisé. Mais ils étaient très attachés à la théologie de saint Augustin et à celle de saint Thomas ; il y eut donc parmi eux un

____

(1) *Fourquevaux*, ouvrage cité, tome III, p. 192.

très grand nombre d'appelants, surtout dans les provinces de Paris et de Toulouse, dès le 17 mars 1717. La province d'Avignon, très différente des deux autres, avait été travaillée de longue date ; elle était acquise aux doctrines ultramontaines, et c'est par elle que l'ancien évêque de Mirepoix, Boyer, successeur du cardinal Fleury, parvint à dompter la congrégation tout entière. Un ordre du roi fit tenir à Beaucaire, en 1744, le chapitre général qui aurait dû se tenir à Paris ; à force d'intrigues et de menaces on y fit élire général un Père Mazenc, espion et délateur de ses confrères, et, malgré la résistance de la province de Paris, le nouveau général fit signer le Formulaire et accepter la Bulle. Les Doctrinaires furent accusés par les contemporains de s'être déshonorés en pure perte par leurs soumissions réitérées ; — le Père Mazenc se vantait d'avoir signé sept fois, — et ils n'obtinrent même pas la canonisation de leur saint fondateur, mort en 1607, et qui n'est encore que le Vénérable César de Bus.

Les Génovéfains, membres de la Congrégation de France, avaient pour supérieur général, le 7 octobre 1718, quand ils interjetèrent appel, le Père de Riberolles. Ce dernier ne pouvait pas être proposé comme un modèle de constance, car il était partisan déclaré de la Bulle *Unigenitus* dès 1714, ce qui ne l'empêcha pas d'être le chef des appelants de sa congrégation en 1718, et deux ans plus tard, à l'âge de soixante-quatorze ans, il redevint bulliste militant et persécuteur des Génovéfains appelants. La défection de cette célèbre congrégation fut consommée lors du chapitre général de 1745, sous le généralat du Père Chambroy, digne successeur du Père Riberolles. Mais la Congrégation de France, foncièrement augustinienne, ne fut pas aussi soumise que les Doctrinaires, et dans la suite de son histoire, au cours même du xviiie siècle, on put noter quelques sursauts d'indépendance, quelques velléités d'opposition et de protestation contre ce qui s'était fait en 1745.

Les Lazaristes, ou prêtres de la Mission, étaient au moment de l'appel dans une situation assez analogue à celle des Doctrinaires. Leur supérieur général, nommé Bonnet, était en instance pour obtenir enfin la béatification et la canonisation de l'illustre Monsieur Vincent, leur instituteur mort depuis soixante ans. Prendre parti contre la Bulle, c'était tout compromettre ; l'accepter, les Lazaristes ne s'y résignaient pas. Ils se tinrent donc sur la réserve et gardèrent le silence, comme s'ils n'avaient jamais lu dans l'Évangile : « Celui qui n'est pas avec moi est contre moi ». Le cardinal de Noailles considérait leur supérieur comme un fourbe, et il avait pour lui le plus profond mépris. En 1724, trente-cinq lazaristes protestèrent par un acte authentique contre toute acceptation de la Bulle et ils furent en butte à la fureur de leur supérieur général qui les désavoua publiquement. En 1729, si l'on en croyait l'auteur des *Nouvelles ecclésiastiques*, on faisait circuler dans les maisons de la Mission une formule d'acceptation de la Bulle approuvée par quatre cents Lazaristes et qui serait à tout le moins originale. On en retranchait le préambule tout entier comme insoutenable ; on y déclarait Quesnel un saint, et on jugeait les cent une propositions très catholiques, mais condamnables après les tortures qu'elles avaient subies.

Enfin parut, dans les derniers jours de décembre 1737, la Bulle de canonisation de saint Vincent de Paul, publiée d'une manière irrégulière par les soins de Vintimille. Il s'agissait de glorifier un ange de la charité que tous les partis voulaient voir placé sur les autels ; on trouva moyen de faire de cette Bulle une torche incendiaire et un brandon de discorde. Il semblait, comme le dit dans ses mémoires inédits un fils de Daguesseau, qu'on voulût introduire la guerre dans le ciel même. Aux yeux de Clément XII, signataire de cette Bulle, le plus grand mérite de saint Vincent de Paul était son attachement au molinisme, ses accusations contre Saint-Cyran, ses attaques contre le jansénisme, et enfin ses démarches pour demander au gouvernement d'Anne d'Autriche de châtier les réfractaires, de les chasser du royaume comme des pestes publiques, et enfin de recourir contre eux, ce sont les propres expressions du pape, aux châtiments corporels et aux supplices (*corporis supplicium*). Le Parlement supprima la Bulle malgré la résistance furieuse du cardinal Fleury, un arrêt du Conseil supprima l'arrêt du Parlement, et ce fut un scandale public. Les Lazaristes modérés furent débordés, et ceux qui résistaient encore ayant été châtiés par les procédés que recommandait la Bulle de canonisation de leur fondateur, la Congrégation tout entière fut pacifiée à jamais.

Tous les ordres religieux qui essayèrent de lutter contre la Bulle *Unigenitus* furent domptés de même dans la première moitié du xviiie siècle, les Chartreux, les Camaldules, les Feuillants, tous enfin. Il ne faut pas compter parmi eux les Franciscains et les Sulpiciens, car à bien peu d'exceptions près ils professaient les doctrines ultramontaines les plus outrées ; ils croyaient comme mot d'Évangile tout ce qu'on leur disait de la part du pape, et ils subissaient sans murmurer le joug des Jésuites ; l'obéissance raisonnable recommandée par saint Paul leur était inconnue. Les Capucins en particulier étaient au mieux avec les Jésuites qui leur accordaient généreusement le droit à l'existence, car un Jésuite écrivait en 1700 qu'il faudrait détruire tous les ordres religieux et n'en conserver que deux : les Jésuites pour enseigner et les Capucins pour faire pénitence.

Entre les abbayes qui eurent le plus à souffrir de la persécution, il faut compter la petite abbaye de Saint-Polycarpe, au diocèse de Narbonne. Réformée à la façon de la Trappe et de Port-Royal au début du xviiie siècle, elle offrait un asile à de pieux pénitents qui gardaient sur les questions controversées le plus grand silence. L'hostilité des Capucins jeta le trouble, en 1738, dans la communauté. L'archevêque de Narbonne procéda en 1741 à des interrogatoires qui rappellent ceux de Port-Royal en 1661, et il prétendit contraindre les religieux à signer le Formulaire ; il n'était pas question de la Bulle pour le moment. Ils refusèrent, et l'autorité royale leur défendit de recevoir des novices. A dater de ce moment les persécutions ne cessèrent plus ; l'abbaye fut détruite en 1771, et le prieur dom Pierre, qui refusait d'en sortir, fut assassiné en 1773 [1].

Les congrégations de femmes ne semblaient pas devoir être aussi troublées que les autres par les querelles religieuses du xviiie siècle ; néanmoins elles furent dans une agitation perpétuelle, parce que la Bulle *Unigenitus* divisait et excitait les uns contre les autres les évêques qui étaient leurs supérieurs, les prêtres et les religieux qui étaient leurs confesseurs, leurs chapelains et leurs aumôniers. On serait éternel si l'on voulait faire connaître en détail les ravages que cette grande affaire a exercés dans les couvents de

____

(1) Cf. Histoire de l'abbaye de Saint-Polycarpe (par l'abbé Reynaud, 1779). On y lit à la page 521 un parallèle curieux entre Saint-Polycarpe et Port-Royal.

filles à Paris et dans les provinces les plus reculées. Les documents ne feraient pas défaut, car si le scrupuleux Nivelle s'est astreint à ne faire figurer dans son Recueil d'appels que des religieuses mortes ou hors d'atteinte, parce que, disait-il, la persécution était encore plus violente contre elles que contre les hommes; le rédacteur des *Nouvelles ecclésiastiques* a été moins prudent et moins discret; il a tout dit, et il a nommé tout le monde. C'est par milliers qu'il a cité les religieuses qui ont été persécutées à cause de leur opposition à la Bulle. Sans entrer dans le détail de ces persécutions, qui atteignirent successivement les Visitandines, les Carmélites, les Ursulines, les Filles du Calvaire, les Bénédictines, les Hospitalières et beaucoup d'autres congrégations, il suffira de citer brièvement quelques faits bien établis d'après lesquels on pourra juger du reste. Quelques-unes de ces congrégations, notamment les Bénédictines du Val-de-Grâce, étaient encore opprimées à cause de leur résistance à la Bulle sous Louis XVI, à la veille de la Révolution.

Les religieuses de la Visitation n'étaient pas *à priori* suspectes de jansénisme, puisque la sœur Marie Alacoque a vécu dans leur maison de Paray-le-Monial sous la conduite des Jésuites, et cependant beaucoup d'entre elles ont rejeté la Bulle *Unigenitus*. Il ne faut pas trop s'en étonner, car leur fondatrice, Mme de Chantal, n'avait pas été béatifiée en 1715 à cause de son union intime avec la Mère Angélique et de son admiration sans réserve pour l'abbé de Saint-Cyran. Ce sont les Visitandines de Castellane, au diocèse de Senez, qui les premières ont été persécutées parce qu'elles refusaient d'accepter la Bulle. Elles partageaient les sentiments de Soanen, qu'elles vénéraient comme un saint, et quand il fut condamné en 1727 par le concile d'Embrun, elles refusèrent de reconnaître l'abbé de Saléon, chargé d'administrer le diocèse durant la captivité de Soanen. On les priva de sacrements, on interdit leur église; on exila leur supérieure, la Mère Lemore, et son assistante la Mère Rabier. Elles étaient alors au nombre de trente; rien ne put les ébranler. Quand on leur présenta le Bref de Benoît XIII confirmatif du concile d'Embrun, elles répondirent hardiment que le pape, tout pape qu'il était, ne pouvait pas rendre juste un jugement injuste. Mais on vint à bout de leur résistance après que trois d'entre elles furent mortes privées de sacrements. En 1730, elles n'étaient plus que onze opposantes; il n'en restait plus une seule à Castellane en 1731; les autres abandonnèrent leur évêque et acceptèrent la Bulle. Il y avait des Visitandines opposantes à Montpellier et à Troyes du temps des évêques Colbert et Bossuet; il y en avait enfin à Paris même, au couvent de la rue Saint-Jacques qui avait, en 1664, reçu la Mère Agnès Arnauld comme prisonnière; la Mère Amelot y mourut privée de sacrements en 1758.

Les Carmélites ne furent pas moins éprouvées. Il y eut à Lectoure, en 1728, dix-neuf de ces religieuses qui rejetaient la Bulle et dix seulement qui la recevaient; les opposantes furent privées de sacrements, même à Pâques en 1731, et leur résistance dura dix ans. — A Saint-Denis, en 1730, on leur interdit de recevoir des novices; elles furent exilées à Troyes en 1745. Celles de Toulouse furent privées de sacrements en 1728. Mais c'est à Troyes que l'opposition des Carmélites à la Bulle se manifesta le plus clairement. En 1713, sous Louis XIV, elles refusèrent de publier, le mandement d'acceptation de l'évêque Chavigny mais elles vécurent ensuite sans être inquiétées sous la houlette du neveu de Bossuet (1716-1742). Après lui, lorsque l'évêque Poncet de la Rivière lui succéda, elles furent traitées aussi durement que l'avaient été en 1709 les religieuses de Port-Royal; trente carmélites furent enlevées et exilées en divers endroits. Quant aux Carmélites de Paris, l'histoire de leurs démêlés avec dom La Taste, évêque de Bethléem, est célèbre; mais c'est après 1746 que commença la grande persécution, parce que l'archevêque Vintimille ne voulut pas se prêter aux mesures de rigueur qu'on lui demandait; il ne se souciait pas de reprendre le rôle par trop odieux de Péréfixe en 1664.

Les Filles du Calvaire, congrégation tellement régulière et tellement édifiante qu'elle ne pouvait manquer, au dire d'un contemporain [1], de passer pour janséniste, furent attaquées d'une manière indirecte, comme si la Bulle n'était pour rien dans les persécutions dont elles furent l'objet. Elles avaient trois supérieurs généraux notoirement jansénistes : Colbert, évêque de Montpellier; Caylus, évêque d'Auxerre; et Bossuet, évêque de Troyes. A la mort de Colbert, en 1738, le roi défendit aux deux autres de lui donner un successeur, comme c'était leur droit et leur devoir, et ce fut le pape Clément XII qui se chargea de nommer ce successeur : l'archevêque Vintimille était substitué à l'évêque de Montpellier. La supérieure générale, Mme de Coëtquen, et les cinquante-deux sœurs des deux maisons de Paris protestèrent contre de tels abus de pouvoir. Fleury répondit à la supérieure par une lettre imprimée d'une rare impertinence [2], et il eut

(1) DAGUESSEAU DE PLIMONT, *Mémoires inédits.*
(2) Ce sont probablement les amis des religieuses qui ont fait imprimer cette lettre, datée de Versailles le 24 décembre 1738.

aussitôt recours à ses procédés ordinaires. Vintimille déposa Mme de Coëtquen et une lettre de cachet l'envoya comme prisonnière à Jarcy-en-Brie. Elle y mourut six ans plus tard en 1745, sans obtenir même les honneurs de la sépulture. Toutes les Calvairiennes de Paris furent exilées successivement, et le triomphe de la Bulle fut assuré quand on eut remplacé toutes les opposantes par des filles ignorantes ou fanatisées qu'on fit venir de tous côtés.

C'est ainsi que finit la lutte dans tous les monastères de filles qui furent attaqués ; mais de toutes les religieuses ainsi persécutées, aucunes n'eurent plus à souffrir que les Ursulines, congrégation enseignante qui suivait la règle de saint Augustin et qui avait sur la grâce des sentiments augustiniens. Elles avaient des établissements prospères dans toute la France, et l'éducation qu'elles donnaient aux jeunes filles était très appréciée par les familles chrétiennes. Il n'en fallut pas davantage pour attirer sur elles le feu de la persécution. On peut voir dans la *Table des Nouvelles ecclésiastiques* publiée en 1761, l'histoire détaillée de leurs tribulations dans plus de trente maisons de leur ordre. Elles furent plus maltraitées que partout ailleurs, à Montpellier, à Pontoise et à Troyes, où l'on commença par renvoyer toutes leurs pensionnaires comme on l'avait fait à Port-Royal en 1661 et en 1679.

La ressemblance avec Port-Royal est d'ailleurs ce qui frappe le plus vivement quand on lit la douloureuse histoire des Bénédictines du couvent de la Fidélité à Saumur, histoire qui vient de faire l'objet d'une étude sérieuse, solide et profondément honnête [1]. Ces

---

(1) *Un Port-Royal saumurois ; les Religieuses de la Fidélité de Saumur*, par Louis Delaunay. Angers, 1917.

religieuses avaient été, au xviie siècle, en relations
suivies avec celles dé Port-Royal, avec la Mère Angélique et avec la Mère Agnès ; leur évêque était Henri
Arnauld, frère de ces deux Mères ; tout enfin contri-
buait à unir étroitement ces deux monastères. Les
religieuses de Saumur n'avaient pas été persécutées
au xviie siècle ; elles firent au xviiie, ce que Port-Royal
n'aurait pas manqué de faire s'il n'avait pas été détruit
quatre ans avant l'apparition de la Bulle *Unigenitus*.
Elles luttèrent avec courage contre une Bulle que leur
conscience ne leur permettait pas de recevoir ; elles
furent enfin dispersées et leur couvent fut détruit en
1747. Rien ne fait mieux voir que le prétendu jansénisme et le prétendu quesnellisme sont deux aspects
d'un seul et même fait historique, la résistance du
catholicisme augustinien au molinisme des Jésuites.
Port-Royal eût appelé de la Bulle *Unigenitus* et il eut
adhéré à la cause de l'évêque de Senez, comme l'ont
fait avec un si merveilleux ensemble les ordres religieux et les congrégations de femmes du xviiie siècle.
En luttant comme on vient de le voir, ces mêmes
ordres n'ont fait que suivre l'exemple donné par
Port-Royal, avec cette différence qu'ils ne sont pas
allés tous jusqu'au martyre, parce que les âmes
n'avaient plus la même trempe.

Étant donné ce fait, il n'y a pas lieu de s'étonner si
les adversaires de la Bulle ont eu à un si haut degré le
culte de Port-Royal ; s'ils ont travaillé avec un si grand
zèle à faire connaître son histoire dans tous ses détails.
La belle estampe de Restout intitulée *Le pèlerinage
de piété* représente le diacre Pâris et le prêtre
Tournus allant prier ensemble sur les ruines de Port-
Royal des Champs ; cela ne veut pas dire que Port-
Royal conduise à Saint-Médard, comme le prétendaient

les partisans de l'œuvre des Convulsions ; cela prouve simplement que Saint-Médard, dans ce qu'il a de raisonnable, se rattache étroitement à Port-Royal. Quelle ampleur dans ce mouvement de résurrection port-royaliste durant tout le xviiie siècle, un siècle si frivole aux yeux de ceux qui ne le connaissent pas ! Mais c'est après 1750 qu'ont paru les histoires générales, celles de Besoigne et de dom Clémencet, les histoires des persécutions, les Mémoires chronologiques de Guilbert et autres publications de même importance ; nous aurons l'occasion d'y revenir [1]. Dans la première moitié du siècle on a donné successivement les *Mémoires* de Fontaine (1736), de Lancelot (1738), de Du Fossé (1739), le précieux *Recueil d'Utrecht* (1740), la belle *Histoire de Port-Royal* de Racine (1742). On avait publié dès 1723 le *Nécrologe* de dom Rivet, complété pour les six premiers mois par Lefebvre de Saint-Marc (1735). Le très important *Recueil des actes des religieuses de Port-Royal* est de 1735 ; la *Vie de Pavillon* en trois volumes a paru en 1738, et les trois volumes des *Lettres* de la Mère Angélique sont de 1742-1744, ainsi que les *Mémoires* pour servir à la vie de cette Mère.

Alors aussi furent imprimés et réimprimés à un grand nombre d'exemplaires les ouvrages de Hamon, de Sainte-Marthe, de Nicole, de Quesnel, de Duguet et de tous les autres écrivains de l'école de Port-Royal. Les gens du xviiie siècle, qui savaient trouver du temps pour lire et qui ne craignaient ni les gros livres ni les longs ouvrages, faisaient leurs délices de ces lectures, et l'on sait que Nicole seul a été publié au xviiie siècle à plus de cent mille exemplaires. Au-

(1) V Ch. XXIII.

jourd'hui la plupart des livres mentionnés ci-dessus sont très rares et même introuvables, parce que la fureur antijanséniste de certains modernes leur a fait une guerre acharnée, jusqu'à constituer des titres de rentes déposés en mains sûres pour l'achat et pour la destruction de ces ouvrages réputés abominables[1]. Au siècle de la Bulle on les trouvait partout, et notamment dans les cellules des religieuses persécutées dont on vient de lire l'histoire. Depuis que les Constitutionnaires avaient compliqué la situation en exigeant la signature du Formulaire d'Alexandre VII, les exemples de Port-Royal étaient pour les appelants un sujet de méditations continuelles, et c'est une des causes de cette résurrection de l'esprit de Port-Royal chez les adversaires de la Bulle *Unigenitus*.

(1) Le fait était rigoureusement vrai en 1860 ; un chanoine de Notre-Dame était le titulaire du titre de rente en question.

TABLE DES MATIÈRES

BESANÇON. — IMP. JACQUES ET DEMONTROND

Librairie ancienne Honoré CHAMPION, éditeur

5, QUAI MALAQUAIS, PARIS

ALLIER (R.). **Une société secrète au XVIIe siècle. La Compagnie du Très Saint Sacrement de l'autel à Marseille.** Documents inédits 1908, in-8 . . . . **9 fr.**
— **La Compagnie du Très Saint Sacrement à Toulouse.** 1914, in-8 . . . . **9 fr.**

CHAMAILLARD (Edmond). **Le chevalier de Méré, rival de Voiture, ami de Pascal, précepteur de M**me **de Maintenon,** 1921, in-12, 168 p. . . . . **7 fr.**

CHAMPION (Pierre). **Le procès de condamnation de Jeanne d'Arc.** Texte et traduction. Notes et appendices. 1921. 2 vol. in-8, XXXII-416 et CX-452 p. et 9 planches en phototypie. Les deux vol. ensemble . . . . **50 fr.**
— **Histoire Poétique du XVe siècle.** Ensemble 2 volumes in-8 raisin de XII-396 et 474 pages avec 60 photographies hors-texte. **75 fr.** Sur Hollande. **300 fr.**

CHARRIER (Abbé J.). **Histoire du Jansénisme dans le diocèse de Nevers.** 1920, in-8 de 167 p . . . . **6 fr.**

CHATEAUBRIAND. **Correspondance générale,** publ. par L. Thomas. In-8. Tome V (sous presse).
Déjà parus : Tome I (avec un portrait inédit), II, III (avec un portrait inédit), IV (avec portrait inédit). Chaque . . . . **15 fr.**
L'édition formera environ 8 volumes in-8, auxquels on souscrit. Il est tiré en plus 100 exemplaires sur papier Hollande Van Gelder à **20** francs le volume.

CROUSLÉ (L.). **Bossuet et le protestantisme.** Etude historique. 1901, in-8 . . . . **9 fr.**

DENIS. **Le cardinal de Richelieu et la réforme des monastères.** 1912, in-8 . . . . **15 fr.**

GILLOT (H.). **La Querelle des anciens et des modernes en France. De la défense et illustration de la langue française aux parallèles des anciens et des modernes.** 1914, in-8, 610 p. **15**

HOUVET (Et.). **Cathédrale de Chartres.** 7 albums in-4 de chacun 90 planches en phototypie, reliés percaline. **Portail Nord.** 2 vol. **160** fr. (1920-1921). **Portail Sud.** 2 vol **160** fr. **Portail Royal. 80** fr. **Tour du chœur. 80** fr. **Architectures. 80** fr.
— **Monographie de la cathédrale de Chartres** : Choix de planches extraites des 7 albums précédents et donnant les aspects principaux de l'architecture et de la décoration sculpturale. 1 album cartonné de 16 pl. **25** fr. ; 1 album de 32 pl., **40** fr. ; 1 album de 64 pl. et notice, 22 p., **65** fr.

JOVY (Ernest). **Pascal inédit.** 5 vol. in-8. Les tomes II, III, V, **15** fr. (Les tomes I et IV sont épuisés.)
— **Pascal et Saint-Ignace.** 1923, in-8. 56 pages . . **3 fr. 50**
— **Pascal n'a pas inventé le haquet.** 1923, in-8. 16 pages. **2 fr.**

BESANÇON — IMPRIMERIE JACQUES ET DEMONTROND.